LETTRES JAPONAISES
série dirigée par Rose-Marie Makino

CRISTALLISATION SECRÈTE

DU MÊME AUTEUR CHEZ ACTES SUD

LA PISCINE, 1995.

LES ABEILLES, 1995.

LA GROSSESSE, 1997.

LA PISCINE / LES ABEILLES / LA GROSSESSE, Babel n° 351, 1998.

LE RÉFECTOIRE UN SOIR ET UNE PISCINE SOUS LA PLUIE suivi de *UN THÉ QUI NE REFROIDIT PAS*, 1998.

L'ANNULAIRE, 1999 ; Babel n° 442, 2000.

HÔTEL IRIS, 2000 ; Babel n° 531, 2002.

PARFUM DE GLACE, 2002 ; Babel n° 643, 2004.

UNE PARFAITE CHAMBRE DE MALADE suivi de *LA DÉSAGRÉGATION DU PAPILLON*, 2003 ; Babel n° 704, 2005.

LE MUSÉE DU SILENCE, 2003 ; Babel n° 680, 2005.

LA PETITE PIÈCE HEXAGONALE, 2004 ; Babel n° 800, 2007.

TRISTES REVANCHES, 2004 ; Babel n° 919, 2008.

AMOURS EN MARGE, 2005 ; Babel n° 946, 2009.

LA FORMULE PRÉFÉRÉE DU PROFESSEUR, 2005 ; Babel n° 860, 2008.

LA BÉNÉDICTION INATTENDUE, 2007.

LES PAUPIÈRES, 2007 ; Babel n° 982, 2009.

LA MARCHE DE MINA, 2008.

LA MER, coéd. Leméac, 2009.

ŒUVRES, t. I, collection "Thesaurus", 2009.

Titre original :
密やかな結晶
Hisoyakana kessho
Editeur original :
Kodansha, Tokyo
© Yoko Ogawa, 1994
représentée par le Japan Foreign-Rights Centre

© ACTES SUD, 2009
pour la traduction française
ISBN 978-2-7427-8829-3

© LEMÉAC ÉDITEUR, 2009
pour la publication en langue française au Canada
ISBN 978-2-7609-2962-3

YOKO OGAWA

Cristallisation secrète

roman traduit du japonais
par Rose-Marie Makino

ACTES SUD / LEMÉAC

1

Je me demande de temps en temps ce qui a disparu de cette île en premier.

— Autrefois, longtemps avant ta naissance, il y avait des choses en abondance ici. Des choses transparentes, qui sentaient bon, papillonnantes, brillantes… Des choses incroyables, dont tu n'as pas idée, me racontait ma mère lorsque j'étais enfant.

— C'est malheureux que les habitants de cette île ne soient pas capables de garder éternellement dans leur cœur des choses aussi magnifiques. Dans la mesure où ils vivent sur l'île, ils ne peuvent se soustraire à ces disparitions successives. Tu ne vas sans doute pas tarder à devoir perdre quelque chose pour la première fois.

— Ça fait peur ? lui avais-je demandé, inquiète.

— Non, rassure-toi. Ce n'est ni douloureux ni triste. Tu ouvres les yeux un matin dans ton lit et quelque chose est fini, sans que tu t'en sois aperçue. Essaie de rester immobile, les yeux fermés, l'oreille tendue, pour ressentir l'écoulement de l'air matinal. Tu sentiras que quelque chose n'est pas pareil que la veille. Et tu découvriras ce que tu as perdu, ce qui a disparu de l'île.

Ma mère me racontait cela uniquement lorsque nous étions dans l'atelier du sous-sol. La pièce, vaste comme vingt tatamis, était poussiéreuse, et le sol était rugueux. Au nord elle donnait sur le lit de la rivière, si bien qu'on entendait l'eau couler. J'étais assise sur le tabouret qui m'était réservé, et ma mère affûtait son ciseau ou polissait la pierre à la lime – elle était sculpteur – tout en parlant d'une voix tranquille.

— Quand il se produit une disparition, pendant un certain temps, l'île s'agite. Les gens se regroupent ici ou là dans les rues pour parler des souvenirs relatifs à l'objet perdu. On regrette, on s'attriste, on se console l'un l'autre. Lorsqu'il s'agit de choses qui ont une forme, on se rassemble pour les brûler, les enterrer ou les laisser dériver au gré du courant. Mais cette petite agitation ne dure guère plus de deux ou trois jours. Chacun retrouve bientôt sa vie quotidienne telle qu'elle était avant. On n'arrive même plus à se souvenir de ce qu'on a perdu.

Ensuite, ma mère s'interrompait pour m'entraîner derrière l'escalier. Il y avait là une vieille commode avec plein de petits tiroirs.

— Allez, choisis le tiroir que tu veux et ouvrele.

Je réfléchissais longtemps à celui que j'allais ouvrir, en regardant l'une après l'autre les poignées ovales et rouillées fixées aux tiroirs.

J'hésitais toujours. Parce que je savais très bien à quel point ce qu'ils contenaient était insolite et fascinant. Ma mère cachait dans cet endroit secret les choses qui avaient jusqu'alors disparu de l'île.

Lorsque je me décidais enfin à tirer sur l'une des poignées, ma mère déposait en souriant le contenu du tiroir sur ma paume.

— Tu vois ça, c'est un morceau de tissu appelé "ruban", qui a disparu lorsque j'avais sept ans. On en décorait les cheveux, ou on les cousait sur des vêtements.

— Ça, c'est un "grelot". Fais-le rouler sur ta main. Tu entends comme le son est joli ?

— Aah, aujourd'hui tu as choisi un bon tiroir. C'est une "émeraude", ce que j'ai de plus précieux. C'est un souvenir de ma défunte grand-mère. Cela a de la valeur, c'est joli et élégant, et tout le monde a oublié sa beauté, alors que c'était ce que l'on considérait de plus précieux sur l'île.

— Ça, c'est petit et mince, mais c'est important. Quand on veut dire quelque chose à quelqu'un, on l'écrit sur un papier et on y colle un "timbre". Ainsi, on te le livre n'importe où. Cela, c'était dans un passé lointain.

Ruban, grelot, émeraude, timbre… Les mots dans la bouche de ma mère me faisaient tressaillir, comme les noms de petites filles étrangères ou de nouvelles espèces de plantes. En l'écoutant parler, j'étais heureuse d'imaginer l'époque où tous ces objets avaient leur place sur l'île.

Mais c'était aussi difficile à imaginer. Les choses se blottissaient sur ma paume, sans bouger, comme de petits animaux en hibernation, et ne daignaient m'envoyer aucun signal. Je me sentais souvent d'humeur incertaine, comme si j'avais essayé de reproduire en pâte à modeler des nuages dérivant dans le ciel. Devant les tiroirs secrets, je devais concentrer mon esprit sur chaque mot de ma mère.

Le récit du "parfum" était mon préféré. Il s'agissait d'un petit flacon de verre rempli d'un liquide transparent. Lorsque ma mère le posa sur ma main pour la première fois, je crus à tort qu'il contenait de l'eau sucrée et faillis le porter à ma bouche.

— Aah, cela ne se boit pas, tu sais, s'écria-t-elle précipitamment en riant. On en met juste une goutte, comme ça, sur le cou.

11

Elle souleva le flacon pour en déposer avec précaution quelques gouttes derrière son oreille.

— Pourquoi tu fais ça ?

Je ne comprenais pas.

— En réalité, le parfum est quelque chose qui ne se voit pas. Mais même s'il est invisible, on peut l'enfermer dans un flacon.

Je concentrai mon regard sur le contenu du flacon.

— Si on met du parfum sur le corps, ça sent bon. On peut charmer quelqu'un. Quand j'étais jeune, toutes les filles se parfumaient avant un rendez-vous. C'était presque aussi important de choisir un parfum qu'un vêtement pour séduire l'homme qu'on aimait. Ça, c'est le parfum que je mettais chaque fois que j'avais rendez-vous avec ton père. Nous nous retrouvions souvent dans la roseraie à mi-pente de la colline au sud et ce n'était pas facile d'en choisir un capable de rivaliser avec l'odeur des roses. Quand le vent faisait onduler mes cheveux, je lui jetais un coup d'œil à la dérobée. Je me demandais s'il l'avait bien senti.

Elle s'animait dès qu'elle parlait de parfum.

— A cette époque, tout le monde savait reconnaître un bon parfum, tu sais. On l'appréciait pleinement. Alors que maintenant ce n'est plus possible. On ne vend plus de parfum nulle part. Plus personne n'en veut. Le parfum a fini par disparaître à l'automne de l'année où nous nous sommes mariés, ton père et moi. Tout le monde s'est rassemblé au bord de la rivière avec son propre parfum. Chacun a ouvert son flacon, en a jeté le contenu dans l'eau. A la fin, certains ont approché avec regret le flacon de leur nez. Mais plus personne ne pouvait en percevoir l'odeur. Et tous les souvenirs liés à cette odeur avaient disparu également. Ils s'étaient dissous dans l'eau et ne servaient plus à rien. Pendant les deux ou trois jours qui ont suivi, la rivière sentait si fort qu'on suffoquait. Et pas mal de poissons sont morts. Mais personne n'y faisait attention. Puisque de toute façon le parfum avait disparu du cœur de chacun.

Elle avait eu un regard triste. Puis elle m'avait prise sur ses genoux pour me faire sentir son parfum au creux de son cou.

— Alors ? me questionna-t-elle.

Je ne savais quoi répondre. Il y avait bien une odeur. Une présence flottante, différente de celle produite par le pain grillé ou le pédiluve à la piscine. Mais j'avais beau me concentrer, aucune autre pensée ne me venait à l'esprit.

Je me taisais toujours lorsque ma mère renonça dans un petit soupir.

— Ce n'est pas grave. Pour toi, ce n'est rien de plus qu'un peu de liquide, n'est-ce pas ? Il n'y a rien à faire. C'est très difficile sur cette île de se souvenir de quelque chose qu'on a perdu.

Et ma mère rangea le flacon dans son tiroir.

Lorsque neuf heures sonnaient à la pendule du sous-sol, je devais aller me coucher dans ma chambre d'enfant. Ma mère prenait son ciseau et sa masse et se remettait au travail. A travers le soupirail, on voyait se découper un quartier de lune.

Au moment du baiser du soir, je pouvais enfin poser la question qui me tourmentait depuis un moment.

— Maman, pourquoi tu te rappelles si bien les choses qui ont disparu ? Pourquoi tu peux encore sentir des parfums que tout le monde a oubliés ?

Elle contemplait un moment la lune à travers la fenêtre, puis enlevait du bout du doigt un peu de poussière de pierre qui avait sauté sur son tablier.

– - J'y repense toujours, tu sais.

Sa voix était un peu rauque.

— Mais je ne comprends pas. Pourquoi es-tu la seule à ne rien perdre ? Tu te souviens de tout éternellement ?...

Elle baissait les yeux comme si c'était une chose malheureuse. Je l'embrassais encore une fois pour la consoler.

2

Ma mère est morte, puis mon père, et je me suis retrouvée vivant toute seule dans cette maison. La nourrice qui s'est occupée de moi quand j'étais bébé est morte à son tour il y a deux ans d'une crise cardiaque.

Je crois que des cousins vivent dans un village proche de la source de la rivière, au-delà des montagnes vers le nord, mais je ne les ai jamais vus. Puisque sur ces montagnes poussent beaucoup d'arbres avec des épines et qu'il y a toujours du brouillard au sommet, je ne m'y aventure pas. En plus, comme il n'y a jamais eu de carte de l'île… personne ne connaît sa forme véritable, ni comment c'est de l'autre côté de la montagne.

Mon père était ornithologue. Il travaillait à l'observatoire des oiseaux sauvages au sommet de la colline au sud. Il y séjournait le tiers de l'année, afin de recueillir des données, prendre des photographies et faire éclore des œufs.

Je m'y rendais souvent pour m'amuser, sous prétexte d'aller lui porter son déjeuner. Les jeunes chercheurs étaient tous gentils avec moi, ils m'offraient des biscuits et du cacao.

Sur les genoux de mon père, je regardais à travers ses jumelles. La forme du bec, la couleur de la bordure de l'œil, la manière de déployer les ailes, aucun détail lui permettant de leur donner un nom ne lui échappait. Les jumelles étaient trop lourdes pour l'enfant que j'étais, si bien que mes bras s'engourdissaient très vite. Mon père alors les soutenait légèrement de la main gauche.

Lorsque nous étions ainsi joue contre joue en train d'observer les oiseaux, j'avais régulièrement envie de lui poser la question.

— Tu sais ce qu'il y a dans les tiroirs de la vieille commode de l'atelier de maman ?

Mais au moment précis où j'allais me décider, je revoyais son profil en train de contempler le quartier de lune à travers le soupirail et me retrouvais incapable de la formuler.

A la place, je me contentais de transmettre le message anodin de maman : "Mange vite pour que cela ne s'abîme pas."

Au retour, il me raccompagnait jusqu'à l'autobus. En chemin, à l'endroit où les oiseaux venaient manger, j'émiettais l'un des biscuits qu'on m'avait offerts.

— Quand est-ce que tu reviens à la maison la prochaine fois ? lui demandais-je.

— Samedi soir, sans doute… répondait-il, ne tenant pas en place. Bon, alors dis bonjour à maman.

Il agitait tellement la main que les crayons rouges, compas, surligneurs, règles ou pincettes qui se trouvaient dans sa poche de poitrine menaçaient de tomber.

Je pense que c'est vraiment une bonne chose que la disparition des oiseaux ne se soit produite qu'après la mort de mon père. Les gens de l'île, pour la plupart, même si la disparition de quelque chose entraîne la perte de leur travail, semblent en retrouver un autre aussitôt sans trop de complications, mais pour lui cela ne se serait sans doute pas passé de cette manière. Mon père n'était bon qu'à donner des noms aux oiseaux.

Le monsieur d'en face, le chapelier, est devenu fabricant de parapluies. Le mari de ma nourrice est passé de mécanicien sur le ferry à gardien d'entrepôt. Une fille plus âgée de mon école s'est retrouvée sage-femme après avoir été esthéticienne. Personne n'a rien dit. Même si le salaire était plus bas, ils n'ont ni envié ni regretté leur travail précédent. D'ailleurs, s'ils avaient rechigné, ils auraient risqué de se faire remarquer par la police secrète.

Moi y compris, les gens sont capables d'oublier facilement toutes sortes de choses. C'est comme si l'île ne pouvait flotter que sur une mer totalement vide.

La disparition des oiseaux, comme dans les autres cas, s'est produite soudainement, un matin.

Lorsque j'ai ouvert les yeux sur mon lit, il y avait quelque chose de rugueux dans l'atmosphère. C'était le signe d'une disparition. Toujours enroulée dans ma couverture, j'ai regardé soigneusement ma chambre autour de moi. Les produits de beauté sur la coiffeuse, les trombones et les feuilles de bloc-notes éparpillés sur le bureau, la dentelle des rideaux, les étagères à disques… Tout était possible. Pour trouver ce qui avait disparu, il fallait être patient et concentré.

J'ai quitté mon lit, ai posé un cardigan sur mes épaules, suis sortie voir dans le jardin. Les gens du voisinage étaient tous dehors et regardaient autour d'eux, une expression inquiète sur le visage. Le chien de la maison d'à côté grognait sourdement.

J'aperçus alors un petit oiseau marron qui volait haut dans le ciel. Son contour était plutôt rond avec un duvet légèrement mélangé de blanc sur le ventre.

Au moment où je me demandais si ce n'était pas l'un des oiseaux que j'avais observés avec mon père, je me suis aperçue que tout ce qui était en relation avec eux avait disparu de mon cœur. La signification du mot "oiseau", mes sentiments envers eux, mes souvenirs s'y rapportant, bref, tout.

— Cette fois-ci, c'est les oiseaux, lâcha l'ex-chapelier d'en face.

— Les oiseaux, ça va. Il n'y aura sans doute pas beaucoup de gens à qui ils manqueront. Ils se contentaient de voler comme bon leur semblait dans le ciel.

L'homme resserra l'écharpe autour de son cou, éternua discrètement. Lorsqu'il croisa mon regard, il se rappela sans doute que mon père était ornithologue, car il m'adressa un sourire gêné avant de retourner rapidement à ses affaires.

Les autres personnes aussi paraissaient rassurées de savoir ce qui avait réellement disparu. Chacun se disposait à vaquer à ses occupations matinales. J'étais la seule à ne pas quitter le ciel des yeux.

Après avoir décrit un grand cercle, le petit oiseau marron de tout à l'heure s'éloigna vers le nord. Je n'arrivais pas à me rappeler à quelle espèce il appartenait. J'ai regretté de ne pas avoir retenu plus sérieusement son nom lorsque je l'avais observé à travers les jumelles avec mon père.

Je voulais au moins garder en moi sa manière de voler, son gazouillis ou la répartition de ses couleurs, mais cela n'aurait servi à rien. L'oiseau qui aurait dû être plein du souvenir de mon père n'éveillait déjà en moi plus aucun sentiment de tendresse. Il n'était plus qu'une simple créature vivante planant dans l'espace grâce à des ailes actionnées verticalement.

En allant faire des courses au marché l'après-midi, j'ai croisé des gens se regroupant ici ou là avec des cages. Des perruches, moineaux de Java et autres canaris voletaient à l'intérieur, comme s'ils pressentaient quelque chose. Leurs propriétaires étaient tous silencieux, hébétés. On aurait dit qu'ils n'étaient pas encore habitués à cette nouvelle disparition.

Ils disaient adieu à leur oiseau chacun à sa manière. Certains l'appelaient par son nom, d'autres frottaient leur joue contre eux, d'autres encore leur donnaient à manger de bouche à bec. Une fois le gros de la cérémonie terminé, tous ont ouvert largement la porte de leur cage tournée vers le ciel. Au début, les oiseaux embarrassés tournaient autour de leur propriétaire, mais bientôt, aspirés au lointain, ils finirent par ne plus être visibles.

Lorsque tous les petits oiseaux s'en furent allés, l'endroit redevint calme comme si l'air retenait sa respiration. Les propriétaires, leur cage vide, repartirent chacun chez soi.

C'est ainsi que s'est produite la disparition des oiseaux.

Le lendemain, il s'est passé une chose surprenante. J'étais en train de prendre mon petit-déjeuner en regardant la télévision lorsqu'il y eut un coup de sonnette dans l'entrée. A sa brutalité, j'ai compris que c'était grave.

— Conduisez-nous au bureau de votre père.

La police secrète se tenait dans l'entrée. Ils étaient cinq en tout. En veste et pantalon vert foncé, avec une large ceinture et des bottes noires, des gants de cuir, et leur arme à moitié dissimulée au creux de la hanche. Ils étaient tous pareils. Il me semble que seule la collection d'insignes de formes variées que chacun arborait sur son col était différente, mais je n'eus pas le temps de le vérifier.

— Conduisez-nous au bureau de votre père, répéta sur le même ton l'homme qui était à leur tête avec un insigne en forme de losange, un autre en forme de haricot et un trapézoïdal.

— Mon père est mort il y a cinq ans, répondis-je lentement afin de conserver mon sang-froid.

— Nous le savons, intervint celui aux insignes en forme de coin, hexagonal et en T, et comme à un signal, les cinq pénétrèrent tous ensemble dans la maison sans enlever leurs chaussures.

Le couloir se remplit tout à la fois du bruit de cinq paires de bottes et du cliquetis des armes entrechoquées.

— Le tapis vient d'être nettoyé, enlevez vos bottes s'il vous plaît.

Je savais bien que j'aurais dû leur déclarer quelque chose de plus important, mais seule cette stupide réflexion m'était venue à l'esprit. De toute manière, ils gravissaient déjà l'escalier menant à l'étage en m'ignorant totalement.

Je crois qu'ils connaissaient parfaitement le plan de la maison. Ils arrivèrent sans hésitation jusqu'au bureau de mon père orienté à l'est et se mirent aussitôt au travail avec une habileté remarquable.

Tout d'abord l'un d'eux ouvrit entièrement les fenêtres restées hermétiquement fermées depuis la mort de mon père, tandis qu'un autre forçait les serrures du cabinet et des tiroirs du bureau avec un outil long et fin qui ressemblait à un scal-pel, et que le reste de la troupe furetait ici ou là sur les murs à la recherche d'un coffre dissimulé.

Puis tous ensemble ils commencèrent à trier les écrits, notes, brouillons, livres et photographies laissés par mon père. Ce qu'ils considéraient comme dangereux – en fait dès qu'ils découvraient quelque part le mot "oiseau" – ils le jetaient brutalement sur le sol. Appuyée au chambranle, j'observais leur façon de faire en triturant la poignée de la porte.

En effet, comme je l'avais entendu dire, ils étaient merveilleusement bien entraînés. Ils respectaient la tâche qu'ils s'étaient répartie de la manière la plus rationnelle pour travailler à cinq. En silence, le regard acéré, sans un geste inutile. Seul persistait le froissement du papier comme un bruit d'ailes.

En un clin d'œil se forma un monticule de papiers sur le sol. Pratiquement tout dans cette pièce concernait les oiseaux. Les feuilles recouvertes de l'écriture ascendante de mon père qui m'était si familière et les photos qu'il avait prises à grand-peine en séjournant à l'observatoire tombaient de leurs mains en voltigeant.

Il est vrai que ce qu'ils faisaient était désordonné, mais leurs manières étaient tellement raffinées qu'elles donnaient l'illusion d'être bien accueillies. J'ai pensé qu'il était plus que temps d'élever une objection, mais mon cœur battait à tout rompre et je ne savais quoi faire.

— Faites un peu attention, ai-je essayé.

Mais ma tentative n'eut aucun résultat.

— C'est tout ce qu'il me reste de mon père.

Il n'y avait même personne pour se tourner vers moi. Ma voix alla se perdre dans les souvenirs qui s'entassaient.

L'un d'eux posa la main sur le dernier tiroir en bas du bureau.

— Les choses qui sont dedans n'ont rien à voir avec les oiseaux, me suis-je écriée précipitamment.

C'était là que mon père enfermait ses lettres et ses photos de famille. L'homme aux badges doublement concentrique, rectangulaire et en forme de goutte l'ouvrit sans se soucier de ce que je venais de dire et continua son travail. Seule fut enlevée une photographie prise en famille d'un oiseau rare aux couleurs flamboyantes – dont je ne me rappelle plus le nom – que mon père avait fait éclore artificiellement. L'homme rassembla soigneusement sur le bureau les photographies et les lettres restantes avant de les remettre à leur place dans les tiroirs. Ce fut le seul instant d'honnêteté de ce que la police secrète fit ce jour-là.

Quand ils eurent fini de tout trier, ils enfournèrent ce qui se trouvait sur le sol dans de grands sacs en plastique noirs qu'ils avaient tirés de la poche intérieure de leur veste. Je sus qu'ils avaient l'intention de tout jeter à la manière dont ils bourraient tout pêle-mêle dans les sacs. Des circonstances complexes ne les avaient pas forcés à fouiller ainsi pour trouver quelque chose, ils voulaient seulement se débarrasser des vestiges relatifs aux oiseaux. Parce que la première mission de la police secrète était de faire respecter les disparitions.

J'ai pensé que cette intervention était sans doute beaucoup plus simple que les circonstances qui avaient conduit la police secrète à emmener ma mère. S'ils avaient mis tout ce qu'ils voulaient dans des sacs, ils ne reviendraient sans doute pas. Dans la mesure où mon père était mort, le souvenir des oiseaux qui planait encore dans la maison s'effacerait progressivement.

Le travail fut terminé en une heure et il y eut dix grands sacs pleins. Il faisait presque trop chaud dans la chambre où pénétrait le soleil matinal. Les badges bien astiqués étincelaient sur les cols. Mais aucun des hommes ne transpirait, aucun ne montrait le moindre signe d'essoufflement.

Ils prirent équitablement chacun deux sacs sur leurs épaules et s'en allèrent rejoindre leur camion garé dehors.

En une heure l'aspect de la pièce avait changé. La sensation de la présence de mon père que j'avais préservée avec tant de soin avait disparu, remplacée par une cavité impossible à combler. Je me suis placée en son milieu. Elle était si profonde que j'eus l'impression d'être aspirée vers son point le plus bas.

la présence
P. 13

3

Maintenant, je vis des romans que j'écris. Jusqu'à présent, j'ai publié trois livres. Le premier est le récit d'un accordeur qui erre de salle de concert en marchand d'instruments de musique en se fiant à la couleur du son resté dans son oreille pour tenter de retrouver la pianiste disparue dont il est amoureux. Le deuxième, celui d'une ballerine qui a perdu sa jambe droite dans un accident et qui vit dans une serre avec un botaniste qu'elle aime. Le troisième, celui d'une sœur aînée qui soigne son petit frère dont les chromosomes se désagrègent l'un après l'autre.

Ce sont tous des romans où quelque chose disparaît. Tout le monde aime ce genre d'histoires.

Mais sur l'île, écrire des romans est le métier le plus triste et solitaire qui soit. Il est difficile de dire que les livres abondent ici. La bibliothèque voisine de la roseraie est un pauvre baraquement en bois où l'on n'aperçoit pas plus de deux ou trois silhouettes quel que soit le moment. Des livres tellement pourris qu'ils menacent de tomber en poussière dès qu'on les ouvre dorment dans le coin des étagères sans que personne n'y prête attention.

Ces vieux livres finiront un jour par être jetés sans avoir été rénovés. C'est pourquoi les collections de la bibliothèque n'augmentent pas. Mais personne n'y trouve à redire.

C'est à peu près la même chose pour les librairies. Dans les rues commerçantes, il n'existe aucun endroit aussi désert. Le libraire, peu aimable, n'a pas l'air en forme, tandis que la couverture des livres invendus se décolore inexorablement.

Ici, il n'y a que très peu de personnes qui ont besoin de romans.

En général, je suis face au papier de deux heures de l'après-midi jusqu'aux environs de minuit. Mais je ne suis pas capable d'écrire plus de cinq feuillets standard de quatre cents caractères par jour. J'aime remplir lentement le quadrillage. Je n'ai aucune raison de me presser. Je prends le temps de choisir celui qui convient le mieux à chaque case.

Mon lieu de travail est l'ancienne chambre de mon père. Mais en comparaison de l'époque où il l'utilisait, elle est beaucoup plus nette. Parce que pour mes romans, les documents et les notes ne sont pas nécessaires. Sur le bureau il n'y a qu'une ramette de papier, un crayon, une petite lame pour l'aiguiser et une gomme. J'ai beau essayer, je n'arrive pas à combler le vide laissé par la police secrète.

Dans la soirée je sors me promener environ une heure. Je marche sur la route du littoral jusqu'au quai où est amarré le ferry et je rentre par le sentier au pied des collines, qui traverse l'observatoire ornithologique.

Le ferry, longtemps amarré au port, est complètement rouillé. Plus personne ne peut y monter pour aller quelque part. Le ferry lui aussi est l'une des choses qui ont disparu de l'île.

Son nom était tracé à la peinture sur la coque, mais l'air marin l'a écaillée, et maintenant on ne peut plus le lire. Les vitres sont pleines de poussière, le fond de cale, l'ancre, la chaîne et l'hélice sont recouverts d'algues et de coquillages. On dirait un cadavre de monstre marin en cours de fossilisation.

Le mari de ma nourrice était autrefois mécanicien sur le ferry. Après la disparition des bateaux, il a travaillé comme gardien des entrepôts sur le port, et maintenant il a pris sa retraite et vit tout seul à bord. Au cours de ma promenade, je passe le voir pour bavarder un moment avec lui.

— Comment ça va ? Vous avancez dans votre roman ? me demande-t-il en m'offrant une chaise.

Comme il y a tous les sièges qu'on veut sur le ferry, selon le temps ou l'humeur de ce jour-là, il nous arrive de prendre place sur un banc du pont ou de nous installer sur un canapé dans une cabine de première classe.

Je lui réponds :

— Eh bien, comme ci, comme ça.

Il n'oublie jamais de me dire chaque fois :

— En tout cas, il faut prendre soin de vous.

Et il ajoute, en hochant la tête pour lui-même :

— N'importe qui n'est pas capable de travailler uniquement à imaginer des choses difficiles dans sa tête, assis toute la journée à son bureau. Si vos parents étaient là, ils seraient tellement heureux.

— Un roman n'est pas une chose aussi extraordinaire que cela. Je pense que démonter le moteur du ferry, en changer les pièces et le remonter est un travail autrement plus mystérieux et difficile.

— Non, non. Puisque les bateaux ont disparu, il n'y a plus rien à faire.

Là, un petit silence s'installe.

— Ah, aujourd'hui je me suis procuré des pêches de qualité supérieure. Je vais les préparer pour vous.

Il entre dans la petite cuisine contiguë à la salle des machines. Il pose les oreillons de pêche sur un lit de glace dans une assiette, les décore de feuilles de menthe, puis prépare un grand pot de thé bien fort. Il est vraiment doué pour les machines, la nourriture et les végétaux.

C'est à lui que j'ai offert en premier tous les romans que j'ai écrits jusqu'à présent.

— Aah, c'est un roman de mademoiselle ? dit-il alors en prononçant "roman" soigneusement, avec précaution.

Puis il incline profondément la tête et le recueille entre ses mains comme s'il s'agissait d'une offrande sacrée.

— Je suis reconnaissant. Vraiment reconnaissant.

Sa voix se charge progressivement de larmes au fur et à mesure qu'il répète ses remerciements, me plongeant dans l'embarras.

Mais il n'en a jamais lu une seule page.

Lorsque je lui demande ce qu'il en pense, il me répond :

— C'est absolument impossible. Si je le lis jusqu'au bout, il sera terminé, n'est-ce pas ? Je ne peux pas être l'artisan d'un tel gaspillage. Je veux le garder ainsi précieusement auprès de moi jusqu'au bout.

Et dans la cabine du capitaine, il joint ses mains ridées devant l'autel dédié aux divinités de la mer où il a déposé le livre.

Nous parlons de toutes sortes de choses en prenant le goûter. La plupart du temps il s'agit de souvenirs. De mon père, ma mère, ma nourrice, de l'observatoire ornithologique, de la sculpture, du lointain passé où l'on pouvait se rendre dans d'autres endroits avec le ferry… Mais nos souvenirs de jour en jour ne font que diminuer. Parce qu'ils sont emportés avec chaque disparition. Nous partageons le peu qui reste du goûter et nous répétons les mêmes histoires que nous laissons fondre lentement sur nos lèvres.

Au moment où le soleil couchant commence à obliquer vers la mer, je redescends à terre. Alors que la coupée n'est pas aussi raide que cela, il me donne toujours la main au niveau de la passerelle. Il se comporte avec moi comme si j'étais une petite fille.

— Faites bien attention en rentrant.

— Entendu. A demain.

Il reste immobile à me regarder jusqu'à ce que je disparaisse à ses yeux.

Après le port, je passe par l'observatoire au sommet de la colline. Mais là-bas je ne m'attarde guère. Je laisse errer mon regard sur la mer et respire profondément plusieurs fois avant de redescendre aussitôt.

Comme pour la chambre de mon père, la police secrète est passée par là aussi, laissant une ruine. Plus rien ne rappelle que c'était autrefois un centre ornithologique. Les chercheurs se sont dispersés.

Lorsque je me tiens à la fenêtre où je regardais à travers les jumelles avec mon père, aujourd'hui encore des petits oiseaux s'approchent parfois, mais ils sont là uniquement pour me faire remarquer qu'ils ne signifient plus rien à mes yeux.

Pendant que je traverse la ville après avoir descendu la colline, le soleil se couche rapidement. C'est le soir que l'île est le plus tranquille. Les gens qui reviennent de leur travail marchent tête baissée, les enfants rentrent chez eux en courant et le camion du marchand ambulant, ayant tout vendu, me dépasse dans le bruit de ferraille de son moteur déglingué.

Le calme s'installe alentour, comme si l'île tout entière se préparait à une nouvelle disparition qui se produira peut-être le lendemain.

· C'est ainsi que l'île aborde la nuit.

4

Le mercredi après-midi, en allant déposer mon manuscrit chez l'éditeur, j'ai rencontré les traqueurs de souvenirs. C'était la troisième fois depuis le début du mois.

De jour en jour, leurs manières deviennent de plus en plus autoritaires et brutales. A la réflexion, c'est il y a quinze ans, quand ma mère a été emmenée par la police secrète, que les traqueurs de souvenirs ont fait leurs débuts. Les particuliers qui ne perdaient pas la mémoire, comme ma mère, se remarquaient de plus en plus, et la police secrète a fini par les emmener tous. Mais personne ne sait en quel lieu ils ont été rassemblés.

Au moment où, descendue de l'autobus, j'attendais au feu pour traverser, trois de leurs camions vert foncé sont arrivés au carrefour l'un derrière l'autre. Les autres véhicules ont ralenti et se sont rangés sur le côté pour leur laisser le passage. Les camions se sont garés le long d'un immeuble à usages multiples qui abritait un cabinet dentaire, une compagnie d'assurances et un studio de danse, et dix hommes de la police secrète sont entrés rapidement à l'intérieur.

Les gens autour étaient silencieux. Certains s'étaient même dissimulés dans des rues transversales. Tous semblaient souhaiter voir disparaître au plus vite la scène qui se déployait devant leurs yeux avant qu'il n'y ait des retombées sur eux. Mais l'air qui enveloppait les camions était immobile et silencieux comme s'ils se trouvaient dans l'œil d'un cyclone de temps.

L'enveloppe contenant mon manuscrit serrée sur ma poitrine, je me tenais immobile à l'abri d'un réverbère. Le feu est passé du vert à l'orange, puis au rouge, avant de repasser au vert. Personne n'avait traversé le passage pour piétons. Les passagers du tramway observaient la scène à travers les vitres. Je ne me rendais pas compte que mon enveloppe était toute froissée.

Un moment plus tard, on entendit un bruit de pas assez fort. Celui, imposant et régulier, des bottes de la police secrète, auquel se mêlaient d'autres, plus faibles et accablés. Des gens sortaient l'un derrière l'autre par la porte de l'immeuble.

Deux gentlemen d'un certain âge, une femme d'une trentaine d'années aux cheveux teints en châtain, une jeune adolescente maigre. Alors que ce n'était pas encore la saison où souffle le vent du nord, ils avaient tous les quatre plusieurs chemises l'une sur l'autre, des pardessus, des châles et des écharpes autour du cou. Ils portaient en plus des sacs de voyage rebondis et des valises bien remplies. On aurait dit qu'ils s'étaient efforcés d'emporter le maximum de choses pouvant leur être utiles.

A voir les boutons qui n'étaient pas boutonnés, les morceaux de vêtements dépasser des sacs et les chaussures non lacées, on devinait qu'ils n'avaient pas eu le temps de se préparer ni de faire leurs bagages. Des armes étaient pointées dans leur dos. Mais ils n'avaient pas l'air affolé. Ils se contentaient de regarder au loin avec des pupilles aussi calmes qu'un marais abandonné au fond d'un bois. A l'intérieur de ces pupilles se dissimulaient quantité de souvenirs que nous ne connaissions pas.

Comme d'habitude, les hommes de la police secrète, dans l'éclat des badges accrochés à leur col, menaient sans perte de temps inutile les opérations telles qu'elles avaient été décidées. Ils passèrent tous les quatre devant nous. J'eus l'impression de sentir une discrète odeur d'antiseptique. Quelqu'un du cabinet dentaire avait peut-être été arrêté.

Ils ont été poussés l'un après l'autre sous la bâche du camion. Pendant ce temps-là, pas un instant les armes n'ont quitté leur dos. La jeune fille qui venait en dernier a d'abord jeté sous la bâche son sac orange décoré d'un petit ours avant de tenter de grimper sur le plateau, mais il était manifestement trop haut pour elle. Elle est tombée à la renverse.

J'ai laissé échapper un cri et mon enveloppe est tombée. Les feuilles de mon manuscrit se sont éparpillées sur le trottoir. Autour de moi les gens se sont retournés d'un air réprobateur. Ils avaient tous peur qu'un geste déplacé n'offre à la police secrète l'occasion de leur créer des ennuis.

Le garçon debout à côté de moi m'a aidée à rassembler les feuillets. Certains, tombés dans des flaques d'eau, étaient mouillés, d'autres avaient été piétinés, mais nous les avons ramassés quand même.

— Vous avez tout ? m'a-t-il murmuré à l'oreille.

J'ai acquiescé en lui adressant un regard plein de reconnaissance.

Mais ce petit incident dont j'étais la cause n'eut aucune conséquence sur le travail des hommes de la police secrète. Aucun d'eux ne regarda dans notre direction.

Un policier à bord du camion tendit la main pour hisser la jeune fille sur le plateau. Ses genoux pointant sous sa jupe, petits et durs, gardaient encore les traces de l'enfance. La bâche fut rabattue, le moteur démarra.

Malgré leur départ, le temps eut du mal à retrouver son cours ordinaire. Le bruit des moteurs s'éloigna, les camions s'en allèrent, le tramway se remit à avancer et j'eus la certitude d'être hors de danger maintenant que les traqueurs de souvenirs avaient enfin disparu. Les gens se remettaient à marcher ici ou là pour vaquer à leurs occupations. Le garçon traversa le passage pour piétons.

Les yeux fixés sur la porte fermée du bâtiment, je me demandais quelle sensation cette jeune fille avait gardée de la main du policier.

— J'ai vu quelque chose d'affreux en venant ici, dis-je à R, mon éditeur, dans le hall de la maison d'édition.

— Des traqueurs de souvenirs ?…

R alluma une cigarette.

— Oui. On dirait qu'ils recommencent, ces temps-ci.

— C'est une situation à laquelle on ne peut rien.

Il souffla lentement la fumée de sa cigarette.

— Mais ceux sur lesquels je suis tombée aujourd'hui n'étaient pas tout à fait comme d'habitude. C'était en plein jour dans un immeuble du centre et en plus ils ont emmené quatre personnes d'un coup. Tout ce que j'ai vu jusqu'à présent, cela se passait la nuit, dans des quartiers résidentiels, et ils n'emmenaient qu'une personne à la fois.

— Ces quatre personnes s'étaient sans doute mises à l'abri dans une cachette.

— Une cachette ?

Après avoir répété ce mot qui ne m'était pas familier, je me tus précipitamment. On m'avait dit que c'était plus sûr de ne pas aborder un sujet aussi délicat en public. Parce qu'il pouvait y avoir des hommes de la police secrète en civil. Toutes sortes de rumeurs à leur propos circulaient sur l'île.

Le hall était désert. A l'exception de trois hommes en costume qui menaient une discussion orageuse autour d'un épais dossier, seule une femme était assise à l'accueil, l'air désœuvré.

— Je pense qu'ils ont dû transformer une pièce de l'immeuble pour en faire une cachette. Ils n'ont aucun autre moyen de se protéger. Il paraît qu'il existe une organisation clandestine assez développée pour les soutenir et les cacher. Ils font jouer toutes leurs relations pour préserver des lieux sûrs, des provisions et de l'argent. Mais si la police secrète commence à faire irruption dans ces cachettes, cela veut dire qu'il n'y a plus aucun endroit sûr…

R semblait vouloir ajouter quelque chose, mais il a tendu les doigts vers sa tasse de café, et les yeux tournés vers la cour intérieure il a gardé les lèvres closes.

Dans le patio, il y avait une petite fontaine entourée de briques. Une fontaine toute simple, sans aucun mécanisme particulier. Lorsque la conversation s'interrompait, on entendait le bruit de l'eau à travers la vitre. On aurait dit le doux murmure d'un instrument à cordes pincées au lointain.

— Cela fait longtemps que je me pose la question, ai-je commencé en regardant son profil, comment la police secrète les reconnaît-elle ? Je veux dire ceux qui ne subissent pas l'effet des disparitions. Je ne crois pas qu'ils aient des points communs dans leur aspect extérieur. Ils sont tous de sexes, d'âges, de professions et de familles différents. En prenant des précautions et en se mélangeant aux autres, ils devraient pouvoir facilement passer inaperçus ? Cela ne doit pas être bien difficile de jouer le jeu, comme si les disparitions s'étendaient aussi à leur conscience.

— Non, je me demande... commença-t-il après avoir réfléchi un instant, si c'est vraiment aussi simple qu'on le pense. La conscience est enveloppée dans dix fois plus de subconscient. C'est pourquoi ce n'est pas si facile de faire semblant. Ils sont même incapables d'imaginer à quoi ça correspond une disparition. Sinon ils ne se réfugieraient pas dans des cachettes.

— Oui, c'est vrai.

— Cela aussi c'est une rumeur, mais il paraît qu'en décryptant les gènes, on peut reconnaître ceux qui possèdent un état de conscience particulier. Des techniciens du décryptage sont formés en secret dans des laboratoires universitaires.

— Le "décryptage" des gènes ?

— Oui. Même s'ils n'ont pas de points communs à l'extérieur, on peut sans doute saisir des particularités communes en remontant jusqu'aux gènes et en les analysant d'une manière approfondie. En voyant dernièrement le comportement radical des traqueurs de souvenirs, on peut supposer que leurs recherches ont relativement bien progressé.

— Mais comment se procurent-ils les gènes ? questionnai-je.

— Vous venez de boire un café dans cette tasse, n'est-ce pas ?

R, qui avait écrasé sa cigarette dans le cendrier, souleva ma tasse à hauteur de mes yeux. Ses doigts étaient si proches que j'aurais pu souffler dessus. J'ai hoché la tête en serrant les lèvres.

— Pour la police secrète, c'est rien du tout de l'emporter, d'y détecter de la salive et de décrypter les gènes. Ils s'introduisent partout. Jusque dans la pièce où l'on fait bouillir l'eau pour le thé dans les maisons d'édition. A leur insu, tous les gens de l'île sont décryptés et mis en données qui sont enregistrées. Même si je ne sais pas trop où ils en sont arrivés dans leur travail. On peut prendre toutes les précautions que l'on veut, on laisse tomber ici ou là des parcelles de notre corps, donc des gènes. Des cheveux, de la sueur, des ongles, de la graisse, des larmes, toutes sortes de choses tombent de notre corps. C'est pourquoi on ne peut pas y échapper.

Il a reposé lentement la tasse sur la soucoupe, les yeux rivés sur la moitié de café qu'elle contenait encore.

Nous ne nous étions pas aperçus que les gens se trouvant derrière le pot de Ficus benjamina étaient partis, leur discussion terminée. Ils avaient laissé derrière eux trois tasses de café. La jeune femme de l'accueil, le visage inexpressif, était en train de les rassembler sur un plateau.

— Mais, quand même… commençai-je, ayant attendu qu'elle soit partie, pourquoi faut-il qu'on les emmène ? Ils n'ont rien fait de mal…

— Du point de vue dominant, dans cette île où toutes les choses doivent disparaître l'une après l'autre, ce qui ne disparaît pas doit sans doute sembler inconvenant et absurde. C'est pourquoi ils les font disparaître de leurs propres mains.

— Vous croyez que ma mère a été tuée ?

Je savais que c'était idiot de lui poser cette question, mais elle était tombée de mes lèvres.

— Il est certain qu'on a enquêté sur elle et qu'elle a fait l'objet de recherches, me répondit-il en choisissant ses mots.

Le silence se poursuivit un moment. Je n'entendais que l'eau de la fontaine. L'enveloppe toute froissée était discrètement posée entre nous deux. Il la tira vers lui, en sortit le manuscrit.

— C'est curieux que sur cette île où tout est en train de disparaître, on puisse ainsi fabriquer quelque chose avec des mots, dit-il en essuyant les feuilles couvertes de grains de poussière granuleuse comme s'il caressait quelque chose qui lui était cher.

Je me suis aperçue alors que nous pensions la même chose. Les yeux dans les yeux, je ressentais l'angoisse qui avait pris racine dans notre cœur depuis longtemps déjà. La lumière reflétée par les gouttes d'eau de la fontaine éclairait son profil. Si je le disais à haute voix, cela risquait de se réaliser, si bien que je murmurai intérieurement, de manière à ce qu'il n'entende pas :

"Et si les mots disparaissent, que va-t-il se passer ?"

5

L'automne a passé vite. Le bruit des vagues a commencé à résonner d'une manière incisive et impitoyable, tandis que le vent saisonnier venu d'au-delà des montagnes apportait les nuages de l'hiver.

Le grand-père du ferry est venu m'aider à toutes sortes de préparatifs pour l'hiver : nettoyer le poêle, protéger les canalisations d'eau, brûler les feuilles mortes.

— Cela fait dix ans qu'on n'a pas eu de neige, mais cette année, on pourrait bien en avoir, dit-il en accrochant des oignons au plafond de la réserve dans l'arrière-cour. Il neige les années où les pelures des oignons récoltés pendant l'été deviennent fines comme des ailes de papillon et prennent en séchant une belle couleur de caramel.

Il enleva une pelure qu'il écrasa sur sa paume, et cela fit un agréable bruit croustillant.

— Alors cette année, je vais peut-être voir la neige pour la troisième fois de ma vie ? J'aimerais bien. Et vous, combien de fois l'avez-vous vue ? lui demandai-je, un peu euphorique.

— Je n'ai jamais compté. Quand je traversais la mer au nord avec le ferry, il neigeait jusqu'à en être dégoûté. Cela se passait longtemps avant votre naissance, me répondit-il avant de se remettre à accrocher les bottes d'oignons.

Dès que tous les préparatifs furent terminés, nous avons allumé le poêle et nous avons mangé des gaufres dans la salle à manger. Le poêle qui venait tout juste d'être nettoyé, pas encore décidé à s'enflammer, ronflait bruyamment. Par la fenêtre on apercevait le sillage d'un avion. Un filet de fumée s'élevait du reste du feu de broussailles dans le jardin.

— Vous venez toujours m'aider, cela me rend service. Avant l'arrivée de l'hiver, quand je suis seule, c'est plutôt angoissant. Ah oui, je vous ai tricoté un gilet. J'espère qu'il vous plaira.

Après avoir mangé une gaufre, je lui ai offert un chandail gris à mailles fantaisie que j'avais tricoté pour lui. Surpris, il a avalé son thé dans un bruit de gorge, et comme lorsque je lui offrais un livre, il l'a reçu à deux mains en s'inclinant.

— Moi qui me contente de faire les minuscules travaux dont je suis capable. Vous en faites trop pour moi.

Puis il a enlevé son gilet qui peluchait, l'a roulé en boule et l'a fourré dans son sac comme une vieille serviette usagée, avant d'enfiler lentement le nouveau chandail comme s'il se couvrait de quelque chose de fragile qui se déchirerait facilement.

— Aah, comme il est chaud et confortable. J'ai l'impression que mon corps flotte avec légèreté.

Les manches étaient trop longues et l'encolure un peu serrée, mais il ne s'en souciait pas. Il mangea une deuxième gaufre, mais son attention était tellement mobilisée par son nouveau chandail qu'il ne paraissait pas se rendre compte de la présence sur sa joue d'un peu de crème échappée à ses lèvres.

Il est reparti vers le ferry après avoir fixé au porte-bagages de sa bicyclette sa boîte à outils contenant des tenailles, tournevis, papier d'émeri et huile de machine. C'est le jour suivant que l'hiver est vraiment arrivé. On ne pouvait plus marcher dehors sans manteau, le cours d'eau derrière la maison était gelé le matin, et les variétés de légumes du marché diminuaient.

J'étais enfermée dans la maison, en train d'écrire mon quatrième roman. Cette fois-ci, c'était l'histoire d'une dactylographe qui perd sa voix. Elle part à sa recherche en compagnie de son ami professeur à l'école de dactylographie. Elle prend conseil auprès d'un thérapeute du langage. Il palpe sa gorge avec ses mains, réchauffe sa langue à ses lèvres, et ils écoutent sans arrêt les chansons qu'ils ont enregistrées tous les deux autrefois. Mais sa voix ne revient pas. Elle tape à la machine pour lui transmettre ce qu'elle ressent. Entre eux, il y a toujours ce bruit mécanique, comme une musique, et…

Je ne savais pas trop comment l'histoire allait évoluer. Elle paraissait simple et paisible, mais j'avais le pressentiment qu'elle pouvait devenir catastrophique.

En pleine nuit, j'étais en train de travailler lorsque j'eus l'impression d'entendre quelqu'un cogner à une vitre au lointain. J'ai posé mon crayon et j'ai tendu l'oreille, mais j'entendais seulement le bruit du vent à l'extérieur. Je suis revenue à mon manuscrit, et j'avais écrit une ligne supplémentaire lorsque j'entendis à nouveau un tintement sur une vitre. Toc, toc, toc. Un bruit régulier, plein de retenue.

J'ai tiré le rideau pour regarder dehors. Les lumières des maisons voisines étaient éteintes et je ne distinguais aucune silhouette humaine. J'ai fermé les yeux et me suis concentrée pour savoir d'où venaient les appels. Et c'est ainsi que j'ai pensé qu'ils provenaient sans doute du sous-sol.

Puisque depuis la mort de ma mère je ne descendais plus au sous-sol que très rarement, la porte était toujours fermée à clef. Il m'a fallu un peu de temps pour retrouver la clef, parce que je l'avais trop bien rangée. Pendant que je fouillais dans le tiroir à la recherche de la boîte métallique qui contenait le trousseau, puis jusqu'à ce que j'y trouve la clef à moitié rouillée, cela a fait pas mal de bruit. Je savais intuitivement que ce serait plus sûr d'agir en silence, mais les coups étaient toujours aussi patients et mesurés, si bien que je me suis dépêchée encore plus.

Ayant enfin ouvert la porte, j'ai descendu les marches et lorsque j'ai allumé, j'ai vu se découper des formes humaines sur la porte vitrée qui conduisait au lavoir au bord de la rivière.

Dans ce lavoir, on faisait la lessive du temps de ma grand-mère. Ma mère y lavait parfois son ciseau de sculpteur, mais même cela remontait à quinze ans auparavant.

Il y avait des briques au fond de l'eau, sur un espace d'environ un tatami auquel on accédait en descendant après avoir franchi la porte vitrée. C'était un cours d'eau d'environ trois mètres de large, et l'on accédait à l'autre rive par un petit pont de bois – fabriqué par mon grand-père – maintenant en assez mauvais état.

Pourquoi des gens se trouvaient-ils là ?

Tout en tournant et retournant mes doutes intérieurement, je réfléchissais à ce que je devais faire. S'agissait-il de voleurs ? Non, des voleurs ne frapperaient pas. S'agissait-il d'un maniaque ? Mais pour un maniaque, les coups étaient bien trop réguliers.

— Qui est là ? questionnai-je courageusement.

— Excusez-nous. A cette heure tardive. C'est les I-nu-i.

Ayant ouvert la porte vitrée, je me suis trouvée devant le professeur Inui et sa famille. Monsieur Inui, un vieil ami de mes parents, était professeur dans le service de dermatologie du centre hospitalier universitaire.

— Que se passe-t-il ?

Avant toute chose, je les avais invités à entrer. Entendre couler l'eau à nos pieds me faisait geler, et surtout, ils n'avaient pas l'air normal.

— Nous sommes vraiment désolés. Je sais que cela va vous causer bien du souci, mais…

Le professeur se confondait en excuses. Sa femme qui n'était pas maquillée avait les traits tirés et les yeux humides, peut-être à cause du froid, ou parce qu'elle avait pleuré. Leur fille de quinze ans serrait les lèvres, tandis que son petit frère âgé de huit ans ne pouvait s'empêcher de regarder partout avec curiosité. Ils se tenaient mutuellement tous les quatre. La femme avait pris le bras du professeur qui avait passé le sien autour des épaules de leur fille, les deux enfants se tenaient par la main et le petit frère agrippait le bord du manteau de sa mère.

— Ne vous excusez pas. Mais je me demande comment vous avez réussi à traverser le pont. Vous avez dû avoir peur, n'est-ce pas ? Il est à moitié cassé. Pourquoi n'êtes-vous pas passés par l'entrée ? Quoi qu'il en soit, venez vous mettre au chaud en haut dans la salle de séjour, je vous en prie. Ici on ne peut pas faire grand-chose.

— Je vous remercie. Mais nous n'avons pas le temps. Et en plus, il vaut mieux ne pas trop nous faire remarquer. Nous devons agir dans la discrétion.

Le professeur soupira. Comme à un signal, ils se rapprochèrent tous les quatre encore plus l'un de l'autre.

Ils portaient tous un long manteau de qualité en cachemire. Leur cou, leurs mains et leurs pieds – tout ce qui dépassait du manteau – étaient couverts de laine. Et ils avaient dans les mains des sacs correspondant à la taille de leur corps. Qui paraissaient lourds.

J'ai rapidement débarrassé la table de travail de ma mère et j'ai rassemblé des chaises pour les faire asseoir. Ils ont rangé leurs bagages sous la table. Tout était à peu près en place pour me permettre d'écouter leur histoire.

— Elle a fini par arriver. Chez nous aussi, dit le professeur, les doigts croisés sur la table, comme s'il enfermait sa voix dans le creux en demi-cercle qu'ils dessinaient.

— Quoi ? n'ai-je pu m'empêcher de demander car il tardait à poursuivre.

— La convocation à la police secrète, répondit-il calmement, d'une voix raisonnable.

— Eh, mais pourquoi ?…

— J'ai ordre de me présenter au centre de décryptage des gènes. Ils doivent venir me chercher demain, non, je veux dire aujourd'hui, ce matin. Ils m'ont démis de mon poste universitaire. Et nous sommes obligés de quitter notre logement de fonction. On m'a donné l'ordre d'aller vivre avec toute ma famille au centre de recherches.

— Où se trouve-t-il ?

— Je ne sais pas. Personne ne le sait, ni de quel genre de bâtiment il s'agit. Mais j'ai une petite idée de ce qu'ils y font. Officiellement, c'est un centre de recherches sur les traitements médicaux, mais en réalité, c'est une antenne des traqueurs de souvenirs. Ils veulent utiliser mes recherches pour trouver les gens qui gardent la mémoire.

Je me suis rappelé l'histoire que m'avait racontée R dans le hall de la maison d'édition. Ce n'était donc pas une rumeur. De plus, des gens si proches de moi y étaient mêlés.

— La convocation est arrivée il y a à peine trois jours. Nous n'avons pas eu le temps de réfléchir posément à la situation. Ma rémunération sera multipliée par trois. Ils ont aussi des installations pour l'éducation des enfants. Ils m'accordent différents privilèges concernant les impôts, les assurances, la voiture et le logement. Les conditions sont tellement bonnes que c'en est effrayant.

— C'était la même enveloppe qu'il y a quinze ans.

Sa femme ouvrait la bouche pour la première fois. Elle avait des larmes dans les yeux et la voix. La sœur aînée écoutait en silence, le visage tourné vers celui qui parlait. Son petit frère, sans avoir enlevé ses gants, touchait avec hésitation les outils de sculpture restés sur la table.

Je me suis souvenue du moment où ma mère avait été emmenée quinze ans plus tôt. C'étaient eux qui m'avaient réconfortée alors. J'étais encore une toute petite fille et madame Inui tenait dans ses bras sa fille aînée qui venait de naître.

La convocation se trouvait dans une enveloppe mauve rugueuse au toucher. A l'époque, personne ne connaissait l'expression "traqueurs de souvenirs" et mes parents comme les Inui ne sentaient pas encore le danger. Ils étaient seulement inquiets, car la lettre n'exprimait pas clairement pour quel motif ma mère était convoquée, ni pour combien de temps.

Mais je me doutais bien que c'était en relation avec les tiroirs du sous-sol. Pendant que les adultes discutaient à propos de cette enveloppe, je me rappelais le murmure de ma mère me racontant l'histoire des objets secrets et l'ombre qui avait traversé son visage lorsque je lui avais demandé pourquoi elle ne les avait pas oubliés.

Ils avaient eu beau discuter, ils n'étaient arrivés à aucune conclusion. Il n'y avait aucune raison de refuser, d'ailleurs, il s'agissait peut-être d'une affaire si peu importante qu'elle en éprouverait de la déception.

— Ça ira. Il ne faut pas vous inquiéter autant.

— Soyez sans crainte, on s'occupera de la maison et de votre fille.

Ainsi le couple Inui nous avait-il réconfortés.

Au matin, la voiture de la police secrète qui était venue la chercher était d'un tel luxe que c'en était effrayant. Grande comme une maison, d'un noir majestueux, rutilante de partout. Les roues, les poignées de portes et l'insigne de la police secrète au bout du capot étincelaient dans le soleil matinal. Les sièges de cuir souple paraissaient si doux qu'on ne pouvait réprimer le désir de s'y asseoir.

Un chauffeur en gants blancs avait ouvert la portière pour ma mère. Elle demanda encore quelque chose aux Inui et à ma nourrice, embrassa mon père, et pour finir prit mes joues entre ses mains en souriant.

Devant l'opulence de la voiture et l'obséquiosité du chauffeur, tout le monde avait été rassuré. On pensait qu'il n'y avait pas d'inquiétude à se faire dans la mesure où elle était traitée avec autant de sollicitude.

Ma mère s'est enfoncée dans la profondeur des sièges. Nous avons tous agité la main comme si elle s'en allait au cocktail d'une exposition de sculptures pour recevoir un prix.

Mais ce fut la dernière fois que nous vîmes ma mère vivante. Son corps nous revint une semaine plus tard accompagné d'un certificat de décès.

Elle avait eu une crise cardiaque. Toutes les vérifications avaient été effectuées à la clinique de monsieur Inui, mais on n'avait rien trouvé de suspect.

… Une maladie soudaine l'a emportée alors qu'elle participait à nos recherches, et nous vous prions de bien vouloir accepter nos sincères condoléances dans ce deuil qui vous frappe…

Mon père m'avait lu à haute voix la lettre qui venait de la police secrète. J'avais l'impression d'entendre une formule magique dans une langue étrangère totalement incompréhensible pour moi. Je gardais le silence, incapable de détacher mon regard des larmes de mon père qui tombaient sur l'enveloppe mauve, y formant des petites auréoles.

— La qualité du papier, la frappe de la machine à écrire et le filigrane sont les mêmes que pour ta mère, continuait madame Inui.

Elle avait enroulé deux fois son écharpe autour de son cou et l'avait nouée serré sur le devant. A chaque mot qu'elle prononçait, ses cils tremblaient.

— Vous ne pouvez pas refuser ? questionnai-je.

— Si on refuse, on nous emmène de force, répondit aussitôt le professeur. Si on ne collabore pas avec les traqueurs de souvenirs, on est soi-même traqué. Bien sûr, toute la famille également. On ne sait pas où on est emmené après avoir été capturé. Prison ? travaux forcés ? exécution ? En tout cas, quand on voit comment ils emmènent les gens comme des paquets de cuillers, on peut être sûr que la destination n'est pas un endroit agréable.

— Alors, vous allez dans ce centre de recherches sur les gènes ?

— Non.

Le professeur et sa femme avaient secoué la tête en même temps.

— Nous allons dans une cachette.

— Une cachette… ai-je murmuré, en me disant que c'était la deuxième fois que j'entendais ce mot.

— Par chance, nous sommes en liaison avec un organisme de soutien qui nous en garantit une. Nous y allons.

— Mais vous allez tout perdre, votre travail, votre vie. Même si c'est fâcheux, vous ne seriez pas plus en sécurité si vous obéissiez aux ordres ? Vos enfants sont encore jeunes.

— On ne peut pas dire que nous serions en sécurité, enfermés dans le centre de recherches. C'est la police secrète qui s'en occupe. On ne peut pas avoir confiance. Quand ils n'auront plus besoin de nous, ils emploieront certainement des moyens méprisables pour garder le secret.

Le professeur avait choisi ses mots pour ne pas effrayer ses enfants.

Ils étaient sages tous les deux et se tenaient correctement. Le petit frère s'amusait avec un banal éclat de pierre, le tripotant comme s'il s'agissait d'un jouet comprenant un quelconque mécanisme secret. Ses gants bleu clair, d'une forme simple, avaient manifestement été tricotés à la main. Ils étaient reliés l'un à l'autre par un lien au crochet, pour qu'il ne les perde pas. J'ai pensé que moi aussi j'avais porté ce genre de gants autrefois. Dans l'angoisse qui pesait sur ce sous-sol, seuls ces gants dégageaient une atmosphère paisible.

— Et nous ne serions d'aucune aide pour les traqueurs de souvenirs, ajouta sa femme dans un murmure.

— Mais si vous vous cachez, comment allez-vous faire pour l'argent, la nourriture, l'école, et si vous êtes malades ? je veux dire, pour la vie de la famille ? Il n'y a pas que la vie. Que va devenir l'existence même de vous quatre ?

Il y avait encore toutes sortes de choses que je ne comprenais pas très bien. Les gènes, le dé-cryptage, le centre de recherches, l'organisme de soutien, la cachette… J'avais l'impression que tous ces mots, ne trouvant pas d'endroit où aller, ne cessaient de se répercuter au creux de mes oreilles.

— Nous-mêmes ne le savons pas très bien, dit-elle, et des larmes coulèrent de ses yeux.

Mais elle ne pleurait pas. Des larmes qui cou-lent alors qu'on ne pleure pas, c'est bizarre, ai-je pensé. Elle était tellement triste qu'elle ne pouvait pas pleurer, seule une goutte de liquide orga-nique transparent avait débordé de ses yeux.

— Cela a été tellement soudain que nous n'avons pas eu assez de temps. Je n'avais aucune idée de ce qu'il fallait emporter ou ranger. Alors, de là à imaginer ce qui nous attendait, c'était im-possible. C'est à peine si on arrivait à faire des choix dans l'immédiat. Notre livret d'épargne nous servirait-il à quelque chose ? de l'argent li-quide ne serait-il pas mieux ? fallait-il en sortir ? Que fallait-il emporter comme vêtements ? Fal-lait-il prendre également des réserves de nourri-ture ? Fallait-il laisser notre chat Mizore ?…

Les gouttes transparentes roulaient et tombaient tant et plus. La grande sœur sortit un mouchoir de sa poche qu'elle lui tendit.

— Et un autre choix qui s'est présenté à nous concernait les sculptures de votre mère, intervint le professeur. Lorsque nous aurons disparu, la maison sera sans doute investie par la police secrète qui cherchera des indices sur l'endroit où nous nous trouverons. C'est pour cela que nous avons voulu laisser au moins une chose qui nous était précieuse. Mais il est dangereux de confier des choses à la légère. Le secret peut être divulgué. On doit réduire au maximum le nombre de personnes connaissant notre cachette, vous comprenez ?

J'ai acquiescé.

— Cela va peut-être vous causer des difficultés, mais vous ne voudriez pas garder ces sculptures réalisées par votre mère ? Jusqu'à ce que nous puissions vous revoir comme aujourd'hui.

Lorsqu'il eut fini de parler, et comme s'il l'avait répété à l'avance, il sortit promptement du sac de sport en toile déposé aux pieds de sa fille cinq sculptures qu'il aligna sur le bureau.

— Voici le tapir qu'elle avait sculpté pour nous comme cadeau de mariage. Ça, c'est le cadeau de naissance de notre aînée. Les trois autres sculptures, c'est votre mère qui nous les a données la veille du jour où elle est allée se présenter à la police secrète.

Ma mère aimait beaucoup sculpter des tapirs, alors qu'elle n'en avait jamais vu. Le cadeau de naissance de la fille aînée était une poupée aux grands yeux sculptée dans du chêne. J'avais la même. Mais il se dégageait des trois autres une atmosphère vaguement différente. C'étaient des objets abstraits faits de bois et de morceaux de métal imbriqués comme dans un puzzle, ils avaient tous la taille d'une paume, et leur surface n'était ni polie au papier de verre ni vernie. On avait l'impression que l'on pourrait obtenir une forme en les réunissant, même s'ils ne paraissaient avoir aucun lien entre eux.

— Je ne savais pas qu'avant de se rendre à sa convocation, ma mère vous avait laissé ça.

— Nous non plus, nous n'avons jamais pensé que nous hériterions de ces objets après sa mort. Mais je crois que votre mère devait se douter de quelque chose. Elle s'était enfermée au sous-sol pour travailler d'arrache-pied, ne sachant pas quand elle pourrait le faire à nouveau. Elle nous les a proposés en disant que cela ne servait à rien de les laisser dans son atelier.

— Et nous voudrions à notre tour vous les confier, dit la femme en pliant et repliant son mouchoir.

— Oui, bien sûr, je vais les garder. Je vous remercie d'avoir ainsi pris soin des sculptures de ma mère.

— Aah, tant mieux. Ainsi au moins elles ne tomberont pas entre leurs mains.

Le professeur avait un doux sourire.

Je comprenais parfaitement qu'ils devaient se dépêcher avant le lever du jour, mais je voulais absolument leur être utile. Pour autant, je n'avais aucune idée de ce que j'aurais pu faire.

En tout cas, je suis montée réchauffer du lait dans la cuisine, je l'ai servi dans des tasses que je leur ai apportées au sous-sol. Nous avons trinqué tous les cinq sans faire de bruit avant de boire en silence. De temps à autre, l'un de nous levait les yeux avec l'air de vouloir dire quelque chose, mais avalait le liquide blanc sans pouvoir trouver les mots.

L'ampoule était couverte de poussière, si bien que la lumière éclairant la cave paraissait délayée comme de l'aquarelle. Une sculpture commencée dans la pierre qui ne serait jamais terminée, un carnet de croquis délavé, une pierre à aiguiser complètement desséchée, un appareil photo cassé, deux douzaines de pastels de différentes couleurs dormaient dans un coin de la pièce. Dès que l'un de nous remuait un tant soit peu, les chaises grinçaient sur le sol. De l'autre côté de la fenêtre s'étendaient les ténèbres, et l'on ne distinguait pas de lune.

— C'est bon, hein, fit remarquer le petit frère en nous regardant à tour de rôle, comme s'il trouvait étrange que nous gardions le silence.

Il avait un cercle blanc autour des lèvres.

— Oui, c'est bon.

Nous avons tous acquiescé. Je n'avais aucune idée de ce qui les attendait, mais je me suis dit qu'en tout cas, c'était une bonne chose que le lait fût bon et chaud entre nos mains.

— A propos, où se trouve votre cachette ? Je pourrais peut-être vous aider ? Je vous apporterais ce qui vous manque et vous donnerais des nouvelles de l'extérieur.

Je venais de demander ce qui me préoccupait le plus. Les Inui se regardèrent avant de replonger ensemble le regard dans leur tasse. Un moment plus tard, c'est le professeur qui a pris la parole.

— Je vous remercie de vous soucier de nous à ce point. Mais je pense qu'il vaut mieux que vous ne sachiez rien à propos de la cachette. Bien sûr, nous ne sommes pas inquiets à l'idée que notre secret pourrait être divulgué. Si cela avait été le cas, nous ne serions pas venus vous apporter les sculptures. C'est simplement que nous ne voulons pas vous créer plus d'ennuis. Plus votre lien avec nous sera profond, plus vous serez en danger. A supposer que vous deviez subir un interrogatoire de la police secrète, si vous ne savez rien, vous pouvez vous en tirer en disant que vous ne savez rien. Mais s'ils sentent que vous savez quelque chose, ils sont capables d'utiliser les moyens les plus horribles pour vous faire parler. Je vous en prie, ne nous demandez pas où se trouve notre cachette.

— J'ai compris. Je ne veux rien savoir. Je vais rester ici à prier pour la sauvegarde de toute votre famille. Pour finir, il n'y a rien de plus que je puisse faire pour vous ? leur dis-je en serrant ma tasse vide entre mes mains.

— Pourriez-vous nous prêter un coupe-ongles. Les ongles de cet enfant sont trop longs, dit la femme, un peu gênée, en prenant la main de son fils.

— Mais oui, c'est la moindre des choses.

J'ai cherché le coupe-ongles au fond du tiroir avant de lui enlever ses gants.

— Ne bouge pas. Ce sera tout de suite fini.

Les doigts du petit garçon étaient minces et souples. Pas la moindre tache ne les salissait. Je me suis mise à genoux devant lui, ai pris doucement ses doigts pour ne pas les abîmer. Lorsque nos regards se croisaient, il m'adressait un sourire timide et balançait ses jambes.

J'ai utilisé le coupe-ongles avec précaution, en commençant par le petit doigt de la main gauche. Ses ongles souples et transparents se détachaient aisément dès que la pince les touchait et tombaient comme des pétales. Nous tendions tous l'oreille au murmure qu'ils faisaient dans leur chute. Il résonnait comme un signal qui scella cet instant au plus profond de la nuit.

Les gants bleu clair attendaient sur le bureau que tout se termine.

C'est ainsi que la famille Inui a disparu.

6

J'ai gravi les marches. Elles étaient si étroites que je me demandais avec inquiétude comment je me débrouillerais si je devais croiser quelqu'un qui descendait. L'escalier était un simple assemblage de bois brut, sans tapis ni rampe.

Quand je grimpais jusqu'ici, j'avais toujours l'impression de me trouver à l'intérieur d'un phare. Je n'en avais visité un qu'une ou deux fois dans mon enfance, mais il me semble que le bruit des pas et l'odeur ressemblaient beaucoup à ceux d'ici. Le bruit mat des chaussures quand on marche avec prudence sur l'interstice entre les planches et l'odeur d'huile de machine.

Le phare n'éclairait plus depuis longtemps. Plus aucun adulte ne s'aventurait jusque-là. Le cap était recouvert d'herbes sèches et pointues qui m'avaient égratigné les jambes en venant.

J'étais avec un cousin plus âgé que moi. Il a bien voulu lécher chaque blessure de mes jambes.

Le long de l'escalier, il y avait une petite pièce. Là où autrefois se reposait le gardien du phare. Une table à thé pliante et deux chaises. Sur la table étaient disposés correctement un pot à thé, un sucrier, des serviettes, deux tasses pour les invités, des assiettes et des fourchettes à gâteau.

Qu'il s'agisse de l'espace entre chaque pièce du service à thé, de l'orientation de l'anse des tasses ou de l'éclat des fourchettes, rien ne clochait, si bien que j'ai commencé à trembler de peur. Mais en même temps, j'ai imaginé quels gâteaux délicieux pouvaient être posés sur de si jolies assiettes.

Alors que cela faisait déjà plusieurs années que le gardien du phare était parti et que la lampe du sommet qui balayait la mer était froide et couverte de poussière, l'atmosphère était telle qu'on aurait pu croire que dix minutes plus tôt quelqu'un était en train de goûter là.

A force de regarder les tasses je voyais presque de la vapeur s'en élever en tremblant.

Toujours le cœur battant d'avoir jeté un coup d'œil à l'intérieur de la petite pièce, nous avons gravi les marches. Mon cousin était derrière, moi devant. Non seulement il y faisait sombre, mais comme l'escalier à vis était interminable, nous n'avions aucune idée de ce qu'il nous restait à gravir avant d'arriver au sommet.

Je crois que je devais avoir sept ou huit ans. Je portais une jupe à bretelles rose que ma mère m'avait confectionnée. Elle était bien trop courte, même en étirant les bretelles au maximum, de sorte que je ne pouvais pas empêcher l'inquiétude de m'envahir à l'idée que mon cousin pourrait voir ma culotte.

Cependant, je me demande pourquoi nous nous étions rendus tous les deux dans un endroit pareil. Je n'arrive pas du tout à me le rappeler.

Au moment où je n'en pouvais plus tellement j'étais essoufflée, le bruit des vagues était devenu proche soudain, tandis que l'odeur d'huile de machine arrivait jusqu'à moi. Mais je n'ai pas compris tout de suite qu'il s'agissait d'huile de machine. Au début, j'ai pensé à un produit qui ne serait pas bon pour la santé. J'ai posé la main sur ma bouche pour m'empêcher de respirer. Alors je me suis sentie de plus en plus mal et j'ai eu un éblouissement.

En bas, il y a eu un bruit. J'ai pensé que l'homme qui mangeait des gâteaux dans la petite pièce montait l'escalier. Le gardien du phare, après avoir plongé la fourchette étincelante dans le dernier morceau qu'il avait laissé fondre sur sa langue, se lançait à ma poursuite, des miettes de génoise collées au bord des lèvres.

Je voulais demander secours à mon cousin. Je n'aurais su comment faire si au lieu de mon cousin le gardien du phare s'était retrouvé derrière moi, si bien que j'étais incapable de me retourner. Finalement, je me suis accroupie au milieu de l'escalier sans pouvoir vérifier comment c'était tout en haut.

Je ne sais combien de temps s'est écoulé. Bientôt, l'intérieur du phare a retrouvé le calme du sommet jusqu'au rez-de-chaussée. Je n'entendais plus le bruit des vagues.

J'ai tendu l'oreille un moment et il m'a semblé que plus rien ne se passerait. Tout était saturé d'un calme oppressant. J'ai rassemblé mon courage pour tourner prudemment la tête et regarder derrière moi.

Ni le gardien du phare ni mon cousin n'étaient là.

C'est bizarre, quand même, que je me rappelle toujours ce phare dans cet escalier. Puisque c'est pour rencontrer mon amoureux que je viens ici, je pourrais très bien grimper les marches en courant avec excitation au point de manquer de trébucher, mais je ne sais pourquoi, je pose les pieds marche après marche avec circonspection, en faisant attention au bruit de mes pas.

Je suis dans le clocher de l'église. Le carillon sonne deux fois par jour, le matin à onze heures et le soir à cinq heures.

Au rez-de-chaussée se trouve une réserve dans laquelle est rangé le matériel d'entretien de l'horloge, elle a exactement la même taille que la petite pièce du phare. Bien sûr, tout en haut il y a la pièce où se trouve le mécanisme de l'horloge, où je ne me suis jamais aventurée. Mon amoureux m'attend dans la salle du cours de dactylographie qui se trouve au milieu du clocher.

Après avoir franchi je ne sais plus combien de paliers, j'entends le bruit des machines à écrire. Des bruits hésitants se mêlent à d'autres plus réguliers. Sans doute que des néophytes s'exercent avec d'autres qui sont meilleures, proches de l'obtention de leur diplôme.

Debout près d'une débutante, est-il en train d'observer ses doigts effrayés frappant les touches ? Chaque fois qu'elle se trompe, lui déplace-t-il doucement le doigt vers la touche correcte ? De la même façon qu'il l'a déjà fait pour moi auparavant…

Ayant écrit jusque-là, j'ai posé mon crayon. Mon nouveau roman n'avançait pas très bien. Je tournais en rond, je revenais en arrière, et désorientée je restais bloquée et n'en voyais pas le bout. Mais comme cela m'arrivait souvent, je n'y faisais même plus attention.

— Comment ça va ? me demandait régulièrement R lors de nos rencontres.

Ne sachant pas s'il s'inquiétait de mon roman ou de moi personnellement, je lui répondais invariablement :

— Pas trop mal, en me demandant de quoi il voulait parler.

Mais il parlait toujours de mon roman.

— Il ne faut pas écrire avec sa tête. Je veux que vous écriviez avec la main.

C'était rare qu'il se prononce ainsi d'une manière aussi catégorique, si bien que j'acquiesçai
en silence. Puis je tendis ma main droite vers lui,
les doigts étirés au maximum.

— C'est ça, c'est à partir de là que le roman se
forme.

Il avait déplacé précautionneusement son regard, comme s'il regardait la partie la plus vulnérable de mon corps.

J'ai pensé que pour aujourd'hui il valait mieux
que je dorme. J'étais trop fatiguée, mes doigts
étaient crispés. J'ai rangé mon crayon et ma gomme
dans ma trousse, et rassemblé les feuillets de mon
manuscrit sur lequel j'ai posé mon presse-papiers
en verre.

Dans mon lit, j'ai pensé à la famille Inui. Depuis ce fameux soir, j'étais passée plusieurs fois
devant l'université et ses logements de fonction,
mais de l'extérieur, rien ne paraissait changé. Les
étudiants étaient allongés tranquillement sur la
pelouse, et dans la guérite à côté du porche d'entrée un employé d'âge respectable et désœuvré
lisait un livre sur les bonsaïs.

Des futons soleillaient ici ou là aux vérandas
des logements de fonction sur l'arrière du cam-
pus. Scrutant les immeubles, j'ai compté les fenêtres
à partir d'une extrémité, pour trouver l'appartement
numéro 619 de l'aile E où vivaient les Inui. La vé-
randa avait été vidée, il n'y avait plus rien.

J'avais aussi jeté un œil dans la salle d'attente du
service de dermatologie de l'hôpital universitaire,
mais à l'endroit du mercredi, jour de consultation
du professeur, était inscrit le nom du maître-
assistant. Ce qui avait changé, c'était la taille de
l'étiquette, plus petite. Les infirmières allaient et
venaient avec de la gaze et des fiches, les patients
avaient retroussé leurs vêtements pour découvrir

leur peau atteinte par des microbes. Personne ne paraissait s'inquiéter ni s'attrister de la disparition du professeur.

La famille Inui avait bel et bien disparu, comme si elle s'était évaporée.

Et pourtant, arrivaient-ils à se tenir propres pour ne pas attraper de maladies et à dormir dans des lits suffisamment souples pour faire des rêves réconfortants ? Pouvaient-ils dîner à la même table avec assez de vaisselle pour quatre ? J'avais manqué de les questionner à ce sujet, mais qu'avaient-ils fait de leur chat Mizore ? J'aurais dû le prendre avec moi en même temps que les sculptures. Mais si le chat des Inui avait échoué chez moi, on m'aurait peut-être suspectée. Avec la police secrète, on pouvait s'attendre à ce qu'elle ait déjà fait son enquête pour connaître la race du chat, sa couleur et sa silhouette.

J'avais beau essayer de dormir, des inquiétudes montaient en moi l'une après l'autre comme des bulles d'air. Elles n'éclataient pas mais flottaient indéfiniment en mon cœur. Pouvait-on réellement faire confiance à l'organisation de soutien ? Le professeur ne m'en avait pas parlé en détail. Et si les enfants tombaient malades ? Les ongles du petit garçon avaient dû pousser à l'intérieur des gants bleu clair...

Lorsque je me suis réveillée le lendemain matin, une nouvelle disparition s'était produite.

Le froid s'était intensifié, il y avait du givre dans le jardin. Mes pantoufles, le robinet d'arrivée d'eau, le foyer du poêle, les pains au lait dans la boîte à pain, toutes sortes de choses à l'intérieur de la maison étaient glacées. Le vent qui avait soufflé dans la nuit s'était calmé.

J'ai posé le reste de blanquette de la veille sur le poêle et j'ai disposé autour les petits pains enveloppés dans une feuille d'aluminium. Lorsque l'eau de la bouilloire s'est mise à bouillir, je me suis préparé un thé que j'ai bu sucré avec du miel. Je ne pouvais me résoudre à manger autrement que chaud.

Comme faire la vaisselle m'ennuyait, j'ai mangé la blanquette en plongeant une cuiller dans la casserole sur le poêle. Avertie par la bonne odeur du pain grillé, j'ai ouvert les papillotes et fait couler du miel directement dessus.

Tout en mastiquant, j'essayais de deviner ce qui avait disparu cette fois-ci. La seule chose dont j'étais certaine, c'est qu'il ne s'agissait pas de blanquette, de pain au lait, de thé ni de miel. J'avais pu en manger comme la veille.

C'est triste de voir les nourritures disparaître, quelles qu'elles soient. Autrefois, le camion ambulant débordait de choses à manger, alors que maintenant il était plein de cavités.

Lorsque j'étais enfant, j'aimais beaucoup la salade de "haricots verts". Assaisonnée à la mayonnaise, avec des pommes de terre, des œufs durs et des tomates, saupoudrée de persil haché. Ma mère demandait souvent au marchand des quatre-saisons :

— Vous avez des haricots verts bien frais ? Qui se cassent en faisant du bruit.

Il y a déjà un certain temps que je ne mange plus de salade de haricots verts. Je ne suis même plus capable de m'en rappeler la forme, la couleur ni le goût.

J'ai posé la casserole de blanquette vide sur le sol et j'ai baissé un peu la flamme du poêle. J'ai bu ma deuxième tasse de thé nature. Mes doigts étaient tout collants de miel.

Même par un matin aussi froid, la rivière ne paraissait pas gelée. Parce que j'entendais l'eau cascader doucement. J'entendais également des adultes et des enfants courir dans la rue à l'arrière de la maison et les aboiements du chien du voisin. Comme d'habitude, le matin des disparitions, il y avait de l'agitation dans l'air.

Comme j'avais fini de manger tous mes petits pains, me fiant aux bruits de pas, j'ai ouvert la fenêtre orientée au nord. L'ex-chapelier, le couple peu sympathique d'à côté, le chien aux taches marron et les écoliers avec leur cartable sur le dos s'étaient rassemblés. Ils regardaient tous la rivière en silence.

Mais elle était bien trop étrange, et bien trop belle pour une simple rivière. La veille encore, c'était un cours d'eau qui n'avait aucun intérêt où l'on apercevait parfois le dos de quelque carassin.

Je me suis penchée à la fenêtre et j'ai cligné plusieurs fois des yeux. La surface de l'eau était entièrement recouverte de fragments rouges, roses ou blancs, un assortiment de couleurs pour lequel il était difficile de trouver un qualificatif. Il ne restait plus un seul espace libre. Ces fragments, ainsi vus d'en haut, avaient l'air doux, se chevauchaient et se déplaçaient plus lentement que le cours habituel de l'eau.

Je suis vite descendue au sous-sol et suis sortie dans le lavoir où j'avais accueilli les Inui. Parce que c'était l'endroit d'où je pouvais voir la rivière de plus près.

Le sol du lavoir était froid et rugueux. Du trèfle poussait entre les briques. Le flot bizarre se trouvait à mes pieds. Je me suis agenouillée, j'ai plongé mes mains dans l'eau puis les ai remontées. Elles étaient pleines de pétales de roses qui restaient collées à mes paumes.

— C'est absolument incroyable, me lança l'ex-chapelier de l'autre rive.

— Vous pouvez le dire.

Tout le monde se regardait en hochant la tête. Les enfants, leur cartable bringuebalant sur le dos, couraient après le courant.

— Ne traînez pas en route, leur cria l'ex-chapelier.

Aucun pétale n'était encore flétri. Bien au contraire, sans doute à cause de la fraîcheur de l'eau, ils paraissaient encore plus frais et brillants. Et leur parfum, mélangé à la brume matinale qui flottait au-dessus de la rivière, était presque irrespirable.

Il n'y avait que des pétales, à perte de vue. En remontant mes mains, j'avais aperçu pendant un instant la surface de l'eau, mais d'autres pétales étaient aussitôt venus la recouvrir. On aurait dit qu'ils descendaient vers la mer, comme hypnotisés.

J'ai replongé dans le courant mes mains couvertes de pétales. Il y en avait de toutes sortes : au bord ondulant comme des fronces, à la couleur pâle ou foncée, d'autres qui étaient encore attachés au calice. Ceux-là s'accrochaient un moment au rebord de briques du lavoir, avant d'être entraînés à nouveau par le courant, où on ne les distinguait plus des autres.

Je me suis lavé le visage, j'ai juste mis de la crème sans me maquiller, j'ai passé un manteau et je suis sortie. Je voulais en remontant vers l'amont aller voir jusqu'à la roseraie sur le versant sud de la colline.

Beaucoup de gens s'étaient rassemblés aux abords de la rivière, qui contemplaient ce beau phénomène. La police secrète était encore plus présente que d'habitude. Comme toujours l'arme accrochée à la ceinture, les hommes se tenaient là, le visage inexpressif.

Les enfants qui paraissaient ne pas pouvoir se tenir tranquilles jetaient des pierres, plongeaient dans l'eau de longues perches dénichées je ne sais où. Mais le courant n'en était pas pour autant troublé. Ici ou là, il y avait un banc de sable ou un piquet, qui ne dérangeaient en rien la progression saisissante des pétales. On avait l'impression que si on s'allongeait dessus, ils envelopperaient le corps comme une douce couverture.

— Quand même, c'est surprenant, hein ?

— Une disparition aussi parfaite, c'est la première fois.

— Et si on prenait une photo ?

— Tu n'y penses pas. Prendre en photo quelque chose qui a disparu, cela ne peut rien donner.

— Oui, après tout, c'est vrai.

Les adultes parlaient à mi-voix, pour ne pas provoquer les hommes de la police secrète.

Excepté la boulangerie, la plupart des magasins étaient fermés. J'ai voulu voir ce qu'étaient devenues les roses chez le fleuriste, mais le rideau métallique était baissé. Il n'y avait pas beaucoup de monde non plus à bord du tramway. Le soleil s'apprêtait à faire son apparition entre les nuages. A mesure, la brume matinale se faisait moins épaisse, mais le parfum était toujours aussi fort.

Comme je le pensais, il n'y avait plus une seule rose dans la roseraie. Les tiges ne gardant que les épines et les feuilles se dressaient sur la pente comme des os filiformes. De temps à autre, venu du sommet de la colline, là où il y avait le centre d'observation ornithologique, un coup de vent emportait vers la rivière les pétales encore au sol. Dans le même temps, les feuilles et les tiges tremblaient.

Il n'y avait personne, ni la jeune femme à l'épais maquillage qui se trouvait toujours à l'entrée, ni les jardiniers, et bien sûr il n'y avait pas non plus de visiteurs. Je me suis demandé si je devais payer l'entrée, mais finalement je me suis glissée sous le guichet, afin de suivre le sentier qui gravissait la pente pour suivre le sens de la visite.

Le peu de fleurs qui étaient plantées en dehors des roses, telles les campanules, les échinocactées ou les gentianes, étaient sauves. Elles s'épanouissaient avec discrétion, comme pour s'excuser d'être là. On aurait dit que le vent dispersait les pétales en ne sélectionnant que les roses.

Une roseraie sans roses est un endroit désolé, sans signification. C'était encore plus triste de voir les tuteurs, l'engrais répandu et les autres traces des soins apportés. La terre bien nourrie était souple et produisait un bruit agréable sous les pas. Le murmure de la rivière n'arrivait pas jusqu'ici. Les mains dans les poches, j'ai arpenté la colline dans le même état d'esprit que si j'avais erré au milieu d'un cimetière anonyme.

Mais j'avais beau observer la forme des tiges, leurs épines et leurs feuilles, j'avais beau lire les panneaux décrivant les différentes espèces, je me rendais bien compte que je ne me souvenais déjà plus de la forme des roses.

7

La rivière a mis trois jours à redevenir comme avant. La quantité d'eau et sa couleur n'avaient pas changé. Les carassins – où s'étaient-ils cachés pendant ce temps-là ? – avaient repris leurs habitudes.

Le deuxième jour, les gens qui avaient des rosiers dans leur jardin inhumèrent à leur tour les pétales dans le cours d'eau. Ils défirent soigneusement les fleurs pour les jeter discrètement l'une après l'autre dans le courant.

Au pied du pont qui traversait le lavoir se tenait une dame qui paraissait fortunée.

— Ce sont des roses distinguées, lui dis-je.

Toute émotion avait déjà disparu de mon cœur à la vue des roses, mais elle les accompagnait avec tant de soin que j'avais voulu lui dire quelque chose. C'est ainsi que j'avais prononcé ce qualificatif tel qu'il m'était venu à l'esprit.

— Je vous remercie. Elles ont remporté la médaille d'or dans un concours l'année dernière, vous savez, me répondit-elle, satisfaite du mot que j'avais choisi. C'est le plus beau souvenir que m'a laissé mon défunt père.

Mais elle semblait ne rien regretter. Les pétales tombaient en voltigeant l'un après l'autre de ses doigts vernis d'un rouge foncé en harmonie avec la couleur des fleurs.

Lorsqu'elle eut terminé son travail, sans un regard vers le courant, elle me salua avec la distinction caractéristique des gens de sa classe.

Tous les pétales sans exception arrivèrent jusqu'à la mer et furent entraînés vers le large. Même s'ils avaient rempli la rivière, dans le vaste océan ils ne faisaient pas le poids, et ils disparurent aussitôt avalés par les vagues. Nous l'avons constaté, le grand-père et moi, du pont du ferry.

— Je me demande comment le vent peut reconnaître les roses, ai-je dit en frottant avec le pouce la rouille du bastingage.

— Il n'existe pas de réponse à cette question. La seule réalité indiscutable, c'est la disparition des roses.

Il portait le gilet que je lui avais offert, avec son pantalon d'ancien mécanicien.

— Je me demande ce que va devenir la roseraie.

— Ne soyez pas inquiète, mademoiselle. D'autres fleurs pousseront, à moins qu'elle ne devienne un verger ou un cimetière, personne ne le sait et l'on n'a pas à le savoir. Il faut laisser faire le temps. Parce qu'il continue à s'écouler bravement et que personne ne peut avoir prise dessus.

— Avec la disparition du centre d'observation ornithologique et de la roseraie, la colline va devenir triste. Il n'y reste plus que la vieille bibliothèque.

— Oui, vous avez raison. Quand monsieur votre père était en bonne santé, il m'a souvent invité là-bas. Si un oiseau sortant de l'ordinaire venait à passer, il me prêtait ses jumelles. Et il me laissait faire pour le remercier des petits travaux sur les canalisations d'eau ou le panneau de distribution électrique. A la roseraie, je connaissais bien le jardinier qui s'occupait des roses, alors c'était à moi qu'il faisait voir en premier les nouvelles espèces qui venaient de s'épanouir. C'est pourquoi j'allais toujours sur la colline. Mais les gens comme moi n'ont rien à faire dans une bibliothèque. J'y suis seulement allé en reconnaissance lorsque votre livre est sorti afin de vérifier qu'il s'y trouvait bien.

— Parce que vous vous êtes même inquiété de cela ?

— Oui. J'aurais fait une réclamation si je ne l'avais pas trouvé. Mais il y était.

— Oui. Mais il ne doit pas y avoir beaucoup de gens qui l'empruntent pour le lire.

— Détrompez-vous. Deux personnes l'avaient emprunté. Une collégienne et un employé de bureau. Parce que j'ai vérifié sur la carte de prêt, m'expliqua-t-il avec force détails.

A cause du vent de mer qui était froid, il avait le bout du nez tout rouge.

Autour de l'hélice, les pétales formaient un tourbillon. Ils étaient assez fatigués à baigner ainsi dans l'eau salée après ce long voyage sur la rivière. Leur couleur, leur brillance en avaient pris un coup, et on n'arrivait plus à les distinguer des algues, poissons morts et autres détritus auxquels ils étaient mélangés. Et leur parfum avait disparu.

Le ferry tanguait légèrement lorsque de temps à autre une grosse vague arrivait. Chaque fois, quelque chose grinçait quelque part sur le bateau. Le soleil couchant éclairait le phare sur le cap en face.

— Que va devenir votre ami le jardinier des roses ? questionnai-je.

— Il a déjà pris sa retraite. A son âge, on n'a pas besoin de retrouver du travail, on n'a rien à craindre de la police secrète. Il peut bien oublier

comment on s'occupe des roses, il y a encore toutes sortes de choses au monde dont il peut s'occuper. Nettoyer les oreilles de ses petits-enfants,
ou enlever les puces de son chat, par exemple.

Le grand-père tapotait le pont du bout de ses
chaussures. Elles étaient vieilles mais solides. On
aurait dit qu'elles faisaient partie de lui tellement
elles étaient éculées.

— Il m'arrive de temps en temps d'être étrangement inquiète, lui dis-je sans quitter ses pieds
des yeux. Je me demande ce que l'île va devenir
au fil de toutes ces disparitions.

Il a porté la main à son menton couvert de
barbe naissante avec l'air de dire qu'il ne comprenait pas très bien ma question.

— Eh bien…

— Sur cette île, il y a une proportion beaucoup
plus grande de choses qui disparaissent que de
choses nouvelles qui arrivent. Je ne me trompe
pas en disant cela, n'est-ce pas ?

Il a acquiescé en plissant fortement toutes les
rides de son visage, comme s'il avait mal à la
tête.

— Ce que les habitants de l'île peuvent fabriquer, ce sont différentes sortes de légumes, des
voitures qui tombent régulièrement en panne, de
simples pièces de théâtre, des poêles encom-
brants, des animaux domestiques efflanqués, des
produits de maquillage gras, des bébés, des livres
que personne ne lit… Rien que des choses mo-
destes, sur lesquelles on ne peut pas compter.
Qui ne peuvent absolument pas rivaliser avec les
disparitions. Avec le débordement d'énergie
qu'elles provoquent. Il n'y a pas de violence, mais
c'est rapide et radical, il faut faire très attention.
Si on ne peut pas boucher les trous des disparitions, l'île va finir par être pleine de cavités. Avec

tous ces trous, elle va devenir toute légère, et ce qui m'inquiète, c'est qu'un jour, elle n'ait plus de forme et disparaisse. Vous n'avez jamais pensé à cela ?

— Eh bien…

Il tirait dans un sens puis dans l'autre les manches de son gilet, l'air de plus en plus emprunté.

— … C'est sans doute parce que vous écrivez des romans que vous allez trop loin, euh, comment dire, peut-être que vous pensez des choses un peu extravagantes ? Quand on écrit des romans, ne fabrique-t-on pas des histoires un peu insensées ?

— Euh, eh bien, en quelque sorte, bredouillai-je. Mais je crois que cela n'a rien à voir avec les romans. C'est une inquiétude beaucoup plus réelle.

— Ne vous inquiétez pas, tout ira bien, déclara-t-il résolument. J'ai vécu ici trois fois plus longtemps que vous. Cela signifie que j'ai perdu trois fois plus de choses. Mais elles ne m'ont pas manqué et je ne me suis jamais senti en danger. Même lorsque le ferry a disparu. On ne pouvait plus le prendre pour faire des courses ou aller au cinéma sur la terre de l'autre côté de la mer. Je n'avais plus la joie de me mettre les mains dans le cambouis pour trifouiller les machines. Et je n'avais plus de salaire. Mais ce n'était pas très important. Même sans ferry, je suis arrivé jusqu'ici sans encombre. Quant au travail de gardiennage des entrepôts, avec un peu de pratique c'était assez amusant, et finalement, maintenant je suis revenu vivre sur mon ancien lieu de travail. Je ne manque de rien.

— Mais sur le ferry, il ne reste aucun souvenir important, aucune mémoire. C'est seulement du fer flottant sur la mer. Ce n'est pas douloureux ? Le vide de cette boîte en fer ne vous inquiète pas ?

Je l'observais discrètement.

Il cherchait ses mots en tordant ses lèvres.

— C'est vrai que les manques de cette île ont augmenté par rapport à autrefois. Quand j'étais enfant, l'île dans sa totalité était, comment dire, débordante d'une atmosphère beaucoup plus consistante. Mais au fur et à mesure que cet air s'est relâché, notre cœur s'est dilué d'autant. C'est peut-être pourquoi on a trouvé un équilibre ? C'est comme l'osmose, vous voyez. L'équilibre, même s'il se rompt, n'est jamais égal à zéro. C'est pourquoi il n'y a rien à craindre.

Il a hoché plusieurs fois la tête. Je me suis rappelé soudain que lorsque j'étais enfant, il avait toujours répondu de cette manière, en faisant bouger toutes les rides de son visage, lorsque par exemple je lui avais demandé pourquoi les doigts devenaient jaunes quand on mangeait une clémentine, ou encore dans quel endroit étaient repoussés l'estomac et les intestins quand on avait un bébé dans le ventre.

— Vous avez raison, ça ira.

— Oui, je vous le garantis. Ce n'est pas grave d'oublier ou ne plus rien avoir. D'ailleurs, les gens qui gardent tout dans leur cœur ne sont-ils pas arrêtés par la terrible police secrète ?

L'obscurité du soir commençait à recouvrir la mer. J'avais beau en scruter la surface, je n'arrivais plus à distinguer de pétales.

8

Cela va faire bientôt trois mois que ma voix a disparu. Depuis, mon ami et moi, nous ne faisons plus rien sans la machine à écrire. Et lorsque nous nous aimons, elle nous attend gentiment près du lit. Quand je veux lui dire quelque chose, je tends les mains et frappe les touches. Je tape beaucoup plus rapidement que je n'écris.

Au début de mon aphasie, je voulais à tout prix faire sortir ma voix. J'ai fait toutes sortes de tentatives, en passant ma langue au fond de ma gorge, en gardant de l'air à l'intérieur de ma poitrine jusqu'à en avoir mal, en tordant mes lèvres en tous sens. Mais après avoir compris que tout ce déploiement d'énergie ne servait à rien, il ne m'est plus resté qu'à recourir à la machine à écrire. Parce que, quoi qu'il arrive, il est professeur de l'école de dactylographie et je suis dactylo.

— Qu'est-ce qui te ferait plaisir comme cadeau ? m'a-t-il demandé un jour, et j'ai baissé les yeux sur mes genoux. Parce que la machine y était toujours posée.

Tap, tap, tap.

JE VOUDRAIS UN RUBAN ENCREUR

Il a penché la tête et, la main gauche posée sur mon épaule, a lu les lettres de l'alphabet imprimées.

— Un ruban ? Ce n'est pas très romantique.

Il souriait.

Tap, tap, tap, tap.

JE SUIS INQUIÈTE PARCE QUE SANS RUBAN JE NE POURRAI PLUS PARLER. AVEC TOI

Ainsi quand nous sommes seuls tous les deux, je suis heureuse car je ressens tout le temps sa chaleur sur mon épaule. Au point que j'en oublie la tristesse d'avoir perdu ma voix.

— D'accord. Je vais aller à la papeterie et j'achèterai pour toi tous les rubans encreurs qu'ils ont en stock.

Tap, tap.

MERCI

Les mots alignés composés des lettres de l'alphabet dégagent une impression différente de celle qu'elles produisent quand on les prononce. La légère dépression qui reste sur le papier après que la lettre a été frappée. L'encre qui bave. Le J qui penche légèrement comme s'il allait tomber. Le M dont l'angle du milieu, un peu abîmé, est dentelé. Ce genre de chose me les rend braves et familières. Même si je pense qu'un jour il va falloir que je fasse réparer ces deux lettres.

Je me souviens très bien du jour où il nous a appris à changer le ruban encreur.

A l'époque, je n'en étais encore qu'à m'entraîner indéfiniment sur des pleines pages de il, il, il, il… ou cela, cela, cela, cela…

— Aujourd'hui, vous rentrerez chez vous en sachant comment changer le ruban, commença-t-il. C'est un peu compliqué, mais une fois que vous aurez compris, c'est très simple, alors regardez bien.

Ayant rassemblé toutes les élèves autour du bureau central, il a d'abord posé les doigts sur le côté pour enlever la partie supérieure de la machine. Cela a fait un petit clac.

L'intérieur de la machine avait un aspect beaucoup plus intéressant que je ne l'avais imaginé. Les leviers soutenant les lettres, les bobines qui ressemblaient à des poulies, les pinces de formes variées, les tiges métalliques noircies d'huile, tous ces éléments étaient liés entre eux d'une manière complexe.

— Nous enlevons ainsi le ruban usagé qui n'est plus assez imbibé d'encre.

Il a enlevé le vieux ruban de la bobine de droite. Le ruban a glissé dans un bruit soyeux entre les leviers, les bobines, les pinces et les tiges.

— Bon, regardez bien. Voici un ruban neuf On le glisse dans la bobine de gauche, de manière à ce que la surface soit orientée vers le haut. Vous voyez, le dessus est lisse. Tenez fermement le bout du ruban avec la main droite. Il ne faut pas le lâcher. L'important c'est le sens et l'ordre. Il s'agit d'installer le ruban dans la machine en respectant le sens et l'ordre. Comme quand on installe une bobine de fil dans une machine à coudre. On glisse le ruban, premièrement dans cette espèce de crochet, deuxièmement, dans ce rond, troisièmement, derrière cette tige, quatrièmement, on revient un peu en arrière, et cette…

Il est vrai que l'ordre à suivre était un peu compliqué. Cela paraissait impossible à mémoriser en une seule fois. Les autres élèves paraissaient inquiètes elles aussi. Mais ses doigts se déplaçaient avec sûreté, sans se soucier de nous.

— Et voilà, c'est fait.

Le ruban encreur, à l'intérieur de la machine à écrire, s'enroulait en serpentant. Nous avons toutes poussé un soupir en même temps.

— Vous avez compris ?

Les mains sur les hanches, il nous a jeté un regard circulaire. Il n'y avait ni encre ni huile sur ses doigts. Ils étaient toujours aussi magnifiques.

Je n'ai jamais pu mémoriser cette façon de faire. Le ruban se tirebouchonne en cours d'installation, j'avais beau taper sur les touches rien ne s'imprimait. Tout en tapant pendant les cours, je n'étais préoccupée que d'une seule chose : que ferais-je si le ruban s'arrêtait ?

Mais maintenant, je n'ai plus aucun problème. Et même, je peux le changer plus vite que lui. Depuis que la machine à écrire a remplacé ma voix, un ruban me fait trois jours. Je ne jette pas les vieux rubans, je les conserve. Parce que j'ai l'impression qu'en regardant la succession de lettres imprimées dessus ou en les suivant du bout des doigts, ma voix finira peut-être par revenir…

J'ai montré à R ce que j'avais écrit jusqu'alors. Il y avait pas mal de feuilles, aussi est-il venu à la maison sous prétexte que c'était trop lourd pour moi de les apporter à son bureau.

Nous prenons le temps de parler de chaque ligne. Nous discutons pour savoir si elle est vraiment nécessaire. Nous changeons un mot pour un autre, comme carnet pour cahier, liqueur pour vin, ou regard pour vue, nous ajoutons ce qui manque, enlevons en une seule fois plusieurs dizaines de lignes.

Assis sur le sofa, R tournait tranquillement les feuilles de mon manuscrit. La main posée sur la partie inférieure comme s'il le caressait, il saisissait de l'autre main le coin supérieur de la feuille. Il n'y met jamais de force excessive. Il traite mes manuscrits avec le plus grand soin. Quand je le vois ainsi, je suis un peu nerveuse. Parce que je me demande avec inquiétude si le roman que j'ai écrit est digne d'une telle sollicitude.

— Bon, on arrête là pour aujourd'hui.

Le gros du travail terminé, il a sorti son paquet de cigarettes et son briquet de la poche intérieure de sa veste, tandis que je rassemblais avec des trombones les feuilles annotées.

— Voudriez-vous une autre tasse de thé ?

— Je peux vous en demander un bien fort ?

— Bien sûr que oui.

Dans la cuisine, j'ai coupé une tranche de génoise, puis j'ai refait du thé que j'ai apporté au salon.

— C'est votre mère ? a-t-il questionné en désignant une photo posée sur le manteau de la cheminée.

— Oui.

— Elle est belle. Vous lui ressemblez beaucoup.

— Non. Mon père le disait souvent. Que la seule chose dont j'ai hérité d'elle, ce sont des dents solides et sans caries.

— C'est très important d'avoir de belles dents.

— Dans son atelier elle avait toujours des petits poissons séchés posés sur un journal à portée de main. Et elle travaillait en les mâchouillant. Il paraît que dans mon parc, quand je commençais à m'agiter, pour me calmer elle en glissait un dans ma bouche, alors que je n'avais pas encore de dents. Je me souviens encore du goût, mélangé à l'odeur de la sciure et de la pierre à plâtre. C'était quelque chose de terrible, un peu caillouteux.

Il a porté la main à la monture de ses lunettes et tout en baissant la tête a esquissé un sourire.

Ensuite, nous sommes restés un moment silencieux à manger la castilla. Quand nous étions seuls tous les deux, il arrivait souvent qu'après avoir parlé de mon roman, nous ne sachions plus trop quoi dire. Mais cela ne me gênait pas, car j'avais l'impression que je finissais par être enveloppée

74

moi aussi dans sa respiration paisible. D'ailleurs je ne connais de R que sa silhouette lorsqu'il lit mes manuscrits. Je ne sais rien concernant son enfance, sa famille, sa manière de passer les dimanches, le type de femme qu'il apprécie ou l'équipe de base-ball qu'il préfère. Quand nous sommes tous les deux, il ne fait que lire mes manuscrits et rien d'autre.

— Il reste beaucoup d'œuvres de votre mère ici ? me demanda-t-il après avoir suffisamment goûté le silence.

— Non. Il n'y en a que très peu, celles qu'elle a offertes à mon père et à moi personnellement, répondis-je en jetant un nouveau coup d'œil à la photographie de ma mère.

Elle y était vêtue d'une robe d'été bouffante, elle me tenait sur ses genoux et souriait timidement. Ses mains si caractéristiques, aux articulations noueuses de n'avoir manié que des choses lourdes, ciseau, marteau ou pierre, caressaient mes petites jambes de bébé.

— Je crois qu'elle n'aimait pas trop garder indéfiniment ses œuvres auprès d'elle. Il me semble pourtant que lorsque j'étais enfant il devait y avoir beaucoup plus de sculptures ici ou là dans la pièce… Je crois qu'elle a tout rangé précipitamment quand elle a reçu la convocation à la police secrète. Elle a peut-être eu un mauvais pressentiment, après tout. Comme j'étais encore petite, je ne me rappelle plus très bien comment ça s'est passé.

— Où se trouvait son atelier ?

— Au sous-sol. On avait une petite maison dans un village en amont de la rivière, où elle travaillait aussi, je crois, mais après ma naissance, elle était toujours en bas.

Je frappais le sol du bout de ma pantoufle.

— Je ne savais pas qu'il y avait un sous-sol dans cette maison.

— Ce n'est pas parce qu'on l'appelle un sous-sol qu'il est vraiment sous la terre. L'entrée sud de la maison est sur la rue, mais au nord, elle donne sur la rivière. Les fondations sont dans l'eau, et la maison a été construite dessus, si bien que le sous-sol est au niveau du lit de la rivière.

— Cela paraît bien compliqué.

— Je crois que ma mère aimait beaucoup le bruit de l'eau. Pas le violent bruit des vagues, mais le doux murmure de l'eau qui cascade. Je crois que c'est pourquoi elle a acheté l'autre maison elle aussi près de la rivière. Il y avait trois choses qu'il lui fallait absolument pour travailler, le bruit de l'eau, le parc à bébé et les petits poissons séchés.

— Cet assortiment est bien compliqué lui aussi.

Il a allumé une cigarette après avoir fait faire un tour sur lui-même au briquet à l'intérieur de sa paume.

— Si cela ne vous dérange pas… commença-t-il avec hésitation, vous ne voudriez pas me montrer le sous-sol ?

— Bien sûr que oui, lui répondis-je aussitôt.

Il a soufflé lentement la fumée de sa cigarette, comme pour signifier qu'il avait enfin prononcé quelque chose qui avait pesé longtemps sur son cœur.

— On sent bien que l'air est plus frais au niveau des pieds.

— Je vais tout de suite allumer le poêle. Comme il est très vieux, il faut du temps pour que la pièce se réchauffe. Excusez-moi.

— Puisque le froid vient de la rivière, ce n'est pas désagréable. Ne vous en faites pas.

Nous descendions ensemble l'escalier menant au sous-sol. Préoccupé par ses pieds plongés dans l'ombre, il m'avait pris le bras, un peu gêné.

— C'est plus vaste que je ne le pensais, remarqua-t-il en jetant un coup d'œil circulaire dans l'atelier.

— Après la mort de ma mère, c'était trop dur pour mon père, il ne mettait pratiquement plus les pieds ici, si bien que c'est complètement délabré…

C'était la première fois que j'y redescendais depuis le passage de la famille Inui.

— Vous pouvez regarder tout ce que vous voulez.

Il observa l'un après l'autre les différents objets abandonnés sur le plan de travail, les étagères où étaient rangés divers instruments : sur la plus haute étaient alignées les cinq sculptures que m'avaient confiées les Inui, la porte vitrée qui conduisait au lavoir et les chaises de bois. Alors qu'il n'y avait rien de bien intéressant, il prit tout son temps, alla jusque dans les recoins de la pièce. On aurait dit qu'il voulait aspirer la totalité de l'air glacé des temps anciens qui imprégnait le sous-sol.

— Les tiroirs, les cahiers, les carnets de croquis, vous pouvez les ouvrir pour regarder à l'intérieur, lui dis-je, et comme lorsqu'il feuilletait mon manuscrit, il les toucha avec des gestes précautionneux.

Dès qu'il se déplaçait, il soulevait un nuage de poussière et d'éclats de sculptures mêlés. Par la lucarne, on apercevait un morceau de ciel dégagé. De temps à autre, on entendait un carassin sauter dans la rivière.

— C'est quoi ça ?

Il était enfin arrivé au meuble à tiroirs derrière l'escalier.

— Le cabinet où ma mère cachait ses objets secrets autrefois.

— Ses objets secrets ?

— Oui. Comment dire, des choses de formes variées que je ne connais pas…

J'étais à court de mots pour lui expliquer. Il s'est mis à ouvrir les tiroirs dans l'ordre à partir du bout. Ils étaient tous vides.

— Il ne reste plus rien, je vois.

— Quand j'étais enfant, je suis sûre qu'il y avait un objet dans chaque tiroir. Lorsqu'elle faisait une pause dans son travail, ma mère me montrait souvent ce qu'ils contenaient. Et elle me racontait des histoires à leur sujet. De curieux récits que je n'ai lus dans aucun livre d'images.

— Je me demande pourquoi ils sont vides maintenant.

— Je ne sais pas. Un jour, je me suis rendu compte qu'il n'y en avait plus aucun. Je crois qu'ils ont disparu dans la confusion au moment où ma mère a été emmenée par les hommes de la police secrète.

— Ils les ont saisis ?

— Non. Ils ne sont pas descendus au sous-sol. Maman et moi étions les seules à connaître le secret de ce cabinet. Même mon père n'en savait rien. Je suppose qu'elle a trouvé un moyen de s'en débarrasser pendant les quelques jours qui ont précédé sa convocation. Je n'étais encore qu'une enfant de dix ans et je ne savais rien de la signification des objets entreposés ici, mais lorsque ma mère a reçu sa convocation, elle a semblé comprendre la gravité de la situation. Alors elle a dû les cacher quelque part, les jeter ou les confier à quelqu'un.

— Ah bon…

Toujours penché, le dos rond, faisant attention à ne pas se cogner la tête au coin de l'escalier, il tripotait une des poignées. Je craignais qu'il ne se salisse les mains à cause de la rouille.

— Vous pouvez vous rappeler ce qu'il y avait dedans ?

Il me regardait avec attention. L'éclat de la fenêtre se reflétait sur les verres de ses lunettes.

— Il m'arrive à moi aussi d'essayer désespérément de m'en souvenir. Parce qu'il s'agissait de moments précieux passés en compagnie de ma mère. Mais cela ne marche pas. Je n'arrive pas à me rappeler. Alors que je garde une vive mémoire de l'expression de son visage, du ton de sa voix ou de l'atmosphère qui régnait au sous-sol, tout ce qui se trouvait à l'intérieur des tiroirs reste très vague. On dirait que là seulement les contours de ma mémoire sont devenus flous.

— Ce n'est pas grave si ce n'est qu'une impression confuse. J'aimerais que vous me parliez de vos souvenirs, même les plus infimes, me dit-il.

— Eh bien…

J'avais les yeux rivés sur le cabinet. Autrefois, sans doute avait-il été un meuble de qualité supérieure, mais maintenant il était en piteux état, tout poussiéreux, avec son vernis écaillé et ses poignées rouillées. Des traces d'étiquettes collées pour m'amuser quand j'étais enfant étaient encore visibles ici ou là.

— Ce que ma mère tenait pour le plus précieux, commençai-je après avoir mûrement réfléchi, était un objet hérité de ma grand-mère, qui était enfermé ici à peu près dans la deuxième rangée de tiroirs. Une petite pierre verte. Minuscule et dure comme une dent de lait qui vient de tomber. Je crois que j'ai eu cette impression parce qu'à l'époque, mes dents définitives commençant à pousser, j'en perdais beaucoup.

— Elle était jolie ? questionna-t-il.

— Oui, sans doute. Parce que ma mère la posait souvent sur son doigt pour l'admirer en transparence au clair de lune. Mais elle avait beau réagir de cette manière, il ne reste rien en mon cœur. Je ne peux pas dire si elle était jolie, mignonne, ou si je la désirais, car je ne ressens aucune émotion. Simplement, un jour qu'elle l'avait posée sur ma paume, il ne m'en est restée qu'une sensation froide. Devant ce cabinet, mon cœur est devenu comme un ver à soie. Un ver à soie qui somnole dans son cocon.

— C'est normal, tout le monde est ainsi devant les choses qui ont disparu. Il a porté la main à la monture de ses lunettes. Le nom de cette pierre verte ne serait pas "émeraude" par hasard ?

— E-me-rau-de ? ai-je répété les quatre syllabes qu'il venait de prononcer. Elles firent naître un écho discret au plus profond de ma poitrine. Oui c'est bien é-me-rau-de. Eeh, il n'y a pas d'erreur, ai-je acquiescé ensuite. Mais comment le savez-vous ?

Il y eut un moment de silence entre nous. Pour toute réponse, R se remit à ouvrir les tiroirs l'un après l'autre. Les poignées cliquetaient. Lorsque s'ouvrit celui au bout à gauche de la quatrième rangée, il s'interrompit et se tourna vers moi.

— Celui-ci renfermait du parfum, n'est-ce pas ?

— Comment… ai-je voulu lui redemander, mais j'ai avalé mes mots.

— Il en reste encore.

Il m'a poussée légèrement dans le dos pour que je regarde de plus près.

— Vous le sentez ?

Les yeux fixés sur la petite cavité du tiroir, j'ai inspiré à pleins poumons. Je me rappelais que ma mère me faisait sentir des odeurs de cette façon. Mais évidemment, seul un air fade et froid vint remplir ma poitrine. La sensation de sa main posée sur mon dos était beaucoup plus fraîche que celle du parfum.

— Excusez-moi, soupirai-je en secouant la tête.

— Vous n'avez pas à vous excuser. Parce que c'est très difficile, vous savez, de se souvenir de choses qui ont disparu.

Il a refermé le tiroir au "parfum", a baissé ses cils.

— Je les connais. Je connais la beauté de l'éme-raude et l'odeur du parfum. Rien ne s'est effacé de mon cœur.

9

Au fur et à mesure que l'hiver avançait, l'île s'enrobait d'un air lourd et stagnant. La lumière du soleil était faible et chaque après-midi se levait invariablement un fort vent froid. Les gens marchaient vite, le dos courbé, les mains enfoncées dans les poches de leur manteau.

Dans les rues on commençait à voir de plus en plus souvent les camions bâchés vert foncé. Parfois ils passaient à toute vitesse sirènes hurlantes, d'autres fois, bâche baissée, ils avançaient lentement en oscillant avec lourdeur. A travers les interstices des bâches on voyait poindre une chaussure, le fond d'une valise ou le bord d'un manteau.

Les manières de faire des traqueurs de souvenirs étaient de plus en plus brutales. Il n'y avait plus d'envoi de convocation au préalable comme pour ma mère, tout se passait par surprise. Ils avaient des armes solides capables de détruire toutes sortes de serrures. Ils piétinaient dans les maisons à la recherche d'endroits suspects. Aucun espace où quelqu'un aurait pu se cacher : dans un débarras, sous un lit, derrière une armoire, ne leur échappait. Ils traînaient celui qui s'y était blotti. Et ceux qui avaient mis la cachette à leur disposition étaient eux aussi emmenés sous la bâche des camions.

Il n'y avait pas eu de nouvelle disparition depuis les roses, mais il n'était déjà plus rare de voir disparaître soudain quelqu'un de la ville voisine, un ancien camarade de classe ou un parent éloigné du poissonnier. On ne savait pas alors s'ils avaient été emmenés, s'ils avaient eu la chance de trouver une cachette ou si, leur cachette ayant été découverte, ils avaient été arrêtés.

Personne ne cherchait vraiment à savoir ce qui leur était arrivé. Parce que, quoi qu'il advienne, il s'agissait sans aucun doute possible d'un événement malheureux et il était à craindre que le seul fait de trop en parler pouvait vous mettre en danger. Lorsque du jour au lendemain, sans aucun signe avant-coureur, une maison se retrouvait vide, les gens se contentaient de passer sans rien dire, en jetant de la rue un furtif coup d'œil aux fenêtres, en priant pour que ses habitants soient sains et saufs. La population de l'île était parfaitement habituée à ces disparitions.

— Si vous ne voulez pas entendre ce dont je vais vous parler maintenant, je voudrais que vous me le disiez clairement.

Le grand-père qui était en train de découper un gâteau aux pommes suspendit son geste et laissa échapper un petit cri.

— C'est bien compliqué, me répondit-il, avant de répéter mon préambule en marmonnant. Je ne peux rien dire tant que je ne saurai pas de quoi il s'agit.

— Si. Quand vous m'aurez écoutée, ce sera trop tard. Ce que j'ai à vous dire doit absolument rester secret. Et maintenant, je voudrais savoir très clairement si vous pouvez ou non partager ce secret avec moi. Si vous me dites que vous ne voulez pas, cela ne me gênera pas. Il n'y aura aucun problème. Je ne dirai jamais rien de ce que je garde en moi. C'est tout. J'aimerais que vous me disiez purement et simplement ce que vous ressentez, sans réserve, sans en rajouter ni vous sentir obligé. Vous voulez l'entendre ou ne pas l'entendre ?

Le grand-père a posé son couteau pour croiser les mains sur ses genoux. L'eau de la bouilloire sur le poêle était sur le point de bouillir. Les rayons du soleil qui pénétraient par le hublot de la cabine de première classe éclairaient le gâteau aux pommes. La crème au beurre dont il était recouvert luisait.

— Je vous écoute, dit-il en me regardant bien en face.

— Vous allez être entraîné dans quelque chose de compliqué et dangereux.

— Je sais.

— Il en va de votre vie.

— Ma vie n'est plus si longue à présent.

— Vraiment…

— Il n'y a pas de problème. Allez-y, parlez, dit-il en hochant la tête, et il décroisa puis recroisa ses mains sur ses genoux.

— Je voudrais secourir quelqu'un. Je voudrais le cacher.

Je scrutais son visage, mais il ne cilla pas. Il attendait tranquillement la suite.

— Je sais bien à quel danger je m'expose si le secret est dévoilé. Mais si je laisse les choses aller sans rien faire, quelqu'un d'important pour moi va certainement disparaître à son tour. Comme ma mère. Vous croyez que vous pourriez m'aider ? Toute seule je n'y arriverai pas. J'ai besoin d'un allié en qui j'ai toute confiance.

Il y eut un brusque coup de vent, le ferry grinça. Les deux assiettes à gâteau posées l'une sur l'autre cliquetèrent.

— Je peux vous poser une question ?

— Bien sûr.

— Quelle est votre relation avec cette personne que vous voulez secourir ?

— C'est mon éditeur. Il est le premier à lire mes récits. C'est l'ami qui connaît le plus profondément le narrateur de mes romans.

— D'accord. Je vais vous aider, me répondit-il.

— Merci.

J'ai touché ses mains posées sur ses genoux. Elles étaient larges et toutes ridées.

Après concertation nous en arrivâmes à la conclusion que le plus sûr serait le réduit où mon père rangeait ses livres autrefois. Il avait fait aménager par le charpentier un espace libre entre le plafond du rez-de-chaussée et le sol du premier étage pour y ranger les livres et les documents qu'il n'utilisait que rarement. Au milieu du plancher de son bureau, un carré d'un mètre de côté qui basculait permettait d'y accéder.

Le réduit, tout en longueur, d'environ trois tatamis au sol, n'avait qu'un mètre quatre-vingts de hauteur. R qui était grand ne pourrait sans doute pas s'y étirer autant qu'il le voudrait. De plus, il y avait l'électricité, mais pas l'eau. Et pas de soleil non plus.

Je savais parfaitement que le sous-sol était beaucoup plus vaste et agréable, mais tous les voisins connaissaient son existence. On pouvait aussi y accéder par l'extérieur du moment qu'on avait l'audace de traverser le pont en ruine. Si par hasard la maison était fouillée, ce serait le premier endroit considéré comme suspect. Mais même lorsque les hommes de la police secrète étaient venus confisquer les documents de recherches de mon père, ils ne s'étaient pas aperçus de l'existence de cette réserve de livres. Pour protéger R, il était nécessaire de choisir l'endroit le plus à l'écart du monde.

Le grand-père écrivit dans l'ordre, sur une page blanche du journal de bord du ferry, ce que nous avions à faire tous les deux.

D'abord moi :

1. Me débarrasser des documents qui encombrent la réserve : attention, ils sont tous relatifs aux oiseaux.

2. Ensuite, bien nettoyer et désinfecter. La propreté est importante. Si R tombe malade, aucun médecin ne viendra le soigner.

3. Prévoir un tapis pour en dissimuler l'accès. Banal et simple, afin de ne pas susciter l'envie de le retourner pour voir comment sont faits les motifs.

4. Rassembler le minimum d'objets nécessaires à la vie quotidienne : fil électrique, lampe, literie, bouilloire électrique, service à thé. Eviter au maximum d'acheter. Les gros achats sont suspects.

5. Réfléchir au moyen d'amener R sans que personne ne s'en aperçoive. C'est le plus important et le plus difficile.

Ensuite, le grand-père :

1. Installer un ventilateur. Pour l'instant, il n'y a pas assez d'air.

2. Faire en sorte que l'on puisse utiliser un minimum d'eau. Avec un peu d'ingéniosité, on doit pouvoir trouver un moyen.

3. Coller un épais papier peint tout autour. Pour isoler et insonoriser.

4. Aménager des toilettes. Cela devrait entraîner de gros travaux, il faudra privilégier la discrétion.

5. Devenir ami avec R : parce que désormais il ne sera en contact avec personne d'autre que nous.

Nous avons discuté de tout en détail. Nous avons vérifié que nous n'avions rien négligé en revenant à plusieurs reprises sur l'aménagement du réduit et le processus conduisant à donner asile à R. Nous avons imaginé toutes sortes d'obstacles pour réfléchir à la manière de les surmonter. Si nous étions contrôlés pendant le transport des matériaux nécessaires aux travaux, si le chien des voisins reniflait quelque chose, si R rencontrait les traqueurs de souvenirs avant que tout soit prêt... Nous avions toutes sortes de sujets d'inquiétude.

— Allez, faisons une pause en mangeant le gâteau.

Le grand-père a versé dans la théière l'eau qui bouillait sur le poêle, et en attendant que le thé infuse, a entrepris de se remettre à découper le gâteau.

— Dans ce monde, la plupart des inquiétudes que l'on peut se faire sont sans fondement.

— Vous croyez ?

— Oui. Laissez-moi faire. On y arrivera.

— Vous avez raison. On y arrivera.

Le grand-père a posé la plus grosse part sur mon assiette. Il restait persuadé que j'étais toujours une jeune fille en pleine croissance et m'offrait systématiquement beaucoup à manger. Une serviette en papier blanc était posée à côté de l'assiette. La nappe était bien amidonnée, et dans le soliflore était disposée une petite branche d'un arbre à fruits rouges comme j'en voyais souvent au sommet de la colline.

Nous avons relu les notes inscrites sur le journal de bord pour nous mettre tout cela en tête.

Et pour détruire les preuves, le grand-père a déchiré la page qu'il a jetée au feu. La feuille aussitôt environnée de flammes se recroquevilla et fondit. Nous avons contemplé les flammes un moment en silence. Alors que des choses terribles étaient sur le point de se produire, nous devenions de plus en plus calmes. Il faisait bon dans la cabine remplie de la bonne odeur du gâteau.

Le travail a commencé le lendemain. J'ai réparti les documents de la réserve par petites quantités pour les brûler dans l'incinérateur du jardin comme s'il s'agissait de magazines. Quant au tapis, j'avais décidé d'utiliser celui du salon. Pour tous les objets du quotidien, je me débrouillais avec ce qu'il y avait à la maison.

Mais l'aménagement du réduit ne se fit pas aussi facilement. Le bruit courait que tous les charpentiers de l'île avaient été contactés par la police secrète qui leur avait demandé de signaler toute commande d'aménagement suspecte. Si l'on découvrait que nous faisions discrètement des travaux par nous-mêmes, nous serions sans doute soupçonnés.

C'est pour cela que nous étions déjà fatigués nerveusement d'avoir seulement apporté les outils et les matériaux. Le grand-père avait fait preuve d'ingéniosité pour transporter le plus de choses possible sans se faire remarquer. Il glissait des tuyaux et des morceaux de bois dans son dos sous son gilet, attachait autour de ses reins un sac contenant les clous, les charnières et les vis, dissimulait des outils dans toutes ses poches. Lorsqu'enfin il arrivait à la maison, il paraissait vraiment soulagé. Il riait alors, le dos curieusement étiré, après m'avoir fait remarquer avec sa politesse habituelle qu'à chaque coup de pédale sur sa bicyclette, ici ou là son corps cliquetait, si bien qu'il avait l'impression que ses os s'éparpillaient en tous sens.

Il travaillait merveilleusement bien. Il était précis, soigneux, persévérant, et surtout rapide. Sur un plan qu'il avait préparé à l'avance – lui aussi tracé au dos du journal de bord du ferry – il se faisait un emploi du temps, et après avoir mis de l'ordre dans ses idées, plongeait sans hésitation dans le travail. Il perça des trous dans les murs, y fit passer des tuyaux qu'il raccorda à ceux qui se trouvaient dans le plafond. Il tira une nouvelle ligne électrique, fixa une prise de courant, découpa du contreplaqué qu'il cloua. Je l'aidais dans la mesure de mes possibilités, en faisant attention à ne pas le gêner.

Pour que le bruit ne se remarque pas, je mettais des disques de musique symphonique dans le bureau. Le grand-père choisissait le point culminant, celui où tous les instruments jouaient ensemble, pour utiliser le marteau ou la scie. Nous poursuivions les travaux en silence, sans prendre le temps de déjeuner.

L'aménagement fut achevé dans la soirée du quatrième jour. Assis au milieu du réduit, nous avons jeté un coup d'œil circulaire à l'ensemble. Le résultat était encore mieux que ce que nous avions imaginé. C'était coquet, simple et chaleureux. Nous avions eu raison de choisir un papier peint beige. On ne pouvait rien à l'étroitesse des lieux, mais le minimum vital tenait dans un espace compact. Il y avait un lit, un bureau et une chaise, et dans un coin les toilettes entourées de contreplaqué. L'eau d'un bidon en plastique accroché au-dessus s'écoulait normalement dans la fosse septique. Remplir ce bidon allait sans doute devenir mon devoir journalier.

Le grand-père avait eu l'idée d'installer un haut-parleur simplifié. Il avait relié le réduit secret au bureau par un tube de caoutchouc qui se terminait à chaque extrémité par un entonnoir comme ceux que l'on utilise à la cuisine. En approchant la bouche de l'entonnoir on pouvait se parler sans se voir comme avec un téléphone.

Les draps et les couvertures du lit, frais lavés, étaient propres et doux. Le bureau et la chaise dégageaient une bonne odeur de bois neuf. La lumière de l'ampoule, orange pâle, éclairait suffisamment la pièce. Nous avons éteint l'électricité avant de gravir les trois échelons et soulever la planche carrée qui en dissimulait l'accès. C'était assez difficile de se faufiler à travers ce trou étroit. Il fallait rentrer les épaules et, tout en se tournant à moitié, s'extraire en prenant appui sur les deux mains. Le grand-père m'aida.

Je me demandais avec inquiétude si R avec son grand corps ne resterait pas coincé, mais je me rendis compte que ce n'était pas grave, dans la mesure où il n'aurait sans doute que très rarement l'occasion d'en sortir.

Nous avons remis la trappe en place avant de la recouvrir du tapis. Le sol retrouva son aspect ordinaire. J'ai marché sur le tapis pour voir. On n'avait pas du tout l'impression qu'un réduit secret se trouvait dessous.

10

— J'ai un endroit. Je vous en supplie, venez vous y cacher, déclarai-je, notre travail terminé, à R en faisant attention à ne pas changer d'expression ni de voix. Sur le même ton que si je l'avais invité à dîner.

Il y avait foule dans le hall de la maison d'édition. On entendait ici ou là des rires, des tasses de café s'entrechoquer, des sonneries de téléphone. Je devais profiter de ce brouhaha pour parler rapidement de mon affaire.

— Vous pouvez avoir confiance, vous y serez en sécurité. Préparez-vous dès maintenant.

R reposa sur le cendrier la cigarette qu'il avait entre les doigts et me regarda sans ciller.

— Une cachette pour moi ?

— Bien sûr.

— Comment l'avez-vous trouvée ? Ça n'a pas dû être facile.

— Ne vous inquiétez pas de cela. Pour le moment, il faut faire vite avant qu'ils ne décryptent vos gènes…

Il m'interrompit :

— J'ai déjà pris ma décision.

— Laquelle ? questionnai-je.

— Je n'en ai rien dit à ma femme. Elle est enceinte. Le bébé va naître dans quatre semaines. Je ne peux pas m'en aller et la laisser seule, et encore moins l'emmener avec moi pour nous cacher. Personne nulle part ne peut donner asile à une femme enceinte.

— Cachez-vous seul. Cela arrangera tout le monde. Vous, votre femme et le bébé.

— Mais que je me cache ou non, qu'est-ce que ça changera ? Et si je me cache, quand est-ce que je pourrais sortir ?...

La fumée qui montait du cendrier tremblotait entre nous. R donna trois coups de briquet sur la table, comme si cela pouvait l'aider à se calmer.

— Personne ne sait comment l'avenir va évoluer. Un jour ou l'autre, les traqueurs de souvenirs disparaîtront eux aussi. Puisque tout finit par disparaître sur cette île.

— J'étais loin de me douter que vous me proposeriez cela, c'est pourquoi je suis dans la confusion.

— Oui, c'est tout naturel. Mais pour l'instant, je voudrais que vous ne pensiez qu'à fuir les traqueurs de souvenirs. Vous êtes certainement inquiet pour votre femme, mais il suffit que nous unissions nos forces pour qu'elle arrive à s'en sortir. Bien sûr, moi aussi je la soutiendrai. Il suffit que vous surviviez pour qu'un jour ou l'autre vous retrouviez votre femme et votre bébé. En plus, si vous êtes arrêté, que va devenir le roman que je suis en train d'écrire ?

Ayant l'impression que ma voix devenait de plus en plus forte, je pris une grande inspiration et bus le reste de mon café.

Des feuilles flottaient sur l'eau de la fontaine arrêtée au milieu de la cour intérieure. Un chat noir somnolait sur le rebord en briques. Les fleurs des massifs étaient fanées, le vent avait éparpillé ici et là les morceaux d'une affiche déchirée.

— Où se trouve-t-elle, cette cachette ? me demanda-t-il, les yeux baissés sur le briquet qu'il avait dans sa paume.

— Je ne peux pas vous le dire à l'avance, répondis-je comme nous l'avions décidé le grand-père et moi. C'est dangereux d'en savoir trop. Si vous le saviez, le secret pourrait être divulgué. Le plus sûr est de disparaître sans rien dire, sans rien préparer, comme si on se volatilisait. Vous me comprenez ?

Il acquiesça.

— Bien sûr, vous pouvez avoir confiance. Il n'y a rien de suspect. Je m'occupe de tout.

— On dirait qu'à cause de moi, vous vous êtes placée dans une situation difficile.

Mon manuscrit était encore ouvert sur la table. Le stylo à plume qu'il utilisait un moment plus tôt et mon crayon de bois étaient posés dessus, l'un à côté de l'autre. Il écrasa sa cigarette dans le cendrier, leva lentement les yeux. Il ne paraissait pas trop troublé. Il avait même plutôt l'air raisonnable et paisible. Simplement, la lumière de la cour intérieure lui dessinait parfois une ombre au bord des yeux, qui assombrissait l'expression de son visage et lui donnait l'air triste.

— Non. Je veux simplement continuer à écrire des romans pour vous.

Je voulus lui offrir un sourire, mais mes lèvres engourdies firent que je n'y arrivai pas. J'ai continué d'une seule traite :

— Bon, alors je vous explique le plan. Après-demain mercredi, venez à huit heures du matin au contrôle des billets de la gare centrale. C'est précipité, mais il faut que ce soit après-demain. Si vous disposiez de plus de temps, vous feriez trop de préparatifs. Les préparatifs ne sont pas nécessaires. Pensez seulement à déplacer votre corps.

Venez dans le costume que vous mettez toujours pour travailler, et mettez vos affaires dans votre porte-documents. Parce que je peux toujours aller ensuite chez votre femme chercher ce dont vous aurez besoin et vous l'apporter dans votre cachette. Ensuite, je voudrais que vous achetiez au kiosque de la gare un journal économique que vous lirez devant la crêperie tout de suite à droite après avoir passé le contrôle des billets. A cette heure-là, la crêperie est encore fermée, mais ce n'est pas grave, n'y faites pas attention. Au bout d'un petit moment, un grand-père devrait s'approcher de vous. En pantalon de velours côtelé et blouson, il aura un sac en papier de la boulangerie à la main. C'est le repère. Vous ne vous adresserez pas la parole, et après vous être reconnus d'un clin d'œil, il ne vous restera plus qu'à le suivre sans rien dire. C'est tout.

Le mercredi matin, il pleuvait. Tellement fort que l'île tout entière paraissait sur le point de disparaître dans les tourbillons de la mer. J'eus beau ouvrir les rideaux, je ne voyais rien d'autre qu'un brouillard de gouttes de pluie.

Je ne savais pas trop si cela était bon ou mauvais pour notre plan. C'était peut-être préférable pour tromper la vigilance de la police secrète, mais aussi inquiétant dans la mesure où cela pouvait ralentir le mouvement de R et du grand-père. Dans tous les cas, je n'avais rien d'autre à faire qu'attendre.

J'ai réchauffé toute la maison en réglant la flamme du poêle au maximum, j'ai rempli d'eau bouillante la bouteille isotherme, et afin de pouvoir déverrouiller l'entrée dès que j'apercevrais leur silhouette, j'ai regardé je ne sais combien de fois dans la rue par la fenêtre de la galerie. De la gare centrale jusqu'à la maison, il fallait environ vingt-cinq minutes en marchant normalement, et je n'avais aucune idée du temps qu'il leur faudrait sous cette pluie torrentielle.

Peu après huit heures vingt-cinq, j'eus soudain l'impression que le mouvement des aiguilles de la pendule avait ralenti. Debout sur la galerie, je regardais alternativement la fenêtre et la pendule de la salle à manger. Comme la vitre était embuée, je devais souvent l'essuyer avec la manche de mon cardigan. Elle s'était aussitôt imprégnée d'humidité.

Mais je ne voyais que la pluie. Les arbres du jardin, la clôture, les poteaux électriques et le ciel, tout était recouvert d'un rideau de pluie. Un rideau épais et étouffant. Je priai pour que R et le grand-père arrivent à le franchir sans encombre. Il y avait longtemps que je n'avais pas prié.

Il était plus de huit heures quarante-cinq lorsqu'ils arrivèrent enfin. Je déverrouillai la porte, et ils se précipitèrent dans l'entrée en se tenant par les épaules. Ils étaient tous les deux complètement trempés. Ils dégoulinaient de partout. Leurs cheveux étaient collés à leur front, leurs vêtements avaient changé de couleur et ils pataugeaient dans leurs chaussures. Dans un premier temps, je les entraînai dans la salle à manger pour les faire asseoir devant le poêle.

Ils serraient encore fermement le journal économique et la poche en papier du boulanger qui leur avaient servi de signe de reconnaissance. Mais eux aussi, trempés par la pluie, avaient l'air de vieux torchons. La baguette à l'intérieur, devenue toute molle d'avoir absorbé la pluie, était proprement immangeable.

R a enlevé son manteau, s'est assis lourdement sur une chaise, a fermé les yeux et s'est efforcé

95

de reprendre sa respiration. Le grand-père, pour que R se réchauffe le plus vite possible, a changé l'orientation du poêle avant d'aller chercher une couverture qu'il lui posa sur les épaules. A chacun de ses mouvements, il projetait des gouttelettes sur le sol. De la vapeur ne tarda pas à s'élever de leur corps.

Nous sommes restés un moment les yeux fixés sur le poêle à écouter la pluie tomber. Alors que nous avions tous les trois beaucoup de choses à dire, on avait l'impression qu'au moment d'ouvrir la bouche, rien ne sortait à cause d'un trop grand poids sur la poitrine. La flamme que l'on voyait par le hublot du poêle, d'un rouge pur, tremblait.

— Cela s'est très bien passé, soliloqua le grand-père. La pluie dissimulait tout.

Nous avons redressé la tête en même temps, R et moi.

— Je suis si heureuse qu'il n'y ait pas eu d'incident, dis-je.

— Et encore, j'ai pensé qu'on pourrait nous suivre, alors par précaution nous avons fait un grand détour.

— Mais quelle surprise. Je ne savais pas du tout que la cachette serait dans votre maison, dit R.

Nous parlions tous d'une voix basse et rauque. Comme si nous étions effrayés à l'idée que troubler le calme de la pièce pût provoquer un désastre.

— Eeh, je ne suis en relation avec aucune organisation clandestine, ni avec personne. C'est une initiative personnelle. Ah, c'est vrai. Permettez-moi de vous présenter. Cette personne s'occupe de la famille depuis bien avant ma naissance, c'est notre seul partenaire.

Ils sortirent leur bras de sous les couvertures pour se donner une poignée de main.

— Je ne sais pas comment vous exprimer ma reconnaissance, dit R et le grand-père replaça la main de mon éditeur sous la couverture en secouant la tête.

— Pour le moment, je vais vous préparer une boisson chaude.

Je réchauffai soigneusement les tasses et préparai un thé avec plus de feuilles que d'habitude. Nous l'avons bu en prenant tout notre temps. Le silence s'installa à nouveau entre nous.

Leurs corps commençaient à sécher. Les cheveux de R avaient retrouvé leur souplesse, les joues du grand-père redevenaient rouges. La pluie tombait toujours avec autant de violence. M'étant assurée que les trois tasses étaient vides, je proposai :

— Je vais vous conduire à votre chambre.

Lorsque, ayant soulevé le tapis, j'enlevai la trappe, R poussa un petit cri de surprise.

— On dirait une caverne en plein ciel, murmura-t-il.

— C'est un peu exigu, je suis désolée, mais vous y serez en sécurité. On ne vous verra pas de l'extérieur et on ne vous entendra pas non plus.

D'abord le grand-père ensuite moi puis R nous avons descendu les échelons. Effectivement, à trois nous étions assez serrés. R posa son porte-documents lourd et gonflé en plein milieu du lit. D'habitude, il contenait des manuscrits ou des épreuves d'imprimerie à corriger, mais je me dis que maintenant, il devait contenir des documents différents, d'une importance beaucoup plus grande.

Le grand-père a expliqué le fonctionnement du poêle électrique, des toilettes, du système acoustique avec son entonnoir et de toutes sortes d'autres accommodations. R acquiesçait à chaque explication.

— Il ne se passera sans doute pas toujours des choses agréables, mais dans la mesure où grand-père va s'occuper de nous, vous pouvez être rassuré. Parce qu'il n'existe rien qu'il ne puisse fabriquer de ses mains.

Je lui ai donné une légère tape dans le dos. Le grand-père, toujours très intimidé, se gratta le cuir chevelu. R a esquissé un léger sourire.

Le gros des explications terminé, nous avons décidé dans un premier temps de remonter, le grand-père et moi. Puisque R avait subi une tension beaucoup plus forte que la nôtre, il devait se reposer. Et je pensais qu'il lui fallait du temps pour apprécier dans la solitude une séparation sans doute précipitée d'avec des gens qui lui étaient chers.

— Je vous apporterai le déjeuner à midi. Si vous avez besoin de quoi que ce soit, appelez-moi par l'entonnoir, lui dis-je en me retournant à mi-hauteur de l'échelle.

— Merci, répondit-il.

J'ai refermé la trappe, replacé le tapis. Mais je suis restée un moment les yeux rivés à mes pieds sans pouvoir m'en aller de là. Je me remémorais encore et encore ce merci. Sa voix résonnait dans ma tête comme si elle mettait du temps à remonter du fond d'un marais.

11

Dix jours s'étaient écoulés depuis l'installation de
R dans la chambre cachée. Mais il semblait qu'il
nous faudrait encore un certain temps pour nous
habituer à cette vie anormale. Quand renouveler
l'eau chaude de la bouteille isotherme ? à quelle
heure servir les repas ? à combien de jours d'intervalle changer les draps ? Il nous fallait décider
de la priorité à donner à tous ces petits détails.

Même lorsque j'étais assise à mon bureau, je
ne pouvais pas détourner mon attention de la
chambre secrète, si bien que mon roman avait le
plus grand mal à avancer. Je me demandais s'il
ne s'ennuyait pas et s'il n'avait pas envie de bavarder avec quelqu'un, puis je me disais qu'il fallait évidemment le laisser tranquille, et l'entonnoir
à la main je me perdais en réflexions de toutes
sortes. J'avais beau tendre l'oreille au maximum,
rien ne me parvenait de ce qui se passait au-
dessous. Ce calme me faisait encore plus ressentir sa présence.

Pourtant, les jours en vinrent progressivement
à s'écouler avec régularité. Le matin à neuf heures j'apportais le plateau du petit-déjeuner et la
bouteille isotherme pleine d'eau bouillante, et je
frappais sur la trappe. A ce moment-là, je récupé-
rais le bidon en plastique vide que je remplissais
d'eau. Le déjeuner à une heure. S'il avait besoin

de quelque chose, il me confiait de l'argent et une liste, et je faisais les courses en me promenant le soir. C'était pour beaucoup des livres, mais il y avait aussi des lames de rasoir de rechange, des chewing-gums pour arrêter de fumer car il était impossible de fumer dans cette petite chambre secrète, des cahiers ou de la lotion capillaire. Le dîner à sept heures. Le bain tous les deux jours avec une bassine d'eau chaude pour se laver. Ensuite il ne restait plus qu'à attendre la fin de la longue nuit.

Lorsque je venais reprendre le plateau du dîner, je passais parfois un petit moment dans le réduit. Si j'avais de bons biscuits, il m'arrivait de les manger avec lui. Nous prenions place sur le lit, je les posais sur la table et nous discutions à bâtons rompus en tendant le bras de temps à autre pour nous servir.

— Vous vous sentez à peu près installé ? lui demandais-je.

— Oui, grâce à vous, me répondait-il.

Il portait un simple pull-over noir. Sur les étagères fixées au mur s'alignaient bien rangés un miroir, un peigne, de l'onguent, un sablier, un porte-bonheur. Il y avait une pile de livres à son chevet. L'autobiographie d'un compositeur qui s'était suicidé autrefois, un ouvrage spécialisé en astronomie, un roman historique décrivant l'époque où la montagne du nord était un volcan en activité. C'étaient de très vieux livres.

— Si vous avez un problème, n'hésitez pas à me demander de l'aide.

— Ne vous inquiétez pas. Je suis parfaitement bien.

Mais évidemment, il ne paraissait pas encore bien familiarisé avec cette pièce. Lorsqu'il bougeait sans faire attention, il se cognait à la lampe, à l'étagère ou la cuvette des toilettes, si bien qu'il était toujours courbé, les mains posées sur les genoux, l'air un peu gêné. Le lit était manifestement trop étroit et il n'y avait rien, ni fleurs ni musique, pour adoucir l'atmosphère. L'air autour de lui et celui de la pièce semblaient stagner sans se mêler harmonieusement.

— Mangez, je vous prie.

Je désignais les cookies sur la table. Pendant l'hiver les vivres diminuaient et il devenait difficile de se procurer des choses sucrées. Ces gâteaux étaient faits par le grand-père avec de l'avoine que lui cédaient des paysans qu'il connaissait.

— Ils sont absolument délicieux.

Il en avait avalé un d'une bouchée.

— Le grand-père pourrait facilement gagner sa vie comme cuisinier.

Nous nous sommes partagé cette petite quantité de biscuits. Il en a mangé deux, moi quatre. Et il a refusé catégoriquement d'en manger un troisième en disant qu'il n'avait pas faim parce qu'il ne se dépensait pas beaucoup physiquement.

Le chauffage électrique était au minimum mais nous n'avions pas froid. Quand nous ne parlions pas j'entendais sa respiration tout près de moi. Ici on ne pouvait faire autrement que de s'asseoir l'un près de l'autre. Lorsqu'il m'arrivait de le regarder je voyais son profil se détacher nettement sur la lumière orangée de la lampe.

— Est-ce que je peux vous demander quelque chose ? lui dis-je, sans le quitter des yeux.

— Oui bien sûr, me répondit-il.

— Quelle impression cela fait de ne rien perdre de ce que l'on a au fond du cœur ?

Il a remonté du bout de l'index la monture de ses lunettes avant de déplacer la main vers son menton.

101

— C'est une question difficile, me dit-il.

— Est-ce que cela ne serre pas le cœur, si fort qu'on en est mal à l'aise ?

— Non, il ne faut pas s'inquiéter de cela. Le cœur n'a pas de contour, pas de fond non plus. C'est pourquoi il est capable d'accueillir n'importe quelle forme pouvant descendre à une profondeur infinie. C'est pareil pour les souvenirs, vous savez.

— Les choses qui ont disparu de l'île jusqu'à présent sont toutes restées complètement au fond de vous, n'est-ce pas ?

— Complètement, je ne sais pas. Parce que les souvenirs ne se contentent pas d'augmenter, ils changent avec le temps. Parfois certains disparaissent. Mais d'une manière fondamentalement différente de l'anéantissement qui vous tombe dessus à chaque disparition.

— De quelle manière est-ce différent ? questionnai-je en caressant mes ongles.

— Mes souvenirs ne sont jamais détruits définitivement comme s'ils avaient été déracinés. Même s'ils ont l'air d'avoir disparu, il en reste des réminiscences quelque part. Comme des petites graines. Si la pluie vient à tomber dessus, elles germent à nouveau. Et en plus, même si les souvenirs ne sont plus là, il arrive que le cœur en garde quelque chose. Un tremblement, une douleur, une joie, une larme, vous voyez ?

Il parlait en choisissant soigneusement ses mots. Comme si, avant de les prononcer, il pesait un à un sur sa langue ceux qui lui venaient à l'esprit.

— J'imagine parfois ce qu'il adviendrait si je pouvais prendre votre cœur entre mes mains pour l'observer, ai-je dit. Il tiendrait tout juste sur ma paume et aurait un peu la consistance de gélatine mal prise. Il menacerait de s'effondrer à la moindre manipulation brutale, mais glisserait et tomberait si je ne le serrais pas suffisamment fort, de sorte que je tendrais prudemment les mains. Une autre particularité importante serait sa tiédeur. Puisqu'il aurait été dissimulé quelque part au fond du corps, il serait un peu plus chaud que la normale. Je fermerais les yeux pour apprécier sa tiédeur qui émanerait de partout. Alors, la sensation des choses perdues me reviendrait petit à petit. Je pourrais sentir sur ma paume les souvenirs qui sont restés en vous. Vous ne trouvez pas que ce serait merveilleux ?

— Vous avez envie de vous rappeler les choses perdues ? questionna-t-il à son tour.

— Je ne sais pas très bien, répondis-je franchement. Parce que je ne sais même pas ce qu'il vaudrait mieux que je me remémore. Les disparitions sont totales. Il n'en reste même pas de graine. Il ne reste plus qu'à essayer de s'en sortir au mieux avec un cœur desséché, plein de lacunes. C'est pourquoi j'aspire à cette sensation gélatineuse. A ce cœur qui offre une certaine résistance, qui donne la fausse impression de laisser voir son intérieur en transparence, qui lorsqu'on l'expose à la lumière, prend toutes sortes d'expressions différentes.

— Quand on lit vos romans, on ne pense pas que votre cœur soit desséché, vous savez.

— Mais c'est très difficile d'écrire des histoires dans cette île. On dirait qu'à chaque disparition qui se produit, les mots s'éloignent de plus en plus. Peut-être que si je réussis à continuer à écrire, c'est parce que votre cœur dont rien ne s'efface est toujours à mes côtés.

— Dans ce cas, je suis heureux, a-t-il dit.

J'ai tendu doucement mes mains, paumes vers le haut. Nous les avons observées fixement lui et moi, sans un battement de paupière, comme s'il y avait vraiment quelque chose dessus. Mais nous avons eu beau concentrer notre regard, il n'y flottait qu'une cavité tout ce qu'il y a de plus banal.

Le jour suivant, j'ai reçu un coup de téléphone de la maison d'édition. De la part du nouvel éditeur qui me prenait en charge.

Un peu plus âgé que R, il était petit et maigre. Son visage était trop ordinaire pour qu'on puisse facilement y déchiffrer une expression. De plus, comme il parlait à mi-voix sans trop articuler, il y avait pas mal de mots que je n'arrivais pas à entendre.

— Quand aurez-vous terminé votre roman ?

— Ça, je n'en ai aucune idée, lui répondis-je en pensant que R ne m'avait jamais posé ce genre de question.

— L'histoire aborde maintenant une phase délicate, je crois qu'il faut la poursuivre en écrivant avec précaution. Dès que vous aurez un peu avancé, prévenez-moi. J'ai très envie de lire la suite.

Pour ne pas perdre un mot de ce qu'il disait, j'étais penchée en avant, les coudes sur la table.

— A propos, qu'est-il arrivé à R, mon précédent éditeur ? questionnai-je l'air de rien.

— Eh bien, c'est que… bredouilla-t-il avant de boire une gorgée d'eau, il a disparu.

Ce dernier mot, je l'entendis clairement.

— Disparu… ai-je répété en faisant attention à ne pas laisser échapper plus qu'il n'en fallait.

— Oui, c'est ça. Il ne vous a rien dit ?

— Non, rien.

J'ai secoué la tête.

— Ce fut tellement soudain que tout le monde a été surpris. Un matin, il n'est plus venu au bureau, tout simplement. Il n'a pas laissé de message non plus. Il y avait seulement votre manuscrit bien en vue sur son bureau.

— Ah bon ?...

— Oui. Mais vous savez, ces derniers temps, ce n'est pas du tout exceptionnel que des gens disparaissent.

— Je ne me suis aperçue de rien. Je ne pensais pas que lui...

— Moi non plus, je n'aurais pas cru.

— Je lui avais emprunté des disques, je ne vais pas pouvoir les lui rendre.

— Si vous voulez, vous pouvez me les confier. J'aurais peut-être une occasion ?

— S'il vous plaît. Si vous apprenez où il se trouve, pourrez-vous me le dire ?

— Oui, je vous préviendrai. Si j'apprends quelque chose... me promit-il.

On décida que le grand-père s'occuperait de faire le lien avec la femme de R. Avec sa boîte à outils sur sa bicyclette, il pouvait passer pour un dépanneur et ainsi l'approcher sans s'attirer la méfiance de qui que ce soit.

Après la disparition de R, elle était aussitôt retournée dans sa famille pour son accouchement, cela avait été décidé, semble-t-il, longtemps à l'avance et n'avait aucun rapport avec ce qui venait de se passer. Ses parents étaient pharmaciens dans un quartier au nord de la colline autrefois animé par la présence d'ateliers d'affinage des métaux. Mais désormais les ateliers étaient fermés, le quartier désert.

Nous avions décidé d'utiliser l'école désaffectée comme point de contact. Les jours qui se terminaient par un zéro, les 10, 20 et 30, elle glisserait dans la boîte pour les appareils enregistreurs des données météorologiques ce qu'elle voulait faire parvenir à son mari. Le grand-père irait en prendre livraison à bicyclette et, avant de rentrer, y déposerait en échange ce que R lui aurait confié pour elle. C'était arrangé ainsi.

— En hiver, tous les quartiers semblent tristes, mais là-bas, ça l'est encore plus qu'ailleurs, remarqua le grand-père en rentrant de l'école le premier jour se terminant par un zéro. Au moment où je suis arrivé de l'autre côté après avoir contourné la colline, le vent sur mes joues est devenu glacial, ne serait-ce pas par hasard la frontière de la mousson ? Il n'y a pratiquement personne dans les rues. Les chats y sont sans doute plus nombreux que les humains. Il n'y a que des vieilles maisons en bois, et la plupart sont vides. Sans doute depuis le départ de ceux qui travaillaient aux ateliers d'affinage. Et si vous saviez comme ces ateliers sont sinistres. Ils ressemblent à la fois à de gros blocs de fer rouillé, de larges cheminées, des bâtiments à moitié effondrés, ou des attractions d'un parc de loisirs. Où que l'on se trouve dans le quartier, on a forcément les ateliers sous les yeux. On dirait que seuls, prisonniers de plusieurs couches d'oxydation, ils sont morts d'épuisement sans pouvoir bouger.

— Eh bien, je ne savais pas que c'était comme ça là-bas. Dire que dans mon enfance le ciel était si beau la nuit avec sa lumière orange, lui dis-je en versant du cacao dans sa tasse.

— Oui. Il y a eu une époque où ingénieur aux ateliers était la profession vedette de l'île. Tout cela appartient désormais au passé. Mais pour nous, c'est beaucoup mieux ainsi. La police secrète n'y va presque jamais. On ne nous soupçonnera sans doute pas.

Il a soupiré, a soulevé sa tasse à deux mains.

— Comment va sa femme ? questionnai-je.

— Comme on peut s'y attendre, elle a l'air fatigué. Elle a dit qu'elle ne réalisait pas vraiment la situation. Ce n'est pas étonnant. Elle est soudain séparée de son mari et en plus, elle va bientôt donner naissance à son premier enfant. Mais elle est solide et intelligente. Elle n'a pas cherché à en savoir plus sur la cachette. Elle m'a seulement dit qu'elle s'en remettait à nous, en inclinant profondément la tête.

— Ah bon… Elle attend tranquillement la naissance dans sa famille, n'est-ce pas ?

— Oui, et dans ce genre de quartier, la pharmacie n'est pas vraiment prospère. Pendant que j'y étais, il n'y a eu qu'une vieille femme décrépite venue acheter une bouteille de mercurochrome à deux cents yens, c'est tout. Le magasin est exigu. La porte coulissante, le plancher, les vitrines, cela se déglingue de partout, si bien que je me suis même demandé si je n'allais pas faire vraiment le réparateur pour arranger tout ça. La dame était assise derrière la caisse enregistreuse, son gros ventre apparaissant et disparaissant derrière le comptoir. Tout, à commencer par les boîtes de médicaments alignées derrière, était beige et comme recouvert d'un voile de poussière. J'ai été peiné de la voir ainsi, alors qu'elle me parlait, suivant du bout des doigts les touches de la caisse, dans l'air pulvérulent qui prenait à la gorge.

Le grand-père buvait lentement son cacao, puis, comme s'il venait tout juste d'en avoir l'idée, il enleva son écharpe de laine, qu'il glissa dans la poche de son pantalon. J'ai rajouté de l'eau dans la bouilloire que j'ai reposée sur le poêle. Des gouttes tombées dessus s'évaporèrent aussitôt en chuintant.

107

— Et la livraison dans la boîte, elle s'est déroulée normalement ?

— Ne vous inquiétez pas. Tout s'est passé à merveille. L'école n'est pas très grande et la cour était déserte. Non seulement je n'y ai vu personne, mais je n'y ai senti aucune présence. Aucune sensation de chaleur humaine, pas d'odeurs ni de traces. C'est glacial, comme dans une salle aseptisée. Je n'avais pas du tout envie de m'y attarder et je suis rentré aussitôt.

Il a sorti de son sac en toile roulé sous son gilet un paquet enveloppé dans du plastique et une enveloppe blanche.

— Voici ce qui se trouvait dans la boîte.

— Ah…

J'ai pris le paquet enveloppé dans sa feuille de plastique. Il paraissait contenir des vêtements soigneusement pliés et quelques revues. L'enveloppe était assez épaisse, et bien collée.

— La boîte, inutilisée depuis longtemps, était assez abîmée. La peinture blanche était toute écaillée et la fermeture tellement rouillée que j'ai eu beaucoup de mal à l'ouvrir. Mais enfin, il suffit de comprendre le truc pour y arriver. Les appareils à l'intérieur étaient cassés. La colonne de mercure du thermomètre était discontinue, l'aiguille de l'hygromètre tordue. Dans ces conditions, il n'y a pas à s'inquiéter, personne n'aura l'idée de jeter un coup d'œil à l'intérieur. Le paquet, comme nous l'avions décidé, était discrètement placé au fond.

— Je vous remercie beaucoup. Excusez-moi de vous avoir imposé cette tâche dangereuse.

— Mais pas du tout.

Il secoua la tête alors qu'il avait toujours sa tasse aux lèvres et faillit renverser son cacao.

— Au lieu de cela, vous feriez mieux d'aller vite porter tout cela à l'étage.

— Oui, j'y vais tout de suite.

J'ai pris le paquet et l'enveloppe, et je me suis dirigée vers la chambre cachée. Ils avaient gardé un peu de la chaleur du grand-père.

12

Lorsqu'il a fait son apparition pour le premier cours après mon inscription à l'école, j'ai été un peu surprise. Parce qu'il n'avait pas l'air d'un professeur de dactylographie. Je ne sais pas pourquoi j'avais imaginé arbitrairement qu'il s'agissait d'une femme. Une femme d'âge un peu trop mûr, avec une voix excessivement polie, une bonne couche de fond de teint, et des doigts noueux.

C'était un tout jeune homme. Pourvu d'un corps tout à fait dans la moyenne, d'un vêtement de bonne coupe aux couleurs sobres et bien assorties. Il n'était pas beau à proprement parler, mais chaque élément de son visage : sourcils, paupières, lèvres ou menton, faisait forte impression. Il en émanait de la prudence, un certain calme, avec quelque part une ombre poignante. En observant seulement ses sourcils, par exemple, on pouvait amplement le ressentir.

Il avait l'air d'un chercheur en droit, prêtre, car nous étions quand même dans une église, ou dessinateur industriel. Mais c'était bien un professeur de dactylographie. Il connaissait tout de la dactylographie.

Mais pas une seule fois je ne l'ai vu taper à la machine. Il se contentait de déambuler entre les élèves, faisant des remarques sur le mouvement des doigts ou le maniement de la machine, puis de souligner à l'encre rouge les fautes de frappe sur les manuscrits que nous avions tapés.

Nous avions des examens réguliers pour tester combien nous pouvions taper de mots en un temps déterminé. Il se tenait debout devant la classe, sortait un chronomètre de la poche de poitrine de son veston. Le texte posé à côté de la machine, nous attendions le signal, les doigts posés sur les touches. Sans doute les phrases en anglais étaient-elles de sa composition. C'étaient parfois des lettres, ou des thèses.

Ces examens, ce n'était pas mon fort. Même pour les mots que je tapais sans problème lorsque je m'exerçais, dès lors que le test commençait mes doigts se bloquaient, j'inversais le g et le h, confondais le b et le v, et dans les cas extrêmes, la position de mes doigts étant décalée dès le départ, il m'est arrivé de taper n'importe quoi.

Je suis fragilisée par ce calme particulier qui précède le commencement d'un examen. Ces quelques secondes pendant lesquelles tout le monde retient sa respiration, quand on n'entend plus les prières ni l'harmonium et que l'on est entièrement concentré sur ses doigts, me troublent.

Du chronomètre qu'il tient dans sa main, j'ai l'illusion que s'échappe le corps gazeux du calme. Il doit l'utiliser depuis longtemps, car la chaînette argentée est terne. Son pouce de la main droite est posé sur le bouton, prêt à le presser d'un moment à l'autre. La chaînette se balance sur son torse.

Le corps gazeux qui s'écoule de sa main droite rampe sur le sol de la classe, s'accumule dans les coins, et bientôt vient recouvrir mes mains. La sensation est froide et oppressante. J'ai l'impression qu'au moindre mouvement de l'extrémité de mes doigts la pellicule de calme va se déchirer, réduisant tout en pièces. Et mon cœur s'affole de plus en plus.

Au moment le plus douloureux, lorsque je suis à la limite de ne plus pouvoir le supporter, il lance le signal du départ. Le timing est toujours merveilleux. On dirait qu'il mesure les battements de mon cœur avec ce chronomètre.

— On commence !

C'est le moment où sa voix est la plus forte de tout le cours. Toutes les machines se mettent à cliqueter en même temps. Cependant que mes doigts sont toujours aussi engourdis, comme s'ils étaient effrayés.

Depuis longtemps je souhaite le voir en train de taper à la machine. Ce doit être très beau. La machine étincelante d'un entretien soigneux, le papier immaculé, son dos bien droit, ses doigts qui se déplacent avec sûreté. Rien qu'à l'imaginer je soupire. Mais cela ne s'est pas encore réalisé. Même maintenant que nous sommes devenus amants. Il ne tape jamais à la machine en présence de quelqu'un.

Cela s'est passé un jour, environ trois mois après que j'avais commencé à fréquenter le cours. Ce jour-là, il y avait énormément de neige. C'était la première fois de ma vie que j'en voyais autant. Les trains et les autobus s'étaient arrêtés, toute la ville était ensevelie dessous.

Je suis sortie un peu plus tôt de chez moi, de manière à arriver à l'heure au cours qui commençait à trois heures, et je me suis rendue à l'église à pied. En chemin je suis tombée plusieurs fois, si bien que le sac de toile dans lequel je transportais mes textes s'est retrouvé mouillé. La neige s'était également entassée sur le clocher.

Finalement, je fus la seule, ce jour-là, à me présenter au cours.

— Quel courage d'être venue par ce temps, me dit-il.

Comme d'habitude, ses vêtements n'avaient pas un pli. Et pas la moindre trace de neige non plus.

— Je pensais que personne ne viendrait aujourd'hui.

— Si je m'arrête une journée, mes doigts se raidissent.

J'ai sorti les textes de mon sac mouillé.

Sans doute à cause de la neige, tout était calme. Je me suis assise à la quatrième machine côté fenêtre à partir de l'avant. Ici, celle qui arrive la première peut choisir la machine qu'elle préfère. Parce que les touches sont plus ou moins dures, les caractères plus ou moins abîmés, chaque machine ayant ses propres caractéristiques. D'habitude, il s'assied à son bureau devant le tableau noir, mais ce jour-là, il est resté debout près de moi.

J'ai commencé par taper une lettre d'affaires. Une demande d'envoi préalable de la notice explicative d'une machine à fabriquer les confitures récemment importée. Il avait les yeux rivés sur mes mains. Dès que je décalais légèrement mon regard du texte, une portion de son corps : chaussure, pantalon, ceinture ou bouton de manchettes, entrait dans mon champ de vision.

C'est difficile de taper une lettre. Parce qu'il y a des règles minutieuses à respecter concernant l'intervalle entre les lignes ou la disposition. Alors que dans des conditions normales je suis déjà embarrassée, avec le professeur qui m'observait ainsi de près, j'étais encore beaucoup plus tendue. Je me trompais sans arrêt.

Il ne me laissait rien passer. Il se penchait, approchait son visage de la machine, pointait la faute du doigt. Il ne le faisait pas du tout comme un

113

reproche, mais je sentais une force écrasante me pousser vers un endroit de plus en plus réduit.

— Votre médius gauche manque de force. C'est pourquoi le sommet du e manque toujours.

Après avoir désigné le e que je venais de taper, il a pincé mon médius gauche.

— Ce doigt est le seul à être un peu tordu au bout.

— Oui, je me le suis foulé en jouant au basket-ball dans ma jeunesse.

Je me suis aperçue que ma voix était rauque.

— Cela irait mieux si vous faisiez en sorte de frapper la touche droit dessus.

Et avec mon doigt il a frappé plusieurs fois la touche du e en tirant l'articulation vers le haut.

e e e e e e e e e...

Il lui avait suffi de pincer un minuscule bout de mon médius pour que je sois aussi oppressée que s'il m'avait serrée entre ses bras. Ses mains étaient dures et froides. Je ne crois pas qu'il serrait aussi fort que cela, mais je sentais une suffocation dont je n'arrivais pas à me libérer. Je me demandais si mon doigt n'allait pas finir par adhérer à la chair de sa paume.

Son épaule, son coude et sa hanche étaient tout proches. Il n'avait toujours pas décidé de lâcher mon doigt. Il continuait à taper la touche.

e e e e e e e e e...

La pièce retentissait du bruit unique du plomb en forme de e frappant le papier. La neige s'était remise à tomber. La trace de mes pas qui allaient du portail de l'église jusqu'au clocher était sur le point de disparaître. Il a continué à me serrer de plus en plus. Le chronomètre a glissé de sa poche de poitrine, s'est retourné une fois avant de tomber sur le sol. Je me suis demandé s'il n'était pas cassé. Cela me paraissait étrange de me préoccuper de ce chronomètre alors que j'aurais dû seulement réfléchir à ce qu'il essayait de me faire.

La cloche a sonné. Cinq heures. La vibration venant de très haut au-dessus de nos têtes fit trembler les vitres, traversa nos corps superposés avant de s'en aller, absorbée par la neige. Il n'y avait aucun autre mouvement que celui de la neige. Je retenais mon souffle sans pouvoir bouger. Comme si j'étais bloquée à l'intérieur de la machine à écrire…

Désormais, je faisais lire mon manuscrit à R avant de le montrer à mon nouvel éditeur. Bien sûr, il ne pouvait pas y inscrire de remarques, mais dans la pièce secrète, nous discutions comme avant des détails de mon roman. Il n'y avait qu'une seule chaise, si bien que nous étions assis l'un à côté de l'autre sur le lit, le dos d'un bloc à dessin nous servant de support pour poser le manuscrit.

Pour lui aussi c'était certainement mieux d'avoir du travail. La manière la plus saine de vivre dans la chambre secrète était en se réveillant le matin de penser à l'ordre des choses à faire dans la journée, et le soir avant de s'endormir de vérifier si tout avait été fait en ayant des regrets ou des satisfactions. De plus, la réflexion du matin devait être la plus concrète possible, et il était souhaitable que le travail ait une sorte de salaire, même minime, et qu'il soit source de fatigue pour le corps et l'esprit.

— Si cela ne vous ennuie pas… commença-t-il un soir, un peu gêné, en recevant le plateau de son dîner à mi-hauteur de l'échelle, vous ne pourriez pas me confier un peu de travail ? Je voudrais pouvoir vous aider, et en plus cela me distrairait.

— Autre que lire mes romans ?

Je le regardais par l'ouverture carrée de la trappe.

— Aah. Bien sûr, et puisque je le ferai dans cette pièce, cela ne vous sera pas très utile, mais je pense que c'est mieux que rien. N'importe quelle petite occupation fera l'affaire. Cela va vous prendre du temps. Je le comprends parfaitement. Mais en ce moment, sans vous je ne peux rien faire. Sans votre aide, je ne peux pas vous être utile.

Il avait pris le plateau à deux mains, baissé le regard sur les plats posés dessus. Quand il parlait, la soupe aux pommes de terre faisait des vagues dans son bol.

— Trouver des petits travaux n'est pas si difficile que ça. La vie quotidienne est constituée d'une multitude de tâches diverses. Ne le prenez pas autant au sérieux. D'accord, d'ici à demain matin je vais préparer quelque chose à vous demander. C'est vraiment une bonne idée. Cela fera d'une pierre deux coups. Allez, mangez pendant que c'est chaud. C'est toujours de la soupe aux pommes de terre, je suis désolée, mais cette année les récoltes ont été mauvaises, et l'on ne peut pratiquement pas se procurer d'autres légumes que les pommes de terre et les oignons qui ont été engrangés à l'automne.

— Mais non, ce potage est délicieux.

— C'est la première fois que je reçois des compliments sur ma cuisine. Je vous remercie.

— Alors je compte sur vous pour le travail.

— Oui, c'est d'accord. Bon, alors à demain.

— A demain.

Recroquevillé sur l'échelle, les mains prises, il m'a adressé un salut d'un mouvement des lèvres. Après avoir constaté qu'il était bien arrivé en bas, j'ai refermé la trappe.

C'est ainsi que lui donner du travail tous les matins s'est ajouté à mes occupations quotidiennes.

Ce n'étaient que des choses simples, comme classer des recettes, tailler des crayons, recopier au propre le carnet d'adresses ou folioter des manuscrits, mais il s'en chargeait avec joie. Le lendemain matin, tout était fait on ne peut plus correctement.

De cette manière nous réussissions à vivre en sécurité. Les choses allaient selon le plan établi, aucun problème ne se présentait pour lequel nous n'aurions pas su quoi faire. Le grand-père remplissait bien sa tâche, et R voulut bien s'acclimater rapidement à la vie dans la chambre secrète.

Mais indépendamment de nos petites satisfactions, le monde extérieur se dissolvait de jour en jour. Les disparitions dont le rythme s'était calmé depuis celle des roses se produisirent deux fois de suite. Il y eut celle des photographies puis des graines.

Au moment où, ayant rassemblé tous les albums et les photos de la maison, y compris celle de ma mère dans un cadre posé sur le manteau de la cheminée, je m'apprêtais à aller les brûler dans le petit incinérateur du jardin, R tenta de toutes ses forces de me convaincre d'y renoncer.

— Les photos, ce sont des objets précieux qui conservent les souvenirs. En les brûlant, vous faites une chose irréparable. Il ne faut pas. Absolument pas.

— Mais c'est impossible de m'y soustraire. Puisque le moment de leur disparition est arrivé, lui répondis-je.

— Quand vous n'aurez plus de photographies, comment vous souviendrez-vous du visage de vos parents ? me demanda-t-il d'un air profondément sérieux.

— Ce sont les photos qui disparaissent. Pas mes parents. Alors ce n'est pas grave. Je n'oublierai jamais leur visage.

— Ce ne sont peut-être que des petits morceaux de papier, mais ils contiennent quelque chose en profondeur. La lumière, le vent ou l'atmosphère, la tendresse ou la joie de celui qui a pris la photo, la pudeur ou le sourire de ceux qui sont représentés. Il faut garder éternellement toutes ces choses au fond de son cœur. C'est pourquoi on a pris la photo, vous comprenez ?

— Oui, je sais. D'ailleurs, je les ai toujours conservées soigneusement. Et chaque fois que je les regardais, je pouvais faire revivre des souvenirs précieux. Ils me remplissaient de nostalgie au point de me faire souffrir d'une tristesse lancinante. Dans le petit bois des souvenirs où se dressent ici et là quelques arbres frêles, les photographies sont comme de la magnétite. Mais maintenant, il faut y renoncer. C'est inquiétant et difficile de les perdre, mais je n'ai pas suffisamment de force pour empêcher les disparitions.

— Même si vous ne pouvez pas les empêcher, vous n'êtes pas obligée de brûler les photographies. Le monde a beau se transformer, les choses importantes sont importantes. Leur essence reste inchangée. Si vous gardez les photographies, elles vous apporteront forcément quelque chose. Je ne veux pas que votre mémoire se vide encore plus.

— Non… ai-je dit en secouant faiblement la tête, maintenant regarder des photos ne fait plus rien revivre en moi. Je ne souffre même plus de nostalgie. Désormais ce ne sont rien de plus à mes yeux que des petits morceaux de papier brillant. Une nouvelle cavité s'est creusée en mon cœur. Que rien ni personne ne peut combler. C'est cela les disparitions. Je pense qu'il vous est peut-être difficile de comprendre…

Il a baissé tristement les yeux.

— Mon nouveau cœur avec ses cavités réclame des choses à brûler. Il est censé ne rien ressentir mais pour les choses à brûler il me presse douloureusement. Et il ne s'apaise que lorsque tout est réduit en cendres. Je ne me rappelle même plus la signification du mot "photographie". Et si la police secrète découvre des photos ce sera terrible. Après les disparitions, la surveillance est particulièrement sévère, vous savez. Si les soupçons se portent sur moi, vous serez forcément en danger vous aussi.

Il n'a plus rien dit. Il a enlevé ses lunettes, appuyé ses doigts sur ses tempes, poussé un profond soupir. Un sac en papier plein de photographies à la main, je suis allée dans le jardin à l'arrière de la maison où se trouvait le petit incinérateur à ordures.

La disparition des graines fut beaucoup plus simple. Quand je me suis réveillée un matin, elles étaient en train de se détacher de tous les arbres de l'île. On les entendait tomber ici ou là. Il en tombait comme de la grêle surtout vers la montagne au nord et le parc forestier. Certaines étaient grosses comme des balles de base-ball, d'autres minuscules comme de petits haricots rouges, certaines avaient une coquille, d'autres une belle couleur, il y en avait de toutes les sortes. Le vent ne soufflait pas et pourtant elles se détachaient l'une après l'autre des branches.

Dehors, on en recevait sur la tête, on marchait dessus sans s'en apercevoir, et on en écrasait même. Bientôt, la neige s'est mise à tomber, recouvrant toutes les graines au sol.

Je me suis rendu compte que les gens avaient encore une fois perdu une des précieuses nourritures de l'hiver.

13

Cela faisait vraiment longtemps qu'il n'avait pas neigé. Au début, je crus que du sable blanc était apporté par le vent, mais bientôt, les flocons se mirent à grossir, enveloppant le paysage en un instant. La neige s'entassa sur les moindres feuilles des arbres, les abat-jour des réverbères et les rebords des fenêtres. Et elle resta infiniment longtemps.

Dans la neige la chasse aux souvenirs était devenue pratiquement quotidienne. Les policiers en long manteau et bottes rôdaient à travers la ville. Le tissu de leur manteau paraissait doux et chaud, leur encolure et leurs manches étaient bordées de fourrure également de couleur vert foncé. On pouvait toujours en chercher dans tous les magasins de vêtements de l'île, ce genre d'article de luxe ne s'y trouvait pas. C'est pourquoi on les repérait aisément n'importe où dans la foule.

Souvent, ils apparaissaient soudain au milieu de la nuit, cernant un pâté de maisons avec leurs camions, fouillant toutes les habitations sans exception. Parfois ils avaient des résultats, d'autres fois non. Personne ne savait quel quartier ils choisiraient la fois d'après. Je commençais à me réveiller au moindre bruit. Les yeux rivés au tapis plongé dans l'obscurité, me figurant la silhouette de R silencieusement dissimulé dessous, je priais pour que la nuit se termine sans encombres.

Les habitants de l'île évitaient de sortir, et les jours de congé ils déblayaient la neige en silence, tiraient leurs rideaux tôt dans la soirée, menaient une vie discrète. On aurait dit que même les cœurs se blottissaient au creux de la neige.

Notre grotte secrète n'échappait pas elle non plus à cette pesante atmosphère. Un événement se produisit, qui nous fit prendre conscience de la fragilité de ce petit espace que nous tentions de protéger. Un jour, soudain, le grand-père fut emmené par les forces de police.

— Ils se sont certainement rendu compte de quelque chose. Que pouvons-nous faire ? ai-je crié vers l'intérieur après avoir soulevé la trappe.

Je tremblais tellement que j'avais eu du mal à descendre l'échelle, et les jambes flageolantes je m'étais laissée tomber sur le lit.

— Ils vont venir tout de suite. Il faut vous cacher dans un endroit plus sûr. Je me demande où. Si on ne se dépêche pas, ce sera trop tard. La maison de la famille de votre femme ? Mais non, c'est le premier endroit auquel ils penseront. Ah oui. L'école désaffectée. Celle où dans la cour se trouve la boîte de météorologie. Il y a certainement beaucoup de pièces, la salle des professeurs, le laboratoire, la bibliothèque ou le réfectoire, je crois que c'est le meilleur endroit pour vous cacher. Je vais m'en occuper tout de suite.

A côté de moi, R avait passé son bras autour de mes épaules. Au fur et à mesure que la sensation de sa paume se transmettait à mon bras, je sentais mon corps trembler de plus en plus, sans qu'il me soit possible de me réfréner. J'avais l'impression qu'il essayait d'utiliser au maximum la tiédeur de son corps pour apaiser mes tremblements.

— C'est important d'abord de se calmer, me dit-il doucement en détachant l'un après l'autre mes doigts serrés sur mes genoux. S'ils connaissaient l'existence de cette chambre cachée, ils n'auraient pas emmené le grand-père mais se seraient tout de suite précipités ici. Alors nous sommes en sûreté. Ils ne se sont encore aperçus de rien. En s'agitant avec maladresse, on se fera encore plus remarquer. Peut-être même que c'est là leur objectif. Vous comprenez, n'est-ce pas ?

J'ai acquiescé.

— Mais alors, pourquoi s'en sont-ils pris au grand-père ?

— Vous n'avez aucune idée ? Il aurait été contrôlé et on aurait vérifié ce qu'il avait sur lui ? ou les traqueurs de souvenirs auraient fait irruption dans le ferry ?

— Non. Il n'y a rien, répondis-je, en regardant le bout de mes doigts encore engourdis malgré les soins attentifs dont il les entourait.

— Dans ce cas, il n'y a pas à s'inquiéter. Ils n'ont sans doute aucune preuve. Peut-être lui fait-on subir un interrogatoire indépendamment de mon existence ? Ils sont toujours à la recherche d'informations. Ils ramassent les gens comme ils viennent, sans avoir de preuves certaines, pour les questionner à propos de tout et de rien. Un voisin qui cultive des roses en secret dans la serre de son jardin, quelqu'un qui achète un peu trop de pain pour le nombre de personnes de la maison, ou une ombre suspecte aperçue à travers les rideaux, ce genre d'informations, quoi. En tout cas pour l'instant on va attendre tranquillement. C'est la meilleure solution.

— Vous avez raison. Peut-être que oui.

J'ai respiré un grand coup.

— Mais pourvu que le grand-père ne soit pas confronté à quelque chose de terrible…

— De terrible ?

— Oui. La torture. Avec eux, on peut s'attendre au pire. Même qu'il pourrait bien ne pas le supporter et révéler l'existence de la chambre cachée.

— Il ne faut pas trop vous inquiéter.

Il a mis plus de force dans son bras qui entourait mes épaules. La flamme rouge du poêle électrique éclairait nos pieds. Le ventilateur tournait dans un sanglot animal.

— Bien sûr, si vous me demandez de partir je le ferai, a-t-il ajouté calmement.

— Non. Cela ne m'est même pas venu à l'idée. Je ne crains pas d'être arrêtée. Mais j'ai peur de vous voir disparaître. C'est pour cela que je tremble tellement.

J'ai secoué plusieurs fois la tête. Dans le froissement de mes cheveux sur son sweater. Il m'a gardée infiniment longtemps entre ses bras. Dans la chambre secrète où ne pénétraient jamais les rayons du soleil, rien ne permettait de mesurer l'écoulement du temps. J'avais l'impression que nous nous trouvions dans l'œil d'un cyclone de temps.

Combien de minutes sommes-nous restés ainsi ? Au fur et à mesure que mon corps se réchauffait au contact du sien, mes tremblements se calmaient. Je me suis redressée pour échapper à son étreinte.

— Excusez-moi d'avoir perdu mon sang-froid.

— Mais ce n'est pas étonnant. Parce que pour nous, le grand-père est quelqu'un de précieux.

Il a baissé la tête.

— Il ne reste plus qu'à prier.

— Je vais prier moi aussi.

J'ai posé le pied sur l'échelle, enlevé la barre, soulevé la trappe. En me retournant je l'ai vu

123

toujours assis sur le lit, les yeux rivés sur la flamme du poêle.

Le lendemain, je décidai sans en parler à R de me rendre au siège de la police secrète. Parce que je savais que si je lui demandais son avis, il s'y opposerait. Il est vrai qu'en prenant l'initiative de pénétrer dans leur quartier général, on pouvait s'attendre au pire. Mais je ne pouvais pas rester sans rien faire. Même s'il me serait probablement impossible de rencontrer le grand-père, j'obtiendrais sans doute des renseignements sur les conditions dans lesquelles il se trouvait et pourrais peut-être même lui faire parvenir quelque chose. En faisant cela, j'espérais lui venir en aide ne serait-ce qu'un peu.

Ce matin-là, la neige qui tombait depuis la veille s'était arrêtée et il y avait un petit peu de soleil. Elle était fraîche et poudreuse, je m'enfonçais jusqu'aux chevilles à chaque pas. La population ne disposait pas de bottes spéciales pour les chemins enneigés comme les policiers, si bien que les gens paraissaient avoir le plus grand mal à marcher. Le dos rond, serrant contre eux leurs paquets, ils avançaient pas à pas avec prudence. Leur démarche était semblable à celle d'un vieil animal herbivore à l'air pensif.

La neige ayant pénétré aussi dans mes chaussures, mes chaussettes furent tout de suite trempées. Je transportais dans un sac un plaid, une chaufferette, dix pastilles, et cinq petits pains au lait que j'avais cuits le matin même. Le quartier général des forces de police occupait l'ancien théâtre rénové qui se dressait d'un côté de l'avenue où roulait le tramway. On accédait au perron qui donnait sur le hall d'entrée par un large escalier de pierre de chaque côté duquel se dressaient des colonnes sculptées. Le drapeau de la police secrète flottait au sommet du toit, mais comme il n'y avait pas de vent, il retombait mollement autour de son mât.

Deux gardes étaient postés à l'entrée, jambes légèrement écartées, mains croisées dans le dos. J'hésitai, ne sachant pas s'il valait mieux leur expliquer la raison de ma venue ou entrer directement sans rien dire. La porte en bois épais, hermétiquement fermée, semblait si lourde que je me suis demandé si la force d'une femme seule suffirait à l'ouvrir. Mais les deux gardiens muets m'ignoraient comme s'ils avaient l'interdiction de parler.

— Puis-je vous poser une question ?… me hasardai-je courageusement, m'adressant à celui de droite. Je viens voir quelqu'un pour lui remettre quelque chose, pourriez-vous me dire ce que je dois faire ?

Il ne s'est pas retourné, pas un cil de ses yeux n'a remué. C'était un garçon pâle, beaucoup plus jeune que moi. La fourrure de son col semblait humide, comme imprégnée de neige.

— Puis-je entrer ? demandai-je cette fois-ci à celui de gauche, mais le résultat fut le même.

Ne pouvant faire autrement, j'ai saisi la poignée pour tirer sur la porte. Comme je m'y attendais elle était assez lourde. J'ai mis mon sac sur mon épaule afin de m'y prendre à deux mains, et à force elle a commencé à s'ouvrir en grinçant. Bien sûr, aucun des deux gardes ne me vint en aide.

A l'intérieur, le plafond du hall était haut et il faisait sombre. Les policiers allaient et venaient dans leur tenue habituelle. Il y avait bien quelques personnes de l'extérieur, mais qui se contentaient de passer rapidement l'air tendu, et l'on n'entendait pas parler, ni rire. Il n'y avait pas non plus de musique. On percevait seulement le claquement des chaussures.

Face à moi, un escalier en courbe qui menait au vestibule du demi-étage, derrière, un ascenseur au design tarabiscoté datant du théâtre, et au fond sur la gauche, j'apercevais un majestueux bureau et son fauteuil d'époque. Du plafond pendait un énorme lustre mais la verroterie autour des ampoules était terne, si bien qu'il n'en émanait pas une lumière conforme à la grandeur du lieu. Sur le moindre espace, à côté des boutons de l'ascenseur, au-dessus d'un téléphone accroché au mur, à un pilier soutenant l'escalier, était collé un écusson aux armes des forces de police.

Au bureau était assis un secrétaire complètement absorbé dans son travail d'écriture. J'ai estimé que ce devait être la réception et me suis approchée après avoir pris une grande inspiration.

— Je voudrais faire parvenir quelque chose à une connaissance, pourriez-vous me dire comment faire ?

Ma voix est allée se cogner au plafond avant d'être aspirée par le vestibule.

— Parvenir ? répéta le secrétaire qui s'était interrompu, en faisant tourner son stylo du bout de ses doigts, d'un ton qui semblait vouloir se souvenir de la signification d'un terme philosophique dont il n'avait pas l'habitude.

— Oui, c'est cela. Il n'y a pas grand-chose, de quoi se couvrir et un peu de nourriture, lui répondis-je en me disant pour me réconforter que c'était déjà mieux que les gardes de l'entrée qui m'avaient totalement ignorée.

L'homme a fermé le capuchon de son stylo dans un cliquetis, repoussé les documents sur lesquels il travaillait pour faire de la place sur son bureau avant de poser les mains dessus. Ensuite, il a levé un regard inexpressif dans ma direction.

— Si c'était possible, j'aimerais lui remettre en mains propres, ai-je ajouté, n'en pouvant plus d'attendre, car il n'avait pas l'air pressé de vouloir me répondre.

— Qui voulez-vous rencontrer ?

Il parlait poliment, mais il était difficile de discerner dans sa voix neutre un quelconque sentiment. J'ai répété deux fois le nom du grand-père.

— Cette personne n'est pas là, me répondit-il.

— Comment pouvez-vous le savoir sans vérifier ? lui fis-je remarquer.

— Je n'ai pas besoin de vérifier. Je me souviens des noms de tous ceux qui sont ici.

— Mais enfin, beaucoup de gens sont amenés là tous les jours, n'est-ce pas ? Voulez-vous dire que vous vous rappelez le nom de toutes ces personnes ?

— Oui. C'est mon travail.

— Le grand-père a été amené avant-hier. Je vous prie de bien vouloir vérifier. Il y a forcément son nom quelque part.

— C'est inutile.

— Dans ce cas, pouvez-vous au moins me dire où il se trouve ?

— Le quartier général n'est pas notre unique bâtiment. Nous avons des antennes un peu partout. Ce qui est certain, c'est que la personne que vous recherchez ne se trouve pas ici. C'est tout ce que je peux vous dire.

— Alors c'est qu'il est retenu quelque part dans une de vos antennes, c'est cela ? Pouvez-vous me dire laquelle ?

— Le travail est réparti entre nous. Cette répartition est complexe et minutieuse, ce n'est pas aussi simple que vous le pensez.

— Je n'ai pas dit que c'était simple. Je voudrais seulement faire parvenir ceci au grand-père.

L'homme fronça les sourcils d'un air agacé. Sa lampe de bureau en cuivre bien astiqué éclairait ses mains. Les vaisseaux sanguins ressortaient sur ses doigts osseux. Ses papiers serrés les uns contre les autres étaient remplis de chiffres et de lettres d'un alphabet que je ne comprenais pas très bien. Il y avait également des dossiers, des cartes, du liquide correcteur, un coupe-papier, une agrafeuse, le tout rangé et orienté dans la position la meilleure pour être utilisé.

— Vous n'avez pas du tout l'air de comprendre le mécanisme, monologua-t-il avant d'adresser un clin d'œil à quelqu'un derrière moi.

Ce fut un tout petit signe, mais deux policiers apparurent aussitôt venant de nulle part, qui se postèrent de chaque côté tout près de moi. Le nombre d'insignes sur leur poitrine étant moins important que sur celle de l'homme de l'accueil, j'ai supposé qu'ils étaient d'un grade inférieur.

Ensuite les choses se sont déroulées en silence. Les ordres ne paraissaient pas nécessaires, la procédure pour ce genre de cas étant sans doute déterminée à l'avance. Les deux policiers me firent prendre l'ascenseur, avancer le long d'un couloir labyrinthique jusqu'à une pièce située à l'écart.

Je fus désarçonnée car la pièce était beaucoup plus luxueuse que ce à quoi je m'attendais. Le canapé en cuir était de qualité, des tapisseries des Gobelins recouvraient les murs, là aussi il y avait un lustre et des rideaux au lourd drapé. De plus, une femme de chambre vint nous servir le thé. Je ne savais pas très bien ce qu'ils avaient l'intention de faire avec moi. Mais au souvenir de la luxueuse limousine venue chercher ma mère pour la conduire à sa convocation, j'ai pensé que je devais rester sur mes gardes. Je me suis assise sur le canapé en posant mon sac sur mes genoux.

— Je suis confus alors que vous avez fait le déplacement dans la neige, mais visites et colis sont interdits.

Cette fois-ci, un petit homme frêle était venu s'asseoir en face de moi. Mais en plus des insignes, une décoration avec un gland montrait que son grade ne devait pas être aussi bas. Ses yeux permettaient d'autant plus facilement de déchiffrer ses sentiments qu'ils étaient grands. Les deux policiers qui m'avaient amenée là étaient postés de chaque côté de la porte.

— Pourquoi ? questionnai-je en pensant que depuis que j'étais arrivée là je passais mon temps à poser des questions.

— Parce que c'est le règlement, répondit l'homme avec une crispation des sourcils.

— Je n'ai rien apporté de dangereux. Vous pouvez vérifier.

J'ai versé le contenu de mon sac sur la table. La boîte de pastilles et la chaufferette se sont discrètement entrechoquées.

— Votre grand-père a tout ce qu'il faut pour manger et dispose d'une chambre bien chauffée. Je vous en prie, ne soyez pas inquiète, a dit l'homme sans même regarder ce qu'il y avait sur la table.

— Le grand-père n'est qu'un vieil homme dont les souvenirs continuent à s'effacer, un vieux retraité qui coule des jours paisibles sur son ferry, et il n'y a certainement aucune raison pour que vous ayez été obligé de l'emmener.

— Cela, c'est à nous d'en juger.

— Dites-moi votre verdict.

— Mademoiselle, vous ne posez que des questions impossibles.

L'homme avait appuyé ses index sur ses tempes.

— La plupart des fonctions dont nous nous acquittons doivent se dérouler dans le secret. Conformément à notre nom de police secrète.

— Vous ne me permettrez même pas de vérifier si le grand-père est sain et sauf ?

— Bien sûr qu'il l'est. Ne venez-vous pas vous-même de me dire qu'il n'a aucun besoin d'être interrogé ? A moins que vous ayez de bonnes raisons de craindre qu'il ne le soit pas ?

J'ai répondu un non catégorique en me disant que je ne devais pas me laisser émouvoir par ces enfantillages.

— Dans ce cas, vous n'avez aucune inquiétude à avoir. Nous lui demandons seulement un peu de coopération. Nous lui servons trois copieux repas par jour, au point qu'il ne peut même pas tout manger. Les cuisiniers qui travaillent pour nous sont tous passés par des restaurants de premier ordre. Même si vous lui faisiez parvenir cela, il ne pourrait sans doute pas le manger.

Il a jeté un regard dégoûté à mon sac sur la table.

— Je suppose que le règlement vous interdit également de me dire quand vous allez le laisser repartir.

— Exactement. Je vois que vous commencez un peu à comprendre nos règles.

Il a souri, recroisé ses jambes. Le gland de sa décoration a oscillé sur sa poitrine.

— Notre tâche principale est de nous assurer qu'il n'y a pas de retard dans le processus de disparition et que les souvenirs devenus inutiles s'effacent rapidement. Cela ne sert à rien de garder des souvenirs inutiles. N'est-ce pas ? Lorsqu'un gros orteil se gangrène, il faut tout de suite l'enlever. Si on ne fait rien, c'est la jambe tout entière qu'on perd. Eh bien c'est la même chose. Le seul problème, c'est que les souvenirs et le cœur n'ont pas de forme. L'homme peut en faire son propre secret et les garder cachés. Puisque la partie adverse est invisible, nous aussi nous utilisons nos nerfs. C'est une opération extrêmement délicate. Pour dévoiler un secret sans visage, l'analyser, en faire le tri, le traiter, naturellement nous devons absolument nous protéger en gardant le secret à notre tour. Voilà nos raisons.

Après avoir parlé d'une traite, il s'est mis à tapoter le dessus de la table avec les ongles de sa main gauche.

Je voyais par la fenêtre le tramway rouler dans la rue. Au moment où il tourna au carrefour, un bloc de neige accumulée sur le toit tomba. Au soleil qui ne s'était pas montré depuis longtemps, même si la lumière était faible, la neige étincelait au point d'être éblouissante. A l'entrée de la banque en face, la file de gens qui attendaient pour sortir de l'argent se prolongeait jusqu'à l'extérieur. Ils étaient tous recroquevillés sur eux-mêmes et se frottaient les mains pour se réchauffer.

La pièce conservait une température agréable. On n'entendait rien d'autre que le bruit des ongles de l'homme. Les deux policiers devant la porte gardaient le silence. J'ai baissé les yeux sur mes chaussures sales. Mes chaussettes avaient séché sans que je m'en aperçoive.

J'ai pensé qu'il était inutile de poser plus de questions à propos du grand-père. J'ai essayé de me rappeler les conversations que j'avais eues avec la police secrète depuis mon arrivée au quartier général, ne sachant pas très bien, finalement, ce qu'il était advenu de lui. Renonçant à poursuivre, j'ai rangé dans mon sac ce qui se trouvait sur la table. Les petits pains encore tièdes lorsque j'avais quitté la maison avaient complètement refroidi.

— Bon, alors à mon tour maintenant de vous poser des questions, dit l'homme en sortant une feuille du tiroir de la table. Le papier, gris et brillant, portait plusieurs rubriques détaillées telles que le nom, l'adresse et la profession bien sûr, mais aussi les études, les maladies, la religion, les qualifications, la taille, le poids, la pointure, la couleur des cheveux, le groupe sanguin, etc.

— Tenez, utilisez ça.

Il me mettait sous le nez un stylo à bille qu'il venait de sortir de sa poche de poitrine.

C'est à ce moment-là que j'ai commencé à regretter d'être venue. Plus je donnerais d'informations sur moi-même, plus la distance entre eux et R se rapprocherait. J'aurais dû le savoir. Mais c'était encore plus dangereux de montrer mon trouble. Il y avait eu ma mère, ce ne serait pas étonnant qu'ils sachent déjà tous ces renseignements me concernant. En réalité, ils ne voulaient pas savoir mon nom ni mon adresse, ils se contentaient de me tester. C'est pourquoi il était important de me comporter avec naturel.

Tout en me disant cela, j'ai pris le stylo en fixant l'homme droit dans les yeux. Il n'y avait pas de questions particulièrement difficiles. Pour que mes mains ne tremblent pas, je m'efforçais de déplacer le stylo plus lentement que d'habitude. Doux au toucher, il paraissait luxueux.

— Je vous en prie, ça va refroidir.

L'homme m'encourageait à boire le thé.

— Je vous remercie…

Dès la première gorgée, j'ai su que ce n'était pas du thé ordinaire. Il y avait une curieuse différence d'odeur et de goût, la boisson était d'une sorte que je n'avais jamais bue jusqu'alors. L'odeur était celle d'une forêt où s'entassent les feuilles mortes, un mélange d'acidité et d'amertume. Ce n'était pas mauvais, mais il me fallut du courage pour absorber cette première gorgée. Parce que je me disais qu'il contenait peut-être un produit quelconque. Pour me mettre sous hypnose et tirer de moi des secrets, décrypter mes gènes ou quoi que ce soit d'autre.

L'homme et les deux policiers devant la porte me regardaient fixement. J'ai bu en silence, puis je lui ai tendu le papier que je venais de remplir.

— Ça va.

Après y avoir jeté un rapide coup d'œil, un mince sourire sur le visage, l'homme a remis le stylo dans sa poche. Le gland de sa décoration a encore oscillé.

Il s'est mis à neiger le soir même. A cause de la tension de l'après-midi et de cette boisson indéterminée, mes nerfs étaient curieusement agités et il me semblait que j'allais avoir des difficultés d'endormissement. J'ai sorti mes feuilles de papier pour essayer d'écrire la suite de mon roman, mais aucun mot ne me venait à l'esprit. N'ayant rien d'autre à faire, je regardais tomber la neige par l'entrebâillement du rideau.

Ayant déplacé le dictionnaire de la langue japonaise et celui des proverbes sur mon bureau, j'ai pris caché derrière l'entonnoir qui servait de haut-parleur. J'ai approché ma bouche :

— Est-ce que vous dormez déjà ? ai-je demandé avec prudence.

— Non pas encore, me répondit la voix de R.

J'entendis en même temps grincer les ressorts du lit. Le haut-parleur de la chambre secrète était installé sur le mur à son chevet.

— Vous voulez quelque chose ?

— Non, pas spécialement. C'est seulement que je n'ai pas sommeil…

L'entonnoir en alumite couleur argent était assez ancien. Alors qu'il avait été soigneusement lavé, il gardait une faible odeur d'épices de l'époque où on l'utilisait à la cuisine.

— Il neige en ce moment, vous savez.

— C'est vrai ? Je ne m'en étais pas du tout rendu compte. Il neige beaucoup ces temps-ci, n'est-ce pas ?

— Oui. Cette année, c'est particulier.

— Cela paraît incroyable pour moi qu'il neige juste de l'autre côté du mur de cette pièce.

J'aimais sa voix telle qu'elle me parvenait à travers ce haut-parleur sommaire. On aurait dit une source naissant loin à mes pieds. Ce qu'il y avait en trop disparaissait au cours du trajet à travers le long tuyau de caoutchouc, seul me parvenait le liquide cellulaire doux et transparent de sa voix. Pour ne pas laisser échapper une seule goutte de ce liquide, je glissais mon oreille gauche tout entière à l'intérieur de l'entonnoir.

— De temps en temps, je colle ma main au mur en essayant d'imaginer comment c'est dehors. En le touchant ainsi, je me dis que je pourrais peut-être ressentir quelque chose. La direction du vent, le froid, l'humidité, l'endroit où vous vous trouvez, le bruit de la rivière, ce genre de sensation, vous voyez. Mais cela ne marche jamais. Le mur n'est qu'un mur. Il n'y a rien derrière, il n'est relié à rien. Ici, c'est un endroit totalement fermé. Cela me fait seulement prendre conscience qu'il s'agit d'une grotte suspendue.

— Le paysage extérieur a complètement changé depuis votre arrivée. Tout cela à cause de la neige.

— De quelle manière ?

— Eh bien, c'est difficile à dire en un mot. D'abord, la neige a recouvert tout ce que l'on voit. Il y en a tellement qu'un peu de soleil ne suffira pas à la faire fondre. A cause de cela tous les contours sont émoussés, et on a la vague impression que la surface du paysage entier a été réduite aux quatre cinquièmes. Le ciel comme la mer, les collines, les bois et les rivières. C'est pourquoi tout le monde marche en rentrant les épaules.

— Hé…

En même temps que son exclamation, j'entendis encore une fois les ressorts. Il devait parler tout en restant allongé sur son lit.

— En ce moment les flocons sont assez gros. Ils se succèdent sans arrêt comme si toutes les étoiles tombaient du ciel. En se retournant dans les ténèbres, en éclairant et en se cognant. Vous pouvez imaginer ?

— C'est assez difficile. Mais je comprends que ce doit être joli à un point que l'on ne peut pas imaginer.

— Oui, c'est vraiment joli. Mais je me demande si par une nuit pareille, la chasse aux souvenirs se poursuit toujours quelque part sur l'île. Les souvenirs ne s'effacent-ils pas, même dans la froideur de la neige ?

— Bien sûr que non. Cela n'a rien à voir avec le froid. Les souvenirs sont bien plus tenaces que vous ne le pensez. Et c'est pareil pour les cœurs qui les renferment.

— Ah bon ?…

— On dirait que vous trouvez cela dommage.

— C'est parce que je pense que si vous arriviez à adoucir votre cœur comme nous, vous n'auriez plus besoin de vous cacher dans un tel endroit.

— Aah… laissa-t-il échapper à travers ce qui n'était ni un soupir ni un murmure.

Lorsque nous parlions dans cette installation sommaire, il fallait porter l'entonnoir de l'oreille à la bouche puis de la bouche à l'oreille, si bien qu'un peu de silence flottait entre nos paroles. Grâce à ce silence, l'échange le plus anodin résonnait comme étant composé de mots mûrement réfléchis.

— Si cela continue ainsi, je vais devoir déblayer la neige demain matin.

J'ai tendu la main pour ouvrir un peu plus le rideau.

— Le lundi et le jeudi, des camions de la mairie viennent ramasser la neige. Elle est rejetée à la mer dans le port où se trouve le ferry du grand-père. On les reconnaît tout se suite au bruit qu'ils font. Pendant le transport, la neige se salit, elle est dans un état pitoyable. Et elle disparaît entre les vagues, comme aspirée dans l'énorme gorge de la mer.

— On la rejette à la mer ? Je ne le savais pas.

— Oui. C'est l'endroit idéal pour la jeter. Mais je me demande ce qu'elle devient après avoir disparu entre les vagues. J'y réfléchis toujours quand je les observe du pont du ferry. Au devenir de la neige.

— Elle fond, devient salée, bientôt on ne peut plus la séparer de la mer, et sans doute qu'ensuite elle se contente de flotter autour des poissons et de faire osciller les laminaires.

— Oui, peut-être. Ou alors elle est avalée par les baleines, qui la soufflent par leurs évents.

J'ai changé de main pour tenir l'entonnoir et j'ai posé mon coude sur le bureau.

— En tout cas, elle finit par disparaître sans arriver nulle part.

— Oui, exactement.

Il a eu un petit soupir.

Toutes les fenêtres des maisons alentour étaient obscures. On n'entendait pas le bruit des voitures dans la rue principale ni celui du vent et des sirènes. N'était éveillée que la voix s'écoulant au creux de mon oreille.

— Quand je vois la neige, je ne sais pourquoi je finis toujours par réfléchir au sommeil.

— … Au sommeil ? répéta-t-il après une pause.

— Oui. Vous trouvez cela bizarre ?

— Non. Pas du tout, dit-il.

— Ce n'est pas une réflexion aussi profonde et difficile que cela. C'est beaucoup plus simple, modeste et ordinaire. Une réflexion comparable à l'existence d'un morceau de fraisier qui n'a pas été mangé en entier et que l'on a abandonné dans la cuisine.

— …

J'avais appliqué l'entonnoir contre mon oreille, mais comme il restait silencieux, je l'ai à nouveau placé contre ma bouche.

— Je réfléchis devant le fraisier. Vais-je le manger, le jeter à la poubelle, le donner au chien ? Quand je regarde la neige, je me vois en train de réfléchir ainsi dans la cuisine. Soudain, d'une manière totalement incohérente. Bien sûr, le gâteau est enveloppé d'une crème immaculée comme de la neige. Si je reste immobile un moment, je finis par comprendre que le sommeil a pris la place du fraisier sans que je m'en aperçoive… C'est bien ce que je pensais, c'est bizarre.

— Pas du tout. C'est l'activité de votre cœur. Il a beau être troué de cavités, finalement il essaie quand même de ressentir quelque chose.

— Des miettes de génoise, des grains de sucre en poudre et la fourchette poisseuse de crème finissent par échouer sur la table de la salle à manger comme autant de fragments de sommeil. Je ne veux pas dire qu'ils m'invitent. Mais que c'est là qu'il prend forme. Et je continue à réfléchir. Est-ce que je vais prendre le sommeil pour le porter à ma bouche, est-ce que je vais le jeter à la poubelle ou le donner au chien ?

— Alors, que faites-vous ?

— Je ne sais pas. Je me contente de me plonger dans mes réflexions. J'ai bien envie de toucher le gâteau, de l'avaler et de continuer à dormir profondément, mais d'un autre côté, j'ai peur à la pensée que peut-être je ne pourrai plus revenir. Simplement, la seule chose qui soit certaine, c'est que de l'autre côté de la neige, il reste un morceau de fraisier.

Le grand-père avait eu beau le fabriquer avec beaucoup d'habileté, le mécanisme du haut-parleur était tellement sommaire que la voix devenait lointaine à la moindre torsion du tuyau ou inclinaison de l'entonnoir. Et forcer la voix n'était pas mieux. Je parlais la bouche en cul de poule pour mieux faire glisser les mots le long du tuyau.

— Lorsque j'étais enfant, j'aspirais au monde du sommeil. J'imaginais que là-bas il n'y avait certainement pas de devoir ni de mauvais repas, pas d'exercices à l'harmonium, pas de douleur, de maîtrise ni de larmes. A huit ans, j'ai pensé quitter la maison. J'ai oublié pourquoi. Ce devait être pour une raison insignifiante. J'avais eu une mauvaise note à un contrôle, ou j'étais la seule de la classe à ne pas pouvoir faire un soleil à la barre. Et j'avais décidé de quitter la maison pour le monde du sommeil.

— Pour huit ans, c'était une fugue assez élaborée.

— Un dimanche que mes parents étaient partis à un mariage, je suis passée à l'exécution de mon plan. Ma nounou était partie à l'hôpital se faire opérer d'un calcul biliaire. J'ai pris le flacon de somnifères qui se trouvait dans le tiroir du bureau de mon père. Je le voyais toujours en prendre un comprimé le soir avant de se coucher. Finalement, je ne me rappelle plus combien j'en ai avalé. Le maximum à mes yeux, mais quatre ou cinq, peut-être ? Mon ventre était gonflé d'eau, et ma gorge si douloureuse que je n'arrivais plus à déglutir. Mais bientôt, j'ai commencé à avoir envie de dormir. Je me suis laissée aller avec satisfaction en me disant : Aah, comme ça, je peux m'en aller dans le monde du sommeil et avec la quantité que j'ai bue je ne reviendrai sans doute pas.

— Qu'est-ce qui s'est passé ensuite ? me demanda-t-il d'un ton précautionneux.

— Rien de bien intéressant. J'ai dormi bien sûr, mais le monde du sommeil n'existait pas. Seules s'étendaient les ténèbres… Non, cette manière de parler est inexacte. Il n'y avait même pas de ténèbres. Il n'y avait rien, ni air, ni bruit, ni pesanteur, même moi je n'existais pas. C'était l'impressionnant néant. Quand j'ai repris mes esprits, c'était le soir. J'ai regardé autour de moi en me demandant combien de temps j'avais dormi : cinq jours, un mois, un an ? Les vitres de la fenêtre étaient teintées des couleurs du couchant. Mais j'ai tout de suite compris que nous étions dans la soirée de ce même dimanche. Mes parents sont revenus du mariage. Aucun des deux ne se rendit compte que j'avais dormi toute la journée. Ils étaient tout excités et voulaient absolument goûter avec moi au Baumkuchen qu'ils avaient reçu en cadeau.

— Les enfants qui absorbent des somnifères ne sont pas malades ?

— Au contraire, le sommeil profond m'avait plutôt remise en forme. C'est pourquoi c'était encore plus pénible. Si ça se trouve, ce n'étaient pas des somnifères mais de simples vitamines. En tout cas, je n'avais pu arriver nulle part. Comme la neige rejetée à la mer.

La nuit s'avançait de plus en plus et ma main qui tenait l'entonnoir se refroidissait. Il ne devait plus rester beaucoup de combustible car la flamme du poêle vacillait.

— Ah oui. Voulez-vous que je vous fasse entendre à travers le haut-parleur le bruit de la neige qui tombe ?

Je me suis levée pour ouvrir la fenêtre. Il ne faisait pas aussi froid que je le pensais. Mes joues seules me picotaient. Le tuyau n'était pas assez long pour arriver dehors, mais j'ai tiré au maximum sur l'entonnoir en l'orientant vers la neige, comme si j'avais voulu faire glisser l'air extérieur jusque dans sa chambre. Au moment où j'avais ouvert la fenêtre, la neige s'était mise à tourbillonner à cause du courant d'air, mais elle s'était aussitôt remise à tomber droit.

— C'est comment ? ai-je questionné.

Des flocons qui entraient par l'ouverture tombaient sur mes cheveux.

— Aah, je le sens. Je sens le bruit de la neige.

Le murmure de sa voix fut absorbé par la nuit.

14

Le grand-père a été libéré trois jours plus tard. Dans la soirée, au cours de ma promenade habituelle, je suis allée voir comment était le ferry, et je l'ai trouvé allongé sur le divan de la cabine de première classe qui lui servait de chambre.

— Quand êtes-vous rentré ? lui ai-je demandé, m'étant précipitée, à genoux, agrippée au bord de la couverture.

— Ce matin.

Sa voix était sans force, éraillée. Sa barbe avait poussé, ses lèvres étaient gercées et il n'avait pas bonne mine.

— Tant mieux. C'est heureux que vous soyez sain et sauf.

J'ai caressé à plusieurs reprises ses cheveux et ses joues.

— Je suis désolé de vous avoir inquiétée.

— Dites-moi plutôt comment vous vous sentez. Vous avez l'air assez faible, on dirait. Vous n'êtes pas blessé ? Ce ne serait pas mieux de faire un examen à l'hôpital ?

— Non. Tout va bien. Je ne suis pas blessé. Je suis seulement un peu fatigué, c'est pour cela que je me reposais.

— Vraiment, tout va bien ? Ah oui, vous devez avoir faim ? Je vais vous préparer quelque chose pour vous remettre. Attendez un instant.

J'ai tapoté sa poitrine par-dessus la couverture.

Pendant son absence, ce qui se trouvait au réfrigérateur avait commencé à perdre de sa fraîcheur, mais comme ce n'était pas le moment de se préoccuper de cela, j'ai fait de la soupe avec tous les légumes qui s'y trouvaient avant de préparer du thé. Puis j'ai aidé le grand-père à se redresser, lui ai noué une serviette autour du cou et je l'ai aidé à manger la soupe.

— Quand même, j'aimerais bien savoir ce que l'on vous a fait à la police secrète, questionnai-je, après avoir attendu le moment où, ayant bu trois gorgées de soupe, il s'était un peu remis.

— Rassurez-vous. Ils ne savent rien concernant l'existence de la chambre cachée. Cela m'a permis d'en avoir la certitude. En ce moment tous leurs efforts sont tournés vers une enquête concernant des clandestins.

— Des clandestins ?

— Oui. A la fin du mois dernier, un groupe s'est évadé de l'île en bateau, au pied de la falaise du cap où se dresse le phare. Pour échapper aux traqueurs de souvenirs.

— Mais comment ont-ils pu réussir ? Tous les bateaux qui sont restés sur l'île sont inutilisables n'est-ce pas ? Plusieurs années se sont écoulées depuis leur disparition. Il s'est passé la même chose pour votre ferry, non ? Et puis d'abord, il ne doit y avoir personne pour se rappeler comment les manœuvrer.

— Si. Ceux qui sont poursuivis par les traqueurs de souvenirs n'ont rien oublié. Le bruit du moteur, l'odeur de l'essence ou la forme des vagues quand le bateau glisse sur la mer.

Le grand-père s'est essuyé la bouche à sa serviette et il a toussé avant de continuer :

— Dans ce groupe devait se trouver un ingénieur des chantiers navals, un navigateur ou quelqu'un d'autre en relation avec les bateaux. Je pense que cela leur a permis d'utiliser ce moyen fantastique. Jusqu'à présent tout le monde ne pensait qu'à se cacher, et il était inimaginable de s'enfuir en traversant la mer. Les policiers avaient l'air assez affolé.

— Et on vous a soupçonné de les avoir aidés, c'est cela ?

— Oui. Il me semble que tous ceux qui avaient des connaissances techniques dans ce domaine ont été emmenés au commissariat. On m'a interrogé minutieusement à plusieurs reprises. On m'a montré des photographies de gens que je ne connaissais pas, on a pris mes empreintes digitales, on m'a posé des questions sur ce que j'avais fait ces derniers mois, on m'a fouillé… Tant et si bien que j'étais presque en admiration devant tout ce qu'ils allaient chercher. Ah, bien sûr je n'ai rien dit au sujet de la chambre secrète. Ils étaient tellement obnubilés par ce bateau qu'ils n'ont sans doute pas eu la présence d'esprit de me soupçonner d'autre chose.

J'ai brassé la soupe, recueilli les petits morceaux de carottes et de persil. A chaque cuiller que je portais à sa bouche, il avalait le liquide en inclinant la tête avec l'air de quelqu'un ne sachant pas comment s'excuser.

— Ils exagèrent quand même. Enquêter sur une personne qui n'a rien à voir jusqu'à l'affaiblir à ce point.

— Mais non mais non. Je suis seulement un peu fatigué. Comme je n'avais rien à cacher concernant cette affaire de clandestins, leurs questions n'étaient pas du tout éprouvantes. Mais j'aurais dû résister un peu plus à leur obstination impitoyable.

— Quand même, je me demande bien comment ils ont pu préparer le bateau sans attirer l'attention de la police secrète.

— Oui. Je ne connais pas les détails, mais je crois qu'ils ont aménagé en secret un bateau qui était resté aux chantiers navals. Bien sûr, ils n'avaient sans doute pas tous les outils et les pièces qu'il leur fallait. A la disparition des bateaux, tous les moteurs ont été enlevés, démontés et jetés à la mer. Bah, ils ont dû inventer des pièces de remplacement. Ils m'ont interrogé au sujet de ces questions techniques, et bien sûr, je ne savais quoi leur répondre. Puisque je n'ai plus le moindre souvenir concernant les bateaux.

— Ah bon ?…

J'ai versé un peu de thé de la bouteille isotherme dans sa tasse que je lui ai tendue. Par le hublot on apercevait la mer comme d'habitude. Il n'y avait pas beaucoup de vent, mais la houle était forte. Des morceaux d'algues flottaient entre les vagues. Au-delà de l'horizon le crépuscule approchait. Le grand-père, après avoir contemplé quelques instants le contenu de la tasse qu'il avait à la main, le but d'un seul trait.

— Mais ils ont dû avoir peur. S'en aller ainsi à la rame en pleine nuit, ai-je remarqué.

— Oui, c'est ce que je pense. Parce que je suppose que leur embarcation, faite de matériaux épars, n'était sans doute pas très fiable.

— Je me demande combien ils étaient sur le bateau.

— Ça, je ne sais pas. Mais certainement plus que le nombre de places, vous ne croyez pas ? Le nombre de gens qui cherchent à fuir ne tient certainement pas sur un bateau.

J'ai regardé à nouveau par le hublot en essayant d'imaginer un bateau flottant sur la mer. Un petit bateau en bois comme en utilisaient sans doute les pêcheurs autrefois, avec à peine un toit de pauvre apparence. A la peinture écaillée de partout, à la coque couverte d'algues et de coquillages, au moteur poussif, tout abîmé. Et à l'intérieur des gens serrés les uns contre les autres.

Bien sûr, comme le phare ne marchait pas et que seule la lune éclairait la mer, on ne distinguait pas leurs traits. Peut-être même que cette nuit-là, il n'y avait pas de lune à cause de la neige. Et les gens formaient un bloc plus sombre remplissant le bateau. Sans le moindre interstice décelable. Au point que l'on pouvait s'inquiéter de ce qu'une imperceptible perte d'équilibre ne les rejetât à la mer comme des grains de maïs soufflé.

Le bateau trop lourd n'arrivait pas à prendre de la vitesse. De plus, si l'on poussait à fond le moteur, le bruit risquait d'alerter la police. C'était le plus terrifiant. C'est pourquoi il progressait vers l'horizon lentement, comme effrayé. Tous s'agrippaient d'une main à une quelconque partie du bateau, l'autre main posée sur la poitrine, ne cessant de prier pour que l'embarcation puisse continuer sans encombre à s'éloigner du cap…

J'ai cligné des yeux. Sur la mer, seules les algues se balançaient toujours. Cela faisait plusieurs années déjà que je n'avais plus vu de bateau se déplacer dessus. Le jour de leur disparition, mes souvenirs les concernant s'étaient figés en l'état, avant d'être absorbés dans le marais insondable de mon cœur. De sorte qu'il était éprouvant pour moi d'imaginer des gens s'en aller sur la mer.

— Finalement, ils ont réussi ? ai-je demandé.

— En tout cas, c'est sûr qu'ils se sont débrouillés pour quitter l'île. Mais en hiver, la mer est violente. Il est possible qu'ils aient disparu sans que personne ne s'en soit aperçu.

Le grand-père a posé sa tasse sur la table de nuit, appuyé sa serviette sur ses lèvres.

145

— Mais quand même, je me demande où ils voulaient aller. On ne voit rien au-delà de l'horizon, ai-je dit en désignant la mer.

— Je ne sais pas. Il y a peut-être un endroit quelque part où un cœur sans cavités peut continuer à vivre. Mais personne n'y est jamais allé.

Sur sa couverture, il pliait tout petit sa serviette.

En plus du retour du grand-père, il y eut un autre événement réjouissant. La naissance du premier bébé de R. Un garçon de deux kilos neuf cent quarante-sept grammes.

Comme le grand-père n'était pas complètement remis, c'était moi, ce jour-là, qui m'étais rendue à la boîte d'enregistrement des données météorologiques. Puisque la neige ne me permettait pas d'y aller à bicyclette et que je n'avais pas l'argent nécessaire pour louer une voiture avec chauffeur, il ne me restait qu'à aller à pied jusqu'au nord de la colline.

Après avoir tourné au carrefour se trouvant à l'extrémité nord de l'île, on voyait les ateliers d'affinage en face de soi, et il suffisait de continuer tout droit. Derrière les cantines aux rideaux baissés, les baraquements des ouvriers, la pompe à essence et les terrains vagues se dressait la tour de fer. Comme on me l'avait dit, elle ressemblait à un corps mort de dépérissement qui se serait momifié.

C'était pénible de marcher dans les rues dont la neige n'avait pas été déblayée, où rares étaient les passants. Je perdis plusieurs fois l'équilibre et me retrouvai par terre. J'ai croisé une vieille femme la tête complètement dissimulée sous son écharpe, une moto qui pétaradait doucement, un chat famélique.

Lorsque je suis enfin arrivée à l'école, midi était passé depuis longtemps. La cour était enfouie sous la neige. Et la neige était vierge. A ma droite il y avait les barres, la balançoire et un panier de basket-ball. On apercevait de l'autre côté des petites cabanes pour animaux, lapins ou autres, mais bien sûr elles étaient vides. En face se dressait le bâtiment à deux étages, avec ses fenêtres alignées toutes de la même taille.

Rien ne bougeait dans ce paysage. Il n'y avait pas de vent, pas de silhouettes humaines, je n'entendais que ma respiration. Je me suis murmuré intérieurement que cela ressemblait à un empilement de scènes devenues inutiles.

Après avoir soufflé sur mes doigts à travers mes gants, je me suis dirigée vers la boîte aux données. Elle se trouvait exactement au bout de la diagonale traversant la cour. La neige était si épaisse que j'avais peur de marcher dessus. En chemin, je ne pus m'empêcher de vérifier si la trace de mes pas me suivait bien.

La boîte elle aussi était recouverte d'une coupole de neige. J'ai tiré sur la porte en la soulevant un peu comme le grand-père me l'avait expliqué, et elle s'est ouverte en grinçant. Dans la pénombre à l'intérieur était tendue une toile d'araignée. J'ai aperçu les objets derrière le thermomètre et l'hygromètre. Des sous-vêtements, des livres de poche et une boîte de gâteaux étaient ficelés en un petit paquet tenant entre les mains, au sommet duquel avait été glissé le portrait du bébé.

Qui donc l'avait fait ? Je l'ai pris. Sur un solide papier de la grandeur d'une carte postale avait été dessiné aux crayons de couleur le visage d'un bébé les yeux fermés. Les cheveux légèrement châtain étaient souples, les oreilles de forme régulière, le contour des yeux nettement tracé, et il était vêtu d'une cape au crochet bleu clair. Il n'était pas particulièrement bien dessiné, mais on sentait de l'application dans chaque trait ou point de crochet.

"Il est né le douze à quatre heures quarante-six minutes du matin. La sage-femme m'a dit qu'elle n'avait jamais assisté à un accouchement aussi facile depuis qu'elle avait commencé à travailler à la maternité. Le bébé lui aussi va bien. Juste après sa naissance, il a fait pipi sur mon ventre. J'avais préparé des boutons roses et des boutons bleus, et aujourd'hui j'ai cousu les bleus sur tous ses vêtements. Ne t'inquiète pas pour nous. Nous attendons avec confiance le jour où tu pourras le serrer dans tes bras. A bientôt, en te souhaitant une bonne santé."

Derrière il y avait un mot de sa femme. Après l'avoir lu trois fois, je l'ai remis en place, coincé sous la ficelle, et j'ai fermé la boîte aux données météorologiques. La neige qui s'entassait dessus a glissé, s'écrasant à mes pieds.

Comme elle n'était pas fermée à clef, j'ai ouvert sans frapper la porte de la chambre secrète. Plongé dans son travail, R à son bureau ne s'en rendit pas compte. Il m'a semblé qu'il était en train de faire ce que je lui avais demandé la veille : astiquer l'unique service en argenterie de la maison.

Je l'ai observé de dos un moment en silence. Etait-ce une illusion de penser que son corps avait rétréci petit à petit depuis qu'il s'était caché ici ? Sa peau qui n'était jamais exposée au soleil était devenue blanche, et il avait sans doute maigri par manque d'appétit, mais ce que je ressentais n'était pas un changement d'ordre rationnel, plutôt une altération de dimension beaucoup plus abstraite.

Lors de chaque rencontre, j'avais l'impression que sa silhouette était moins nette, son sang plus rare, ses muscles plus flétris.

Peut-être était-ce la preuve que son corps s'était adapté à la chambre cachée ? Pour s'immerger dans cette pièce étriquée, à l'air raréfié, où les bruits ne parvenaient pas, talonné par la peur de l'arrestation, on était sans doute obligé, qu'on le veuille ou non, de se débarrasser du superflu. En lieu et place d'un cœur capable de tout conserver, le corps perdait rapidement de son énergie.

Je me rappelai une baraque de forains vue autrefois à la télévision. Il y avait un coffre en bois où l'on enfermait les enfants qui avaient été vendus. Ils devaient passer ainsi des mois et des années, les bras et les jambes entravés, leur tête seule dépassant d'un trou. Ils n'en sortaient jamais, même pas pour manger ou dormir. Leur corps finissant par se solidifier, ils devenaient incapables de tendre les bras ou les jambes. On montrait alors au public leur silhouette d'insecte difforme.

En regardant son dos je ne sais pourquoi, je me suis souvenue d'une petite fille des baraques foraines aux membres osseux, aux articulations dures comme des bosses, aux côtes saillantes et aux cheveux ternes, qui gardait les yeux baissés.

Il continuait à astiquer l'argenterie sans remarquer ma présence. Le dos rond, dans une attitude de prière, il frottait une fourchette avec soin, en prenant tout son temps. Il faisait glisser le chiffon à l'intérieur de chaque creux du motif sculpté sur le manche et entre chaque dent. Le sucrier, la pelle à tarte, le rince-doigts et les cuillers à soupe qui ne logeaient pas sur le bureau étaient alignés sur une feuille de papier journal étalée sur le sol.

Ce service du trousseau de mariage de ma mère, que nous utilisions autrefois pour les invités d'exception, était resté longtemps rangé au fond du buffet. Il aurait beau l'astiquer le plus soigneusement possible, sans doute n'aurais-je plus jamais l'occasion de l'utiliser. Il n'y aurait plus de soirées organisées pour des invités, et la grand-mère n'était plus là pour préparer des plats dignes de cette vaisselle luxueuse.

C'était plus difficile que je ne l'aurais cru de trouver des tâches pas trop fatigantes réalisables dans la chambre cachée, qui lui permettraient de ne pas s'ennuyer pendant un certain temps. Le problème ne concernait pas leur utilité. A la réflexion, astiquer les couverts était le travail qui lui convenait le mieux.

— Vous avez l'intention de continuer à polir la fourchette même si la police secrète fait irruption ? l'interpellai-je.

Surpris, il s'est retourné et, la fourchette dans sa main gauche brandie vers le ciel, a laissé échapper un petit "ah".

— Excusez-moi d'avoir ouvert la porte sans faire de bruit.

— De rien. Mais je ne m'en suis absolument pas rendu compte.

— Vous paraissiez tellement absorbé dans votre tâche que je n'osais pas vous interrompre.

— Je n'avais pas l'intention de l'être à ce point…

Il a pris ses lunettes par la monture, l'air embarrassé, les a posées sur le chiffon.

— Est-ce que je peux vous déranger un peu ?

— Bien sûr que oui. Allez, descendez et venez vous asseoir ici.

Marchant sur la pointe des pieds, j'ai enjambé les pièces d'argenterie alignées sur le sol pour prendre place sur le lit.

— Ce sont des objets assez coûteux. On ne peut plus s'en procurer désormais.

Il a fait faire demi-tour à sa chaise pour se tourner vers moi.

— Vous croyez ? Il est vrai que pour ma mère, c'était très précieux.

— Cela vaut le coup de les astiquer. Plus on le fait soigneusement, plus c'est gratifiant.

— Comment ça, gratifiant ?

— La pellicule d'ancienneté dont ils étaient recouverts s'en va peu à peu et le brillant revient. Pas un éclat perçant, une lumière beaucoup plus discrète, sage et solitaire. Quand on les prend, on a l'impression d'attraper la lumière elle-même. Et je m'aperçois qu'ils me racontent quelque chose. Alors j'ai envie de les caresser.

— Jamais je n'aurais pensé que le brillant de l'argent pouvait faire cet effet-là.

J'ai regardé le chiffon bleu foncé en bouchon sur la table. Il ouvrait et refermait ses doigts comme pour détendre ses mains.

— J'ai entendu dire qu'autrefois, dans les familles très riches, on employait des domestiques uniquement pour fourbir l'argenterie, ai-je commencé. Dans une pièce d'un bâtiment en pierre donnant sur la cour, ils passaient tout leur temps à l'astiquer. C'était leur seul travail. Ils n'avait rien d'autre à faire. Au milieu se trouvait une table longue et étroite de chaque côté de laquelle ils étaient assis. Devant chacun d'eux, était entassée la quantité qu'ils étaient censés nettoyer dans la journée. Il leur était strictement défendu de parler parce qu'il ne fallait pas que les pièces d'argenterie soient tachées par leur salive ou leur respiration. C'est pourquoi ils gardaient le silence. Il faisait froid dans cette pièce où même dans la journée le soleil ne pénétrait pas. Il y avait juste une lampe qui tremblotait. Parce sous une lumière trop forte, on ne pouvait pas vérifier si les couverts avaient été astiqués correctement. Un domestique un peu plus élevé dans la hiérarchie – une sorte de responsable de l'équipement des cuisines, vous voyez – vérifiait soigneusement que rien n'avait été négligé. Il prenait les pièces d'argenterie l'une après l'autre et sous la lampe, avec le mur de pierre en arrière-plan, les inspectait sous tous les angles. S'il découvrait la moindre trace, bien sûr il fallait tout recommencer. En plus, le lendemain, la quantité du domestique incriminé était doublée. Si bien qu'il était obligé de passer sa nuit à astiquer. C'est pourquoi, pendant le contrôle, les domestiques baissaient craintivement la tête… Ce n'est pas une histoire bien choisie. Excusez-moi.

J'avais l'impression de m'être laissée aller à trop parler.

— Si, au contraire, me dit-il.

— Mais cela a dû vous ennuyer ?

— Pas du tout.

Il avait secoué la tête.

A le voir ainsi de près, je sentais l'atmosphère fragile et vulnérable qu'il dégageait. Lorsque nous nous rencontrions dans le monde extérieur, il paraissait beaucoup plus solide. Les différentes parties de son corps, en remplissant parfaitement leur rôle, lui donnaient une cohésion. Il n'y avait pas de faille. Mais maintenant, j'avais l'impression qu'il me suffirait de tapoter du bout de l'index l'extrémité de sa clavicule pour qu'il s'effondre en mille morceaux comme une marionnette aux fils cassés.

— Ce qui m'a le plus étonnée dans cette histoire de domestiques, continuai-je, c'est qu'en faisant longtemps ce travail, ils perdaient peu à peu la voix. Il paraît qu'en restant ainsi immobile dans un bâtiment en pierre de sept heures du matin à sept heures du soir, à ne rien faire d'autre que frotter avec un chiffon, on finit réellement par devenir muet. Même à l'extérieur du bâtiment, alors qu'ils n'avaient plus à se soucier des ternissures de la vaisselle, ils étaient incapables de se rappeler leur propre voix. Les domestiques étaient tous de pauvres gens sans éducation, et comme ils n'avaient pas d'autre emploi, ils étaient bien obligés de continuer à frotter. Ils étaient prêts à perdre leur voix, si c'était pour gagner de l'argent. Ils devenaient muets l'un après l'autre, et c'était de plus en plus calme à l'intérieur du bâtiment. Il n'y flottait que le murmure des chiffons frottant l'argenterie. Mais je me demande comment on en est arrivé là. L'éclat de l'argent a-t-il le pouvoir d'absorber les voix ?

J'ai pris le plat à dessert qui se trouvait à mes pieds et je l'ai posé sur mes genoux. C'était celui sur lequel ma mère offrait des chocolats lors des soirées. Mais on ne me laissait pas en manger. La grand-mère me faisait peur en disant que manger du chocolat faisait venir des petites bêtes dans la poitrine. Le plat avait une bordure de raisins sculptés. Il devait attendre son tour pour recevoir les caresses de R, car il y avait de la poussière accumulée entre les vrilles.

— Oui, il y a peut-être un peu de cela, dit-il peu après.

Sa voix était sans force, comme s'il ne pouvait rien dire de plus.

L'entonnoir qui servait de haut-parleur avait roulé à son chevet. Le couvre-lit qui venait juste d'être lavé était bien amidonné. Le calendrier au mur disparaissait sous les croix des jours écoulés. J'avais l'impression qu'à chacune de mes visites, les étagères, tristes au départ, se remplissaient petit à petit.

— Puisque ce travail ne presse pas particulièrement, vous pouvez le faire beaucoup plus tranquillement, vous savez, lui dis-je après avoir jeté un regard d'ensemble dans la pièce.

— Oui, je sais.

— Ce serait ennuyeux si votre voix était absorbée elle aussi.

— Ne vous inquiétez pas. Je suis quelqu'un qui ne perd rien.

— C'est vrai. J'avais oublié.

Nous nous sommes regardés en riant discrètement.

Au moment de quitter la chambre secrète, je lui ai donné ce que j'avais trouvé dans la boîte. Il a regardé en silence le portrait du bébé. J'ai pensé qu'il fallait peut-être que je lui dise quelque chose, mais je ne trouvais pas les mots appropriés. J'avais l'impression que quoi que je dise, mes mots seraient sans doute déplacés, si bien que ne pouvant faire autrement j'ai gardé le silence.

Il n'était pas plus ému que cela. Il avait seulement les yeux tranquillement baissés, comme lorsqu'il lisait un manuscrit ou faisait briller l'argenterie.

— Félicitations, lui dis-je, incapable de me contenir alors qu'il gardait le silence.

— Les photographies ont déjà disparu, je vois, murmura-t-il.

— Les photographies ?

Je ne compris pas aussitôt. Mais à force de me répéter intérieurement le mot, j'ai pu me rappeler vaguement l'existence passée de cette chose appelée photographie : un morceau de papier glacé reproduisant à l'identique une silhouette humaine.

— Oui, vous avez raison. Elles ont disparu.

Il a retourné le dessin, a commencé à lire la lettre.

— Mais c'est un bébé très mignon, je trouve, ai-je remarqué après avoir attendu qu'il ait terminé sa lecture. Les photographies ont disparu, mais il reste peut-être un cadre quelque part. Je vais essayer d'en trouver un pour vous.

J'ai posé le pied sur l'échelle.

— Merci, m'a-t-il dit, la tête toujours baissée.

15

Quelque chose d'ennuyeux s'est produit. Un matin brutalement ma machine à écrire s'est détraquée.

J'avais beau taper sur les touches, les leviers des lettres ne se soulevaient plus. Ils se contentaient de trembler légèrement, comme les pattes d'une sauterelle palpitante. De A à Z, de 1 à 0, la virgule, le point, le point d'interrogation, aucun n'obéissait.

Jusqu'à la nuit précédente, lorsque j'avais terminé en tapant BONNE NUIT pour lui, il n'y avait rien nulle part qui ne marchait pas. Je ne l'avais pas non plus fait tomber ni cognée. Etait-ce possible qu'en me réveillant ce matin-là je ne puisse plus taper une seule lettre ? Bien sûr, jusqu'alors, elle avait fait l'objet de petites réparations : redresser une lettre tordue ou améliorer le fonctionnement du rouleau, mais c'était une machine à écrire précise et solide.

Pensant qu'elle pourrait peut-être par hasard se remettre à fonctionner, je l'ai posée sur mes genoux pour taper sur chaque touche avec force. Il s'était agenouillé près de moi pour me regarder faire… A, S, D, F, G, H, J, K, et quand je suis arrivée à L, il a passé son bras autour de mes épaules.

— Avec ce genre d'absurdités, elle va se détraquer encore plus. Donnez-moi ça.

Il a soulevé la machine à deux mains, a enlevé le couvercle, tiré prudemment sur quelques pièces, essayé de les faire tourner.

"Alors ?" ai-je voulu lui demander, mais bien sûr ma voix ne sortait pas plus que je ne pouvais taper sur les touches. Seuls mes doigts frappaient à vide, par simple habitude.

— On dirait que c'est un peu compliqué. Elle nécessite une véritable réparation, assura-t-il.

"Qu'est-ce qu'on peut faire ?"

J'avais levé les yeux vers lui.

— Allons dans la pièce du clocher où se trouve l'horloge, au-dessus de la salle de cours. Avec l'autorisation de l'église, je m'en sers comme réserve et atelier de réparation. J'y ai tous mes outils, et si je n'arrive pas à la réparer, vous pourrez prendre une autre machine. Alors ne vous inquiétez pas.

Je ne savais pas que le local au-dessus de la salle de cours était utilisé de cette façon. Je savais qu'il contenait le mécanisme de l'horloge et que les cloches sonnaient deux fois par jour, à onze heures du matin et cinq heures du soir, mais je n'y avais jamais mis les pieds.

Pour dire la vérité, depuis l'enfance, j'avais terriblement peur des cloches. C'est pourquoi je n'avais jamais eu envie de monter au sommet du clocher.

Le son des cloches, si imposant, si lourd, avec ses résonances qui n'en finissaient pas de disparaître, ressemblait pour moi aux gémissements d'un homme à l'agonie. Et il résonnait dans tous les coins de la ville. Que je sois en train de m'entraîner à taper à la machine dans la salle de cours, de choisir des légumes au marché ou de faire l'amour avec lui dans mon lit à la maison, dès que les cloches se mettaient à sonner, mon corps se raidissait, mon cœur battait la chamade et l'angoisse m'empêchait de respirer.

Pour produire un tel son il devait y avoir au sommet du clocher un gros engrenage, une chaîne imposante et un lourd contrepoids de plomb, qui s'enclenchaient d'une manière compliquée chaque fois que les aiguilles se mettaient en mouvement. A onze heures et à cinq heures, la force de la chaîne complètement enroulée sur elle-même tirait sur le battant. Si l'on s'interposait maladroitement, on serait certainement pris dans l'engrenage, étranglé par la chaîne, écrasé par le contrepoids… C'est ce que je m'imaginais avec puérilité. Le bruit était à ce point effrayant pour moi.

La porte du local était fermée à clef. Il a sorti un trousseau de la poche intérieure de sa veste et sans hésiter a saisi une des clefs pour l'ouvrir. Sur le moment, j'ai aperçu le chronomètre qui s'y trouvait.

A l'intérieur, c'était un peu différent de ce que j'avais imaginé. Il y avait bien derrière le cadran de l'horloge tout un mécanisme avec une roue dentée, une poulie et un ressort qui se déplaçaient en s'engrenant, mais il n'occupait qu'une partie restreinte de la pièce, remplie d'une manière écrasante par un tas de machines à écrire.

Je suis restée un moment sur le seuil à observer le local dans son intégralité. J'étais perplexe, car jamais je n'aurais imaginé qu'un aussi grand nombre de machines pouvait être entassé là.

— Venez, m'invita-t-il, me prenant gentiment par la main.

La porte s'est refermée bruyamment derrière moi.

Le plafond était bas, il n'y avait pas de fenêtre en dehors de la vitre à la pointe du clocher, le local était triste et poussiéreux. Le parquet grinçait à chaque pas et mes talons se prenaient dans des clous qui dépassaient par endroits. L'ampoule qui pendait du plafond, trop faible pour éclairer la totalité de la pièce, oscillait légèrement alors qu'il n'y avait pas de vent.

Je me suis d'abord approchée de l'horloge. Elle était beaucoup plus importante qu'elle ne le paraissait vue d'en bas. Il y avait un espace entre le mécanisme et le cadran, à travers lequel on pouvait toucher les aiguilles en forme de flèche. Des aiguilles si imposantes qu'elles ne bougeraient pas même si je montais sur la partie de la flèche en saillie pour m'y allonger. Les chiffres romains, d'une forme raffinée, se trouvaient également devant mes yeux. Le XII faisait bien cinq fois ma tête.

En bas, on voyait en tout petit le jardin de l'église. Le sol était loin à donner le vertige. Le mécanisme grinçait d'une manière incessante et il flottait une odeur d'huile.

La cloche était suspendue juste au-dessus. Je ne comprenais pas très bien comment elle marchait, mais elle était savamment reliée à l'horloge de manière à sonner à des heures déterminées. Autrefois elle avait dû avoir des reflets cuivrés, et maintenant elle était devenue complètement grise. Mais elle était imposante, épaisse et majestueuse. A tel point que l'on pouvait s'inquiéter de voir le plafond s'écrouler, incapable de supporter son poids.

— Allez, venez vous asseoir ici.

Il indiquait une table et des chaises se trouvant au centre. C'était l'unique mobilier de la pièce, vieillot et simple. Mais la poussière avait été enlevée avec soin.

— Ça vous plaît ?

Tout en disant cela, il lâcha sans précaution ma machine cassée sur le tas. Celui-ci s'effondra un peu dans un grincement.

Je me suis assise en me demandant pourquoi il me posait cette question alors que j'étais venue là à contrecœur faire réparer ma machine.

Il avait l'air d'excellente humeur. Son éternel sourire débordait de gentillesse, je ne l'avais jamais vu aussi avenant.

— Alors ?

Il voulait à tout prix savoir ce que je pensais de la pièce. Mais je ne pus rien faire d'autre que le regarder en approuvant dans un sourire.

— J'étais sûr qu'elle vous plairait.

Il semblait satisfait.

Sans machine à écrire je n'arrivais pas à trouver le calme. Il me manquait quelque chose sous les mains. Plus que le découragement éprouvé lorsque je m'étais aperçue que j'avais perdu la voix, celui que je ressentais maintenant que l'on m'avait enlevé ma machine m'angoissait.

"Pourquoi ne se dépêche-t-il pas de la réparer ?" me questionnai-je intérieurement, mais je n'avais aucun moyen de le lui demander. J'ai regardé autour de moi pour voir s'il n'y avait pas quelque part du papier et de quoi écrire, mais je n'en vis nulle part. J'ai regretté de ne pas en avoir apporté de chez moi. En quittant la maison, il m'avait dit en prenant le bloc-notes et le stylo qui se trouvaient dans ma poche :

— Vous n'en avez pas besoin, je vais la réparer tout de suite.

Je lui ai donné un petit coup sur l'épaule avant de lui montrer ma machine abandonnée. Mais sans faire un geste pour se retourner, il a sorti le chronomètre de sa poche intérieure pour entreprendre de le faire briller avec un morceau de velours. Je n'ai pas su s'il n'avait pas compris ce que je voulais ou s'il essayait de me dire de ne pas m'impatienter, que la réparation serait tout de suite faite.

On entendait parler en dessous. On percevait aussi des rires d'enfants. Des gens étaient sans doute rassemblés dans l'église. Y avait-il une répétition de la chorale ou une kermesse ? Alors que l'église était à proximité, on entendait ce qui se passait à l'intérieur comme le brouhaha d'un quartier éloigné.

J'avais beau patienter, il n'avait pas l'air disposé à arrêter de faire briller son chronomètre. J'étais étonnée qu'il passe autant de temps sur un aussi petit objet. Rien n'échappait à la vigilance de ses doigts, pas la plus petite rainure du bouton, pas un maillon de la chaîne, pas une marque gravée derrière le cadran.

— Il faut que je l'astique soigneusement pour l'examen du niveau moyen qui a lieu aujourd'hui. C'est vrai, au début vous aussi vous aviez du mal avec les tests de vitesse. Vous tapiez toujours des manuscrits incroyables, dit-il sans relever la tête. S'il ne me regardait pas, c'était inutile de secouer la tête, de lever le doigt, de me mordre les lèvres ou de sourire, aussi suis-je restée sans expression.

J'ai regardé encore une fois autour de moi. Les murs qui n'étaient pas occupés par les mécanismes de l'horloge étaient encombrés par le tas de machines qui faisait à peu près ma taille. Combien y en avait-il ? Je n'en avais aucune idée. C'était la première fois de ma vie que j'en voyais autant rassemblées au même endroit.

Il y en avait de toutes les formes. Certaines paraissaient lourdes et massives, d'autres aussi fragiles que des jouets, avec des touches carrées ou ovales, un support en bois, certaines luxueuses ou humbles… Toutes orientées vers la direction qui leur plaisait, serrées les unes contre les autres. La mienne était restée blottie là où il l'avait abandonnée un moment plus tôt. Celles qui se trouvaient dans la partie inférieure du tas, écrasées, avaient des leviers ou un couvercle tordus. Même si leur forme était intacte, elles étaient presque entièrement rouillées.

Attendaient-elles toutes d'être réparées ? Mais elles étaient en trop grand nombre. Cela aurait été mieux de jeter celles qui étaient inutiles. C'est ce que j'ai pensé en me levant pour m'approcher du tas. A ce moment-là, soudain, je me suis rappelé quelque chose. Pourquoi ne m'étais-je pas aperçue plus tôt d'une chose aussi simple ? Je n'étais pas dans mon état normal. La vue d'un si grand nombre de machines m'avait déconnectée de la réalité. Mais oui, je n'avais qu'à utiliser l'une de ces machines. Je n'avais que l'embarras du choix. Alors je pourrais parler avec lui comme d'habitude.

J'ai choisi la machine la plus récente et la moins abîmée possible. Mais j'eus beau frapper fort, aucune des touches ne remuait. Une autre qui se trouvait à côté avait son ruban encreur tout entortillé. Celle que je pris ensuite avait la moitié de ses caractères écrasés. Une autre encore n'avait plus de rouleau. La suivante… Elles avaient toutes quelque chose. Aucune n'était utilisable. Sans renoncer, j'ai essayé avec toute mon énergie d'en extraire une correcte du tas. Mais il aurait suffi de forcer un tout petit peu plus pour que le tas s'effondre bruyamment.

— C'est inutile, me dit-il.

Il regardait toujours son chronomètre.

A ce moment-là, je me suis rendu compte d'une chose toute simple. Ici il n'y avait pas de papier.

Pas de papier machine bien sûr, mais pas de bloc-notes non plus. Cela ne servait à rien de chercher désespérément une machine qui ne serait pas cassée.

Dès que je compris que je n'avais aucun moyen de les libérer, les mots se mirent à proliférer en moi et je fus remplie d'angoisse.

"Réparez vite."

Inconsciemment, mes doigts s'étaient mis à bouger pour former les mots RÉPAREZ VITE. Mais n'ayant aucune touche à frapper, ils se contentèrent d'esquisser des mouvements approximatifs dans l'espace. Incapable de le supporter davantage, je lui présentai à nouveau ma machine.

"Pourquoi ne voulez-vous pas la réparer ? Qu'est-ce qui ne va pas ? Si je ne peux pas communiquer avec des mots, je suis angoissée d'une manière insupportable."

J'ai empoigné son épaule, pour essayer de lui communiquer de toutes mes forces ce que je ressentais.

Il s'est arrêté, et après avoir poussé un long soupir, a posé sur la table le chronomètre enveloppé dans le morceau de velours.

— Votre voix ne reviendra plus, vous savez.

Je n'ai pas compris pourquoi il disait cela. Le problème pour l'instant n'était pas ma voix, mais la machine à écrire.

"On ne peut pas la réparer ?"

Je me suis mise à taper sur les touches n'importe comment. Les leviers ne se soulevaient même pas d'un millimètre.

— Votre voix est bloquée à l'intérieur de cette machine. Elle n'est pas cassée. Elle est scellée parce son rôle est terminé.

Scellée, scellée, scellée… Ce mot seul n'en finissait pas de tourbillonner en moi.

— Regardez. Ne trouvez-vous pas cette vue magnifique ? Tout ce qui est entassé ici, ce sont des voix. Un tas de voix affaiblies qui attendent blotties là, incapables de faire à nouveau vibrer l'air. Et aujourd'hui la vôtre est venue les rejoindre.

Il a soulevé d'une main la machine, l'a lancée à nouveau au même endroit que tout à l'heure. Il y eut un bruit sourd de choses dures s'entrecho-quant. Je le perçus comme celui d'une lourde porte se refermant pour bloquer toute issue à ma voix.

"Pourquoi ? Pourquoi faites-vous cela ?"

Je remuais seulement les lèvres.

— On dirait que vous n'avez pas compris. Ce n'est plus la peine de faire tous ces efforts pour parler.

Il a posé sa main gauche sur mes lèvres. Sa paume était glacée. Il m'a semblé sentir une lé-gère odeur métallique. Celle du chronomètre ?

— Vous allez oublier que vous aviez une voix. Bien sûr, au début vous serez peut-être ennuyée parce que vous n'êtes pas habituée. Comme tout à l'heure, vous allez faire claquer vos lèvres, es-sayer d'avoir recours à la machine à écrire, cher-cher un bloc-notes. Mais vous allez comprendre tout de suite à quel point c'est vain. Vous n'avez pas besoin de parler. Inutile de prononcer des mots. Tout va bien. Ne vous inquiétez pas. Vous êtes enfin à moi.

Il a fait courir ses doigts posés sur ma bouche le long de mes joues, les a fait glisser sur mon men-ton et de là, descendre droit vers ma gorge. Puis il a pris tout son temps pour caresser le creux de ma gorge. Exactement comme s'il voulait vérifier que j'avais vraiment perdu ma voix.

J'avais envie de crier à perdre haleine. J'avais envie de le repousser et de fuir cet endroit. Mais en réalité, j'étais figée, le corps raidi. Parce que j'avais la sensation que ses doigts s'enroulaient autour de moi comme du fil de fer.

— Vous comprenez pourquoi je suis devenu professeur de dactylographie ? questionna-t-il, les doigts toujours sur ma gorge.

"Je ne comprends pas. Je ne comprends rien."

J'ai secoué plusieurs fois la tête. Mais ses doigts n'ont pas lâché ma gorge.

— Dans la classe, vos doigts à vous toutes remuent comme je vous l'enseigne. Pour le T l'index de la main gauche vers le haut en biais à droite, le I le médius de la main droite tout droit vers le haut, le Q l'auriculaire gauche en biais à gauche vers le haut, le point l'annulaire de la main droite en biais à droite vers le bas... Il y a une règle pour chaque déplacement. Les élèves s'efforcent de la retenir. Il ne leur est pas permis de bouger les doigts comme bon leur semble. Elles ne peuvent pas s'arranger avec le règlement pour convenance personnelle, ni introduire une idée nouvelle. Toutes les jeunes femmes assises devant moi sont obligées de remuer leurs doigts dans la direction et l'ordre que je leur indique. Si elles ne respectent pas ne serait-ce qu'une seule fois mes indications, je peux les punir de la manière qui me plaît. Je peux leur faire frapper mille fois la lettre pour laquelle elles se sont trompées, leur faire honte en affichant leur travail dans la classe à titre de mauvais exemple. C'est ma liberté. Devant moi, vos doigts sont impuissants.

"Que dites-vous ? Vous m'avez appris à taper à la machine. C'est tout."

— On n'a pas besoin de sa voix pour taper à la machine.

Sa main sur ma gorge a serré plus fort. L'extrémité de ses doigts mordait mes chairs. Avait-il l'intention d'en extraire des éclats d'une improbable voix ?

— En classe, tout le monde se tait. Aucune élève ne bavarde en frappant les touches. Il suffit de concentrer ses nerfs uniquement sur ses doigts. Il y a une règle pour les doigts, pas pour la voix. C'est le point qui me trouble le plus. Dans le seul bruit des machines à écrire, les doigts continuent courageusement à se déplacer en suivant mes ordres le plus correctement et pour le plus de lettres possibles… Ne trouvez-vous pas que c'est une scène magnifique ? Mais la fin du cours arrive. Les doigts quittent les touches. Alors vous commencez à parler de tout ce que vous voulez. En rentrant, j'irais bien manger des gâteaux. Je connais un endroit où ils sont délicieux. Ah oui, tu es libre samedi prochain ? Qu'en penses-tu, si on allait au cinéma, depuis le temps ?… C'est fatigant. Les doigts soumis un moment plus tôt perdent leur cohérence, ferment un sac, rectifient une coiffure, s'accrochent à mon bras.

"C'est normal. Je dis ce que j'ai envie de dire et je bouge mes doigts comme j'ai envie de les bouger. Vous ne pouvez donner des ordres que dans la salle du cours de dactylographie."

— Je suis content d'avoir pu effacer votre voix. Savez-vous que si l'on sectionne ses antennes, un insecte se tient aussitôt tranquille ? Effrayé, il reste tapi et finit même par ne plus se nourrir. Eh bien c'est la même chose. Du seul fait que vous ayez perdu la parole, vous ne pouvez plus vous constituer correctement. Mais il ne faut pas vous inquiéter. Vous restez là. Vous vivez au milieu des voix affaiblies qui ont été enfermées dans les machines à écrire. Désormais je ne vous quitte plus et je vais vous contrôler. Ce n'est pas difficile. C'est un peu comme apprendre à taper à la machine.

Il m'a enfin lâchée. Je me suis affalée sur la table et j'ai pris une grande inspiration. J'avais des élancements dans la gorge.

— C'est bientôt l'heure du cours de la classe de niveau moyen. Je descends, hein.

Il a rangé son chronomètre dans sa poche intérieure.

— Le test d'aujourd'hui est un article médical. C'est assez difficile. Je m'en réjouis à l'avance. Bon, alors il faut m'attendre gentiment.

Il a fermé la porte. J'ai entendu le bruit d'une solide clef tournant dans la serrure, puis ses pas qui s'éloignaient. Je me suis retrouvée seule…

Tout en pensant que la narratrice finissait par se retrouver elle aussi enfermée dans le roman, j'ai rassemblé les feuillets que j'avais écrits ce jour-là, et après avoir posé dessus le presse-papier, j'ai éteint ma lampe de bureau. J'avais imaginé que, liés par une affection beaucoup plus tendre et ordinaire, ils devaient partir à pied tous les deux pour rechercher la voix dans une usine de machines à écrire, un phare sur un cap, le congélateur d'un laboratoire de pathologie et la réserve d'une papeterie, et cela s'était terminé ainsi malgré moi. Mais comme il arrivait souvent que l'histoire dévie vers une direction inattendue en cours d'écriture, je me suis endormie sans m'en préoccuper.

Le lendemain, quand je me suis réveillée, les calendriers avaient disparu.

En rassemblant tous les calendriers de la maison, on en comptait guère plus de trois ou quatre. Publicités pour des sociétés ou offerts en cadeau par les commerçants, aucun n'était particulièrement sophistiqué. Pour les calendriers, R ne se désolerait sans doute pas autant que pour les photographies. Si l'on y réfléchissait, ce n'était rien de plus qu'un alignement de chiffres. Bien sûr au début ce serait gênant, mais on pouvait trouver toutes sortes d'autres méthodes pour compter les jours.

J'ai brûlé les calendriers dans le petit incinérateur du jardin. Ils se sont enflammés rapidement et bientôt il n'est plus resté que trois spirales de fil de fer calciné.

Il y avait beaucoup de cendres au fond de l'incinérateur. La masse était douce, et quand je l'ai fouillée avec le tisonnier, il s'en est aussitôt élevé un nuage de poussière. En observant les cendres, il m'a semblé que les disparitions n'étaient pas quelque chose d'aussi important que la police voulait bien le croire. Lorsqu'on y mettait ainsi le feu, la plupart des choses disparaissaient. Et sans se soucier de ce que pouvait être leur forme d'origine, elles se transformaient en cendres soulevées par le vent.

De la fumée s'élevait également des maisons alentour. Elle était aspirée vers les nuages bas. Il ne neigeait plus, mais comme d'habitude le froid était très vif ce matin-là. Les enfants, leur cartable sur le dos, étaient engoncés dans leur gros manteau d'hiver. Le chien du voisin, sa tête seule pointant hors de sa niche, les yeux ensommeillés, pressait sa truffe contre la neige. Les gens rassemblés dans la rue par petits groupes bavardaient.

— Ces temps-ci, on ne voit pas le grand-père, est-ce qu'il va bien ? me demanda l'ex-chapelier par-dessus la clôture.

— Eeh, il n'était pas très en forme, mais maintenant ça va.

J'ai eu un pincement au cœur en me demandant s'il savait qu'il avait été emmené par la police secrète, mais il n'avait pas l'air d'être au courant.

— Avec un froid pareil et qui dure, on ne se sent pas bien.

— Vous avez raison. D'autant plus que ces derniers temps, il n'y a plus grand-chose au marché, et si l'on veut s'approvisionner, il faut faire la queue. Si l'on reste une demi-heure planté dans la neige, on est gelé jusqu'aux os, intervint la dame d'en face en diagonale.

— Il y a trois jours, mon petit-fils qui avait les amygdales enflées voulait manger de la crème au caramel, j'en ai cherché partout, mais il n'y en avait nulle part, dit le vieux monsieur de la maison voisine côté est qui travaillait à la mairie. La crème au caramel, c'est un luxe de nos jours. Les poules ne pondent pas à cause du froid. Hier j'ai dû faire la queue pendant une heure, et encore, je n'ai pu m'en procurer que quatre.

— Moi, pour acheter un chou-fleur, j'ai dû faire cinq marchands de fruits et légumes. Et en plus, ceux qui restaient étaient tachés et fanés.

— Les étals des boucheries se vident un peu plus chaque jour. Avant il y avait tellement de saucisses qui pendaient du plafond qu'on ne le voyait pas, mais ces temps-ci, il n'y en a plus qu'une ou deux. En plus, dès dix heures et demie, elles sont déjà vendues.

Chacun racontait à son tour les soucis qu'il avait avec la nourriture.

— Il n'y a pas que la nourriture. Le combustible pour les poêles commence à manquer. L'autre fois, il m'a fait défaut le soir, alors que le froid était insupportable, et en plus je commençais à avoir mal aux genoux alors j'ai frappé chez les voisins pour qu'ils me dépannent, mais ils ont refusé catégoriquement, dit la vieille dame qui habitait à deux maisons de chez moi.

— Ah, ce n'est pas à eux qu'il faut demander. Quand vous les croisez, ils vous ignorent, et quand vous allez chercher la cotisation de l'association de quartier, ils ne sont pas aimables, on ne sait jamais ce qu'ils pensent.

Ils parlaient de la maison voisine côté est, là où il y avait un chien. Je ne savais pas trop, mais elle était habitée par un jeune couple d'une bonne trentaine d'années sans enfants, ils travaillaient tous les deux.

Et la conversation s'orienta sur des médisances à propos de ce couple. Je voulais vite retourner chez moi mais, n'arrivant pas à trouver le bon moment pour prendre congé, j'acquiesçais comme il convient tout en faisant tomber à l'aide du tisonnier la neige entassée sur la clôture. Le chien a aboyé deux ou trois fois, comme s'il avait deviné qu'on disait du mal de ses maîtres.

— Quand même… commença l'ex-chapelier, je me demande si le printemps va finir par arriver.

Tout le monde a acquiescé en même temps.

— Si ça se trouve, il ne viendra plus, peut-être ? a murmuré la vieille dame qui avait mal aux genoux.

— Eh ? ai-je laissé échapper.

L'ex-chapelier a remonté la fermeture à glissière de son blouson tandis que je reprenais en main le tisonnier.

— Les autres années, c'était l'époque où la mousson ne tardait pas à s'inverser, si bien que les bourgeons se mettaient à gonfler sur les arbres, tandis que la couleur de la mer s'éclaircissait. Et cette année, il reste encore tellement de neige. C'est bizarre, je trouve.

— Mais n'y a-t-il pas des phénomènes atmosphériques inhabituels une fois tous les trente ans ?

— Non, ce n'est pas si simple, vous savez. Enfin, réfléchissez un peu. La disparition des calendriers signifie que l'on ne peut pas déchirer de feuille à la fin du mois. C'est-à-dire que l'on peut toujours attendre, il n'y aura plus de nouveau mois pour nous. Le printemps ne viendra pas, vous savez.

La grand-mère frottait ses genoux par-dessus ses genouillères de laine.

— Mais alors, qu'est-ce qui va se passer maintenant ?

— Si le printemps ne vient pas, l'été non plus ? Comment pourra-t-on faire pousser les légumes et les céréales dans des champs couverts de neige ?

— S'il continue éternellement à faire froid comme ça, c'est ennuyeux. Déjà qu'on n'a pas assez de combustible.

Tout le monde y allait de son commentaire anxieux. Une rafale de vent encore plus froide balaya la rue. Une voiture boueuse passa lentement.

— Ne vous inquiétez pas. Vous réfléchissez trop. Les calendriers ne sont que des morceaux de papier. Encore un peu de patience. Ça va aller, ça va aller, répéta le chapelier, comme pour mieux s'en convaincre.

— Mais oui. Mais oui.

Tout le monde était du même avis.

Finalement ce fut comme la grand-mère l'avait prédit. On eut beau attendre, le printemps ne vint pas. Nous fûmes ensevelis sous la neige avec les cendres des calendriers.

16

Nous décidâmes de fêter l'anniversaire du grand-père dans la chambre secrète.

— Depuis que les calendriers ont disparu, on n'a plus rien pour se rappeler le jour des anniversaires, alors je vous en prie, ne vous en préoccupez pas, a dit le grand-père.

Il faisait preuve de discrétion, mais nous avions pris l'habitude dès avant ma naissance, de le fêter dans notre maison. Même si nous ne nous souvenions pas de la date, nous étions sûrs que c'était à la saison où les cerisiers commençaient tout juste à s'épanouir, et nous avions le pressentiment certain que cette époque n'allait pas tarder à approcher. En plus, apporter un peu d'agrément à la vie insipide de la chambre cachée ferait également du bien à R.

Je suis allée au marché tous les jours de la semaine afin d'acheter la totalité des ingrédients pour le festin. Comme le disaient les gens du voisinage, dans tous les magasins, les étalages étaient clairsemés et il y avait des files d'attente un peu partout. Il était de plus en plus difficile de se procurer des choses de bonne qualité ou sortant un peu de l'ordinaire. Mais j'ai arpenté le marché d'un bout à l'autre avec persévérance.

A la devanture du marchand de fruits et légumes, il y avait un écriteau qui disait : "Demain matin à neuf heures, arrivage prévu de vingt kilos de tomates et quinze kilos d'asperges." Cela faisait des mois que je n'avais pas vu de tomates ni d'asperges. Si je pouvais m'en procurer, je pourrais préparer une salade de légumes frais. Le lendemain, je courus chez le marchand deux heures à l'avance, mais il y avait déjà une longue file d'attente. J'ai attendu mon tour avec tellement d'anxiété que j'ai compté et recompté à plusieurs reprises les gens qui se trouvaient devant moi. Quand mon tour arriva enfin, il ne restait presque plus rien au fond des cartons. En plus, les tomates étaient petites et vertes, les têtes des asperges abîmées. Malgré tout, j'avais eu plus de chance que ceux qui avaient attendu sans pouvoir rien acheter.

J'ai fait le tour de tous les commerces de fruits et légumes du marché, où je me suis procuré aussi un petit paquet de verdure pour décorer les plats, des champignons grêles dont je ne connaissais pas le nom, une poignée de haricots manifestement charançonnés, trois poivrons rouges et trois poivrons verts, et un pied de céleri aux feuilles fanées.

Mais j'ai donné le céleri à une grand-mère qui mendiait.

— Excusez ma grossièreté, mademoiselle, mais les feuilles qui sortent de votre sac en papier, ce ne serait pas du céleri par hasard ? Si ce n'est pas trop demander, vous ne pourriez pas m'en céder un peu ? m'avait-elle demandé poliment en s'approchant de moi. Je suis tombée sur la route enneigée, je ne retrouve plus mon porte-monnaie et je suis complètement perdue. Avec toute cette neige, les personnes âgées sont dans l'embarras. Regardez comme mon panier est vide.

Elle avait mis sous mes yeux son panier à provisions en plastique tressé. Il n'y avait rien à l'intérieur. Bien sûr, j'aurais pu passer mon chemin en l'ignorant, mais je ne sais pourquoi, la cavité de son panier à provisions me parut si triste que j'y glissai le céleri.

Le lendemain et le surlendemain, je la revis en plein milieu du marché qui présentait son panier vide à quelqu'un. J'ai cherché à nouveau du céleri, mais il n'y en avait nulle part.

Le marché était toujours plein. Dans les allées entre les boutiques, la neige s'entassait au milieu des trognons de légumes, écailles de poissons, capsules de bouteilles de jus de fruits et sacs en plastique. Les gens, serrant fermement leurs achats pour ne pas les faire tomber, marchaient les yeux brillant à la recherche de quelque chose de valable. Des rires ou des petites disputes jaillissaient ici ou là devant les étalages.

Je voulais encore toutes sortes de choses. Du beurre pour préparer le gâteau, du vin, des épices, des fruits pour la salade de fruits, des fleurs, une nappe en dentelle, des serviettes neuves… Mais je ne pus même pas en acheter la moitié. Parce qu'il fallait que je garde de l'argent pour le cadeau, le plus important.

J'ai pu me procurer aisément de la viande et du poisson. Les marchands étaient des amis du grand-père. Le boucher est arrivé du fond de sa boutique un paquet à la main en disant :

— Je vous ai gardé la chair la plus tendre du poulet.

La ficelle était nouée joliment, comme pour un paquet-cadeau.

Le poissonnier me fit choisir le poisson que je voulais parmi ceux qui nageaient dans un baquet. J'ai hésité longtemps avant d'en choisir un d'environ quarante centimètres de long, à la nageoire dorsale tachetée.

— Mademoiselle, vous avez l'œil. Celui-ci, c'est un bon, sa chair est ferme. C'est rare d'en pêcher des comme ça. Vous en avez de la chance.

Tout en disant cela, il avait saisi le poisson qui se débattait pour le poser sur une planche, avant de l'assommer d'un coup sur la tête avec un bâton ressemblant à un pilon, de l'écailler et le vider avec adresse. Je l'ai rapporté à la maison en le serrant précieusement dans mes bras.

Ce jour-là, le grand-père est arrivé pile à l'heure de notre rendez-vous. Il portait son unique veston, une cravate rayée, et ses cheveux étaient soigneusement lissés à la lotion capillaire.

— Je suis heureuse que vous soyez venu. Entrez je vous prie.

Etait-il préoccupé par son nœud de cravate ? il s'est incliné plusieurs fois pour me remercier en portant la main à son col.

Arrivé au pied de l'échelle de la chambre secrète, il a poussé un cri de surprise.

— Eh bien, mais c'est absolument magnifique !…

— Malgré l'exiguïté, avec le décor ça ressemble à quelque chose, n'est-ce pas ? J'ai fait tout cela avec R, lui répondis-je fièrement.

Nous avions d'abord rangé sur les étagères toutes les choses qui n'étaient pas en relation avec l'anniversaire, et nous avions installé entre cette étagère et le lit une table pliante autour de laquelle on pouvait s'asseoir. Avec cela, presque tout l'espace était rempli. De la vapeur s'élevait des plats déjà posés sur la table. Entre les plats étaient disposées des fleurs sauvages cueillies au bord des chemins. Comme la nappe était vieille et usée, j'avais fait en sorte de multiplier les assiettes pour en dissimuler les taches. J'avais arrangé les couteaux et les fourchettes, les verres et les serviettes le plus joliment possible.

— Allez, asseyez-vous. Votre place est ici.

Ce fut assez difficile pour chacun de nous trois de s'asseoir. Sur la pointe des pieds, il fallait déplacer son corps avec précaution dans cet espace réduit, en faisant attention à ne pas se cogner aux plats ni aux fleurs. R, nous prenant par la main, réussit tant bien que mal à nous faire asseoir sur le lit avant de prendre place à son tour sur l'unique chaise.

C'est R qui a débouché le vin. Dans la vieille bouteille tout abîmée, on aurait dit de l'eau savonneuse trouble. Je n'avais rien pu me procurer d'autre que ce vin douteux fabriqué clandestinement par le quincaillier dans son arrière-cour. Mais je fus soulagée de constater qu'une fois versé dans nos verres, à la lumière du plafond, il brillait d'une jolie couleur rose pâle.

— Bon, alors portons un toast.

En levant un tout petit peu la main, nous avons pu rapprocher nos verres pour qu'ils se touchent.

— Bon anniversaire ! avons-nous crié en chœur, R et moi.

Ce à quoi le grand-père a ajouté :

— Prions pour que vous vous en sortiez tous les deux sains et saufs.

— A votre santé.

Nous avons entrechoqué nos verres.

Cela faisait longtemps que nous ne nous étions pas retrouvés aussi en joie. R était beaucoup plus bavard que d'habitude, le grand-père plissait les yeux de bonheur, et il m'avait suffi d'une gorgée de vin pour que mon visage prenne des couleurs et que je me sente bien. On aurait dit que nous avions tous oublié l'endroit où nous nous trouvions.

Et pourtant, lorsque de temps en temps nous éclations de rire, nous nous regardions aussitôt d'un air affolé, plaquant la main sur notre bouche.

Ce fut toute une histoire pour partager le poisson. Cuit à l'étouffée avec du saké, mis en valeur par les légumes verts tout autour, il était posé sur un plat ovale.

— Vais-je y arriver ? Je ne suis pas très habile, je vais certainement le réduire en miettes. Vous ne voudriez pas le faire à ma place ?

— Non. C'est à la maîtresse de maison de servir le plat principal.

— Mais c'est un poisson magnifique, dites donc.

— N'est-ce pas ? Sa nageoire dorsale était joliment mouchetée, mais ça a disparu à la cuisson.

— Il y a une légère dépression au sommet de la tête.

— C'est la trace laissée par le coup que le poissonnier lui a porté pour l'assommer. Il était encore vivant il n'y a pas si longtemps, il ne peut pas être mauvais. Si j'avais utilisé des branches de céleri pour le parfumer, il aurait été encore meilleur.

— Allez, servez-lui un bon morceau du dos, là où c'est le plus fin.

— Oui, bien sûr. Grand-père, faites attention aux arêtes.

— Oui, je vous remercie.

Il n'y avait pas de silences dans la conversation. Nos voix, les bruits de vaisselle entrechoquée, celui du vin versé dans les verres, les grincements du lit, tout se mélangeait et remplissait la chambre cachée, sans pouvoir s'échapper où que ce soit.

En plus du poisson, il y avait de la soupe aux pois, une salade de crudités, des champignons sautés, et un pilaf de riz au poulet. Ce n'étaient que des plats simples, en petites quantités. R et moi passions notre temps à faire en sorte que l'assiette du grand-père ne soit jamais vide, en lui servant les meilleurs morceaux. Le grand-père mangeait avec lenteur et recueillement.

Lorsque tous les plats furent terminés, nous avons rangé les assiettes sous la table, afin de servir le gâteau.

— Excusez-moi, je n'ai pas pu en faire un plus grand, dis-je en le posant devant le grand-père.

C'était un gâteau pitoyable, qui aurait pu tenir sur la paume de la main, sans crème, ni chocolat, ni fraise pour le décorer.

— Mais pas du tout ! Il ne peut pas y avoir de plus beau gâteau au monde, répondit-il, alors qu'il le regardait en faisant tourner l'assiette.

— Nous allons le garnir, dit R sortant de sa poche de fines bougies d'anniversaire, qu'il prit délicatement entre le pouce et l'index pour les poser dessus. Un peu trop de force aurait suffi à le réduire en miettes. Parce que les œufs, le beurre et le lait étaient en bien moins grande quantité que dans la recette, si bien qu'il était sec et manquait de souplesse.

— J'éteins, ajouta-t-il après les avoir toutes allumées avec une allumette, et il tendit le bras pour éteindre la lampe.

Dès qu'il fit noir, nous nous sommes inconsciemment rapprochés l'un de l'autre. Les flammes étaient si proches qu'elles réchauffaient nos joues.

Les ténèbres s'étendaient derrière nous. Des ténèbres douces, comme un voile nous enveloppant tous les trois, sous lequel nous nous serions dissimulés. Les bruits, le froid et le vent extérieurs n'arrivaient pas jusque-là. Seul notre souffle faisait vaciller les flammes.

— Allez, soufflez, dis-je.

— Oui.

Le grand-père a soufflé petit à petit très doucement, comme s'il craignait de voir s'envoler le gâteau en même temps que les bougies.

— Félicitations.

— Félicitations.

R et moi avons applaudi.

— J'ai un présent pour vous. Vous voulez bien l'accepter ?

Pendant que R rallumait la lumière, j'ai sorti le cadeau que j'avais caché sous le couvre-lit. C'était un ensemble pour se raser en faïence, que j'avais trouvé chez le marchand de couleurs, où l'on pouvait mettre le savon, le rasoir et la poudre.

— Eh bien, mais comment avez-vous pu trouver aussi un cadeau ?... Je ne le mérite pas.

Comme d'habitude lorsque je lui offrais quelque chose, il le reçut respectueusement à deux mains, comme s'il allait le présenter sur l'autel domestique.

— Eh, mais dites donc, il est superbe, souligna R.

— Cela me fera plaisir que vous le mettiez dans le cabinet de toilette du ferry pour l'utiliser tous les matins.

— Bien sûr que oui. Et j'en prendrai bien soin. Mais mademoiselle, qu'est-ce que c'est que cette chose moelleuse qui se trouve ici ?

Il avait pris entre ses doigts la houppette destinée à se poudrer, qu'il regardait avec curiosité.

— Quand on met cette poudre après s'être rasé, on évite le feu du rasoir. Tenez, on l'utilise de cette façon.

J'ai donné des petits coups de houppette sur son menton, et il a fermé les yeux si fort que ses cils furent cachés par ses paupières, en tordant les lèvres comme si cela le chatouillait.

— Mais savez-vous que c'est très agréable ?

Il se caressa le menton à plusieurs reprises, comme si la sensation de la houppette n'en finissait pas de disparaître. R qui enlevait les bougies du gâteau se mit à rire.

— Il y a aussi un cadeau de ma part, dit-il alors qu'après avoir mangé le gâteau dont il y avait à peine trois petites bouchées, nous sirotions lentement notre thé dont nous n'avions qu'une tasse chacun.

— Eh bien ça alors. Vous qui êtes dans une situation si difficile en ce moment, vous ne devriez pas vous soucier d'une personne âgée comme moi, dit le grand-père avec confusion.

— Si. Je veux vous montrer moi aussi ma reconnaissance. Bien sûr, je n'étais pas en mesure de préparer quelque chose d'important, mais…

Il a fait faire un demi-tour à sa chaise pour sortir du tiroir de son bureau une petite boîte en bois à peu près de la même taille que le gâteau que j'avais confectionné. Le grand-père a laissé échapper un cri étouffé. Nous avons observé avec attention la boîte posée sous nos yeux.

Entièrement recouverte d'un vernis marron foncé, la boîte était sculptée de motifs géométriques en forme de losanges imbriqués. Le socle avait quatre petits pieds en forme de griffe de chat. Au centre du couvercle fixé avec des charnières était incrustée une bille de verre bleu, dont l'éclat présentait des nuances subtiles selon l'angle d'orientation de la lumière. Elle n'était pas d'une forme particulièrement remarquable, mais elle avait quelque part un aspect familier qui donnait envie de la prendre entre ses mains pour l'ouvrir.

— Elle m'appartenait autrefois. Je l'utilisais pour y ranger mes épingles de cravate ou mes boutons de manchette. Je suis désolé qu'elle ne soit pas neuve. Mais maintenant on peut toujours en chercher partout des comme ça, on ne peut plus en trouver. C'est ce qui fait qu'elle est précieuse.

Tout en disant cela, R ouvrit le couvercle. Sur le moment, j'eus l'illusion de voir un rai de lumière chaude éclairer ses mains. Nous avons rapproché nos visages en même temps, le grand-père et moi, en retenant notre respiration. Après le bref grincement des charnières, nous venions d'entendre soudain une musique provenir de la boîte.

Mais je ne savais pas très bien si l'on pouvait vraiment qualifier cela de musique. L'intérieur de la boîte était tapissé de feutre et il y avait un miroir à l'intérieur du couvercle, mais aucun mécanisme apparent. Pas de disque qui tournait, elle ne recelait aucun instrument de musique. Et pourtant, une mélodie s'en échappait.

Elle pouvait tout aussi bien ressembler à une berceuse, un vieil air de musique de film ou un cantique religieux. Il me semblait que ma mère la fredonnait de temps à autre, mais je n'arrivais pas à m'en souvenir exactement. Le timbre en était différent de celui des cordes ou des cuivres, d'une sorte que je n'avais jamais entendue jusqu'alors. Elle était simple mais elle avait un style particulier, et bien que donnant l'impression d'un murmure, elle n'était pas faible. A force de rester immobile à tendre l'oreille, je finissais par sentir remonter en moi la sensation que le marais insondable de mon cœur qui absorbait tout à chaque disparition en était tranquillement remué.

— Me direz-vous d'où provient ce bruit que l'on entend ?

Le grand-père avait ouvert la bouche en premier. Il est certain que le plus curieux était ce son.

— C'est la boîte qui joue.

— Mais elle est là immobile. Personne ne la touche, elle ne bouge nulle part. Alors pourquoi ? Il y a un truc ou quoi ? ai-je demandé.

Mais R s'est contenté de sourire en silence.

Bientôt, le rythme s'est progressivement ralenti. L'équilibre se rompait, les sons se mettaient à tomber l'un après l'autre en hésitant. Le grand-père jeta un coup d'œil au miroir en penchant la tête d'un air inquiet. Soudain, en plein milieu de la mélodie, une dernière note s'éteignit brusquement et la chambre secrète retrouva son calme.

— Elle est cassée ? murmura le grand-père avec inquiétude.

— Non, ne vous en faites pas.

R retourna la boîte, tourna trois fois un remontoir fixé dessous, et la mélodie reprit de plus belle, avec encore plus d'entrain qu'avant.

— Aah… nous sommes-nous exclamés en même temps et le grand-père, surpris, a continué :

— C'est magique. Puis-je vraiment accepter un objet aussi magnifique ?

Comme s'il s'attendait à ce que la magie disparaisse s'il y touchait, il avait approché craintivement la main de la boîte avant de la reposer sur son genou sans l'avoir touchée. Il répéta plusieurs fois le même geste.

— Ce n'est pas aussi magique que ça, vous savez. C'est une boîte à musique, orugoru*, dit R.

— Oru…

— … Goru ?

* Pour "orgel". *(N.d.T.)*

Nous avions prononcé chacun la moitié du mot, le grand-père et moi.

— Oui, c'est ça.

— Ça résonne joliment, je trouve.

— On dirait le nom d'une fleur ou d'un animal rares.

Pour mémoriser ce mot, il nous fallut le prononcer plusieurs fois à mi-voix.

— C'est un coffret décoratif qui joue tout seul de la musique grâce à un mécanisme à ressort. Vous ne vous en souvenez pas ? Le voir n'éveille rien en vous ? Il devait bien y en avoir au moins un ou deux dans cette maison ? Dans le coin d'une vitrine, dans un tiroir ou sur une psyché. Et de temps à autre, on se rappelle son existence et on remonte le ressort. Alors, pendant un petit moment, on peut entendre une mélodie nostalgique qui se répète.

Je voulais à tout prix trouver une réponse satisfaisante pour R, mais j'avais beau me concentrer, je ne voyais qu'une curieuse petite boîte devant mes yeux.

— Vous voulez dire qu'il s'agit d'une chose qui a déjà disparu ? avança le grand-père.

— Oui. C'est une histoire déjà assez ancienne. Je me demande quand exactement je me suis rendu compte que contrairement aux autres je ne perdais rien. Je ne m'en souviens plus très bien, mais je crois que ce fut peut-être au moment de la disparition des boîtes à musique. Je n'ai parlé à personne de mon secret. J'ai senti instinctivement qu'il fallait garder le silence. C'est ensuite que j'ai décidé de cacher le plus possible d'objets qui disparaissaient. J'étais absolument incapable de m'en débarrasser aussi facilement. Avec la sensation éprouvée à les toucher, je voulais apprécier la fermeté de mon cœur. Cette boîte à musique est le premier objet que j'ai caché. J'ai décousu le fond de mon sac de sport pour le dissimuler à l'intérieur.

R a remonté ses lunettes du bout de son index. Les assiettes à dessert et les tasses vides encerclaient la boîte à musique.

— Alors je peux encore moins accepter quelque chose d'aussi précieux.

— Bien au contraire. Si je vous offre un objet, je pense que le mieux est de le choisir parmi ceux que j'ai cachés ici. Bien sûr, ne croyez pas que je veuille vous dédommager avec quelque chose d'aussi insignifiant de tous les risques que vous avez courus à cause de moi. J'en suis parfaitement conscient. Je souhaite seulement faire tout mon possible pour empêcher le dépérissement d'atteindre votre cœur. Mais je n'ai aucune idée de comment je pourrais le faire. Je me disais que si vous teniez entre vos mains un objet disparu, son toucher, son poids, son odeur ou son bruit pourraient peut-être avoir sur vous un effet bénéfique.

R a retourné à nouveau la boîte à musique pour remonter le ressort. Elle a repris sa mélodie du début. Je voyais se refléter dans le miroir le nœud de cravate du grand-père et mon oreille gauche.

— Vous pensez vraiment que nos cœurs dépérissent ? ai-je questionné en le regardant.

— Je ne sais pas si le mot est approprié, mais la seule chose sûre est qu'ils se dénaturent d'une certaine manière. De plus, cette altération n'est pas aisément réversible. Vu de mon côté, je me demande ce qu'il y a au bout de cette direction, et c'est très angoissant.

R passait sa tasse de sa main droite à sa main gauche. Le grand-père observait toujours la boîte à musique.

— Au bout… hein ? ai-je murmuré pour moi seule.

Ce n'est pas que je n'y avais pas déjà réfléchi. La fin, le bout, l'ultime, combien de fois n'avais-je pas essayé de m'approcher de la destination finale de mon cœur à l'aide de ce genre de mots ? Mais cela ne marchait jamais. Et je ne pouvais pas continuer longtemps à réfléchir à cette question, car lorsque je m'immergeais dans le marais insondable de mon cœur, tous mes sens étaient paralysés et je suffoquais. J'avais beau en parler au grand-père, il se contentait de me répéter qu'il ne fallait pas m'inquiéter.

— Mais quand même, avoir ainsi sous les yeux un objet disparu, cela met dans une drôle de disposition, ne trouvez-vous pas ? dis-je. Enfin, c'est quelque chose qui en réalité n'existe pas, n'est-ce pas ? Et malgré cela, nous sommes en train d'apprécier sa forme et d'écouter sa musique. Et nous prononçons son nom, o, ru, go, ru. Vous ne trouvez pas cela étrange ?

— Il n'y a rien d'étrange, vous savez. Cette boîte existe bel et bien devant nous. Qu'elle ait disparu ou non, elle continue à jouer de la musique. Elle répète fidèlement sa mélodie en fonction de la longueur remontée de son ressort. Son rôle se limite à cela, toujours et toujours. Ce qui a changé, c'est le cœur de tous.

— Oui, je le comprends bien. Que ce n'est pas de sa faute si elle a disparu. Mais je ne peux rien y faire. Quand j'ai sous les yeux des objets disparus, mon cœur s'agite énormément. Comme si quelque chose de dur et épineux était lancé soudain au milieu d'un paisible marais. Il se forme des rides, un tourbillon se crée au fond et la boue remonte. C'est pourquoi nous sommes bien obligés de brûler les objets, de les jeter à la rivière ou

185

de les enterrer, afin de les éloigner le plus possible de nous.

— C'est si douloureux d'entendre la sonorité de la boîte à musique ?

R, le dos rond, avait croisé les mains sur ses genoux.

— Non. Ce n'est pas du tout douloureux. Je l'accepte avec reconnaissance, s'empressa de dire le grand-père.

— Je crois qu'avec un peu d'habitude, cette agitation du cœur va se calmer. La sonorité de la boîte à musique est parfaite pour apaiser le cœur. C'est pourquoi une fois par jour c'est bien. Vous remonterez discrètement le ressort dans la cabine la plus retirée du ferry, de manière à ce que personne ne s'en aperçoive. Et bientôt, je suis sûr que vous serez en mesure d'accueillir cette sonorité. S'il vous plaît.

R a posé son front sur ses mains croisées.

— Bien sûr que oui. J'en prendrai grand soin. Je vais la ranger dans le placard du lavabo. Comme il s'y trouve déjà la boîte de poudre dentifrice, le flacon de lotion capillaire et le savon, on ne se demandera pas ce que vient faire cette boîte au milieu de tout cela. J'en ouvrirai le couvercle le matin en me rasant avec le nécessaire que la demoiselle vient de m'offrir, et le soir en me brossant les dents. N'est-ce pas élégant de faire sa toilette en écoutant de la musique ? C'est vraiment un bonheur de voir célébrer mon anniversaire à l'âge que j'ai maintenant.

Il avait le visage tout ridé, et son expression était telle que l'on ne savait pas s'il pleurait ou s'il riait. J'ai posé ma main sur son dos.

— C'était une très belle fête d'anniversaire, je trouve.

— Aah, pour moi aussi c'est la première fois que j'assiste à une fête aussi joyeuse. Tenez, grand-père. Prenez-la.

R a tendu la main pour faire glisser la boîte vers lui. La sonorité, se répercutant contre les murs de la chambre cachée, s'est mise à danser autour de nous. Le grand-père a doucement refermé le couvercle à deux mains, comme pour montrer que ce serait terrible s'il cassait la boîte en le faisant trop brutalement. Les charnières grincèrent à nouveau, la musique s'arrêta dans un soupir.

C'est à cet instant précis que la sonnette a résonné dans l'entrée, stridente.

17

Je me raidis, saisissant instinctivement le bras du grand-père. Lui, la boîte à musique toujours posée sur ses genoux, m'entoura les épaules de son autre bras. R, immobile, avait levé les yeux.

Pendant ce temps-là, le carillon sonnait sans arrêt. On entendait également des coups de poing sur la porte.

— Les traqueurs de souvenirs, murmurai-je.

Je n'ai pas reconnu ma voix tellement elle tremblait.

— La porte est fermée à clef ? questionna le grand-père.

— Oui.

— Alors il faut aller leur ouvrir.

— Ce ne serait pas mieux de faire semblant d'être absents ?

— Non. Ils défonceraient la porte pour entrer. Et ils nous soupçonneraient encore plus. On va les accueillir d'un air dégagé, et les laisser fouiller la maison autant qu'ils le voudront. Pas de problème. Cela va bien se passer, dit-il d'une voix ferme.

Et il ajouta, en reposant la boîte à musique sur la table :

— Je suis désolé, mais pouvez-vous la garder un moment à l'abri ?

R a acquiescé en silence.

— Allez, mademoiselle, dépêchons-nous.

Nous nous sommes pris par la main, et nous avons franchi en nous cognant les quelques pas qui nous séparaient de l'échelle.

— Ne vous inquiétez pas. Je reviendrai à coup sûr chercher mon précieux cadeau d'anniversaire, lui dit encore le grand-père du milieu de l'échelle.

R se contenta d'acquiescer en silence.

J'ai refermé l'entrée de la chambre cachée tout en priant pour que la trappe ne soit ouverte par personne d'autre que nous deux.

— Police secrète. Ne touchez à rien dans la maison tant que les recherches ne sont pas terminées. Croisez les mains derrière le dos, tous les deux. Interdiction de parler. Désormais vous devez nous obéir. Dans le cas contraire, vous serez aussitôt placés en état d'arrestation.

Ils étaient cinq ou six au total. Ils devaient avoir l'habitude de répéter cette déclaration ici ou là à l'entrée des maisons. Dès que l'un d'eux l'eut dit rapidement, ils entrèrent tous ensemble.

Dehors il neigeait beaucoup. On apercevait des camions vert foncé arrêtés devant d'autres maisons du voisinage. La tension était perceptible dans la tranquillité de la nuit.

Leur manière de faire était comme d'habitude. Efficace, radicale, systématique et sans émotion. Cuisine, salle à manger, salon, salle de bains, sous-sol, la perquisition se poursuivait rapidement. Ils avaient gardé leurs bottes et leur manteau. Comme si les rôles avaient été répartis à l'avance, certains déplaçaient les meubles, tandis que d'autres sondaient les murs ou fouillaient les tiroirs. La neige de leurs bottes fondait, tachant le sol.

Comme les policiers nous l'avait ordonné, nous étions debout adossés à un pilier de la galerie, les mains croisées derrière le dos. Ils paraissaient concentrés sur leur tâche, mais ne nous quittaient pas des yeux, si bien que nous ne pouvions même pas échanger un regard discret ni nous rapprocher l'un de l'autre. Parce que nous avions précipitamment quitté la chambre secrète, la cravate du grand-père était tordue, mais son regard était droit. Pour me calmer, j'essayai de me rappeler la mélodie de la boîte à musique que nous avions écoutée un moment plus tôt. Alors que cela n'avait duré que quelques instants, je réussis à m'en souvenir en entier, du début jusqu'à la fin.

— Qui êtes-vous ? Pourquoi êtes-vous là ?

Celui qui paraissait leur chef désignait le grand-père.

— Je m'occupe des petits travaux domestiques. Je fréquente cette maison depuis longtemps, c'est comme si je faisais partie de la famille, répondit-il d'un ton ferme après avoir pris une inspiration.

L'homme le dévisagea de la tête aux pieds puis retourna à son travail.

— L'évier est sale. Vous étiez en train de cuisiner ? dit en se tournant vers nous celui qui inspectait la cuisine.

L'évier contenait un tas de casseroles, la poêle, le bol et le fouet à battre les œufs en neige que j'avais utilisés pour préparer l'anniversaire. Il est certain que pour une cuisine de femme vivant seule, elle était bien trop en désordre. De plus, comme nous n'avions pas encore rangé la chambre cachée, il n'y avait pas une seule assiette sale. Et il n'y avait aucune trace de repas sur la table de la salle à manger. Le policier avait-il senti que ce n'était pas naturel ? Je compris que la vitesse de la mélodie que je murmurais en mon cœur allait de plus en plus vite.

— Oui, avais-je eu l'intention de répondre clairement, mais je ne laissai échapper qu'un faible soupir.

Le grand-père se rapprocha de moi d'un demi-pas.

— Je prépare et je congèle de la cuisine pour une semaine, ajoutai-je, étonnée moi-même de cette idée absurde.

C'est vrai, s'il y avait eu de la vaisselle pour trois personnes dans l'évier, cela aurait paru encore plus suspect. Alors, au lieu de trembler, je devais plutôt me réjouir de ma chance, me dis-je.

Après avoir soulevé la casserole où j'avais cuit les légumes verts et le bol où j'avais mélangé la pâte du gâteau pour y jeter un coup d'œil, l'homme s'éloigna de l'évier afin d'inspecter le placard à épicerie. Soulagée, j'ai avalé ma salive.

— A l'étage maintenant.

Au signal de leur chef, les policiers se rassemblèrent sur un rang et gravirent l'escalier l'un derrière l'autre. Nous les avons suivis à notre tour.

Ce brouhaha et ces piétinements arrivaient-ils jusqu'à R ? Je réfléchissais. Dans la mesure où plus on se recroqueville plus on se sent en sécurité, se tenait-il le dos rond, les genoux serrés entre les bras ? Puisque la chaise et le lit grinçaient, pour éviter le bruit il devait être assis sur le sol. Pour que son souffle ne s'échappe pas vers l'extérieur, il devait certainement respirer au minimum. Et la boîte à musique, à ses côtés, veillait sur lui.

Les recherches à l'étage furent d'autant plus soigneuses que le nombre de pièces était réduit. Les policiers faisaient exprès des bruits violents, soulevaient quelque chose pour l'exposer à la lumière électrique, jouaient avec le mécanisme de leur arme, il me semblait que chacun de leurs gestes avait une signification importante, ce qui rendait ma respiration difficile.

Nous étions adossés à la fenêtre au nord du couloir. Mes bras croisés derrière moi devenaient de plus en plus lourds. La rivière sous la fenêtre s'enfonçait dans la nuit, on n'en distinguait pas le cours. Les maisons voisines étaient-elles également aux mains des traqueurs de souvenirs ? toutes leurs lampes étaient allumées. Le grand-père émit une petite toux discrète.

A travers l'embrasure de la porte nous apercevions l'intérieur du bureau. Un policier qui venait de sortir tous les livres éclairait avec sa lampe torche l'espace entre le bois du fond de la bibliothèque et le mur. Un autre qui avait soulevé le matelas du lit tentait d'en enlever la housse. Un autre encore parcourait les feuilles manuscrites rangées dans le tiroir du bureau. A cause de leur long manteau à carrure épaulée, ils paraissaient grands. Ils étaient intimidants comme s'ils dominaient tout.

— C'est quoi ça ? questionna l'homme, la liasse de feuilles à la main.

C'était dangereux qu'ils s'intéressent au bureau. Parce que derrière les dictionnaires était dissimulé le haut-parleur.

— Un roman, répondis-je en direction de l'embrasure de la porte.

— Roman ? répéta le policier comme s'il prononçait un mot ignoble, avant de jeter le paquet sur le sol en grognant. Les feuilles s'y éparpillèrent en tous sens. C'était peut-être le genre de personne à n'avoir encore jamais lu un seul roman, et qui n'en lirait peut-être jamais de sa vie. C'était mieux ainsi. En même temps qu'il se désintéressait du manuscrit il s'éloigna des dictionnaires.

Les bottes piétinaient le tapis. Bien imprégnées de graisse, frottées avec soin, elles paraissaient lourdes et il fallait sans doute beaucoup de temps pour les enlever. A ce moment-là, je me rendis compte de quelque chose de grave. Un coin du tapis, bien que tout petit, était retourné.

C'était moi qui étais passée la dernière, avais refermé la trappe et remis le tapis en place. Même si je m'étais dépêchée, pourquoi ne l'avais-je pas fait plus soigneusement ? S'ils s'en apercevaient et le soulevaient rien qu'un peu, l'accès à la chambre cachée apparaîtrait aussitôt.

Je ne pouvais plus quitter l'endroit des yeux. Je savais que cela augmentait le danger qu'ils s'en aperçoivent mais je ne pouvais pas faire autrement. Le grand-père s'en était-il aperçu ? Je lui ai jeté un coup d'œil. Il se contentait de regarder au loin comme s'il voulait percer la nuit.

Les bottes allaient et venaient sans cesse sur le coin du tapis. Il n'était retourné que de quatre ou cinq centimètres, et en temps normal on ne l'aurait sans doute pas remarqué, mais maintenant le morceau se détachait nettement devant mes yeux, emplissant tout mon champ de vision. Même de quelques centimètres, il offrait au-dessus du sol une prise parfaitement adaptée pour être saisie entre le pouce et l'index.

— C'est quoi ça ? demanda soudain l'un des policiers.

Pensant qu'il avait remarqué le tapis, sans raison j'ai posé instinctivement mes deux mains sur ma bouche.

— Qu'est-ce que c'est ?

L'homme se rapprochait à grandes enjambées. J'ai laissé échapper un éclat de la mélodie de la boîte à musique comme si le ressort du mécanisme venait de se briser. Sinon, j'aurais été à deux doigts de pousser un cri.

— Gardez les mains croisées dans le dos, ordonna-t-il d'une grosse voix gutturale.

Tout en serrant mes mains qui commençaient à trembler, je les ai doucement ramenées derrière moi.

— Pourquoi est-ce encore là ?

Il brandissait sous mon nez une petite chose rectangulaire. J'ai cligné des yeux. C'était un carnet oublié dans mon sac.

— Il n'y a pas de raison particulière, répondis-je après avoir bloqué le mécanisme de la boîte à musique dans ma tête. C'est seulement que je l'avais oublié. Parce que je ne l'utilisais presque jamais…

La question que l'homme m'avait posée concernait mon carnet. Il n'avait pas remarqué le tapis, essayai-je de me convaincre. Avec ce carnet, il n'y avait pas de problème. Rien d'important n'y était noté. Tout au plus le jour où le linge du pressing était prêt, celui du nettoyage des caniveaux de la ville ou du rendez-vous chez le dentiste.

— La disparition des calendriers signifie que les jours et les dates ne nous sont plus d'aucune utilité. Vous devriez savoir à quoi vous vous exposez en gardant par-devers vous quelque chose qui a disparu.

L'homme feuilletait le carnet sans paraître s'intéresser au contenu.

— Il faut s'en débarrasser au plus vite.

Tout en disant cela, il sortit un briquet de la poche de son manteau, mit le feu au carnet et le lança en direction de la rivière par la fenêtre ouverte au nord. Entre ses jambes, j'apercevais le tapis. Le carnet tourbillonna en lançant des étincelles comme un feu d'artifice avant d'être avalé par la rivière. La courbe scintillante resta un moment inscrite dans les ténèbres. Au lointain se produisit un bref jaillissement.

A cet instant, comme si le bruit de la chute du carnet avait été un signal déterminé à l'avance, le chef de groupe cria : "Terminé !" Ils quittèrent rapidement les lieux, se mettant en rang avant de redescendre l'escalier. Et sans un mot pour prendre congé, sans remettre à leur place une étagère ni un tiroir, ils s'en allèrent dans le cliquetis de leur arme accrochée à leur ceinture. N'en pouvant plus, je me laissai aller sur la poitrine du grand-père.

— C'est fini maintenant, murmura-t-il en souriant.

Ils avaient été raccompagnés par le coin retourné du tapis.

Dehors, les hommes de la police secrète, ayant terminé leur chasse aux souvenirs, montaient l'un après l'autre à bord des camions s'apprêtant à repartir. Les gens du voisinage regardaient la scène à l'abri des piliers du portail de leur maison. La neige qui tombait sur leurs joues, leur cou et le dessus de leurs mains était froide mais ils ne la sentaient pas. La tension et la peur que leur corps ressentait encore ne leur en laissaient pas le loisir.

Les feux de croisement des camions, les réverbères et la neige éclairaient les ténèbres. Alors qu'un si grand nombre de personnes étaient rassemblées, tout baignait dans le calme. On aurait pu entendre le bruit de la neige entrant en contact avec le ciel nocturne.

A ce moment-là, on vit trois silhouettes sortir de la maison voisine à l'est. On ne distinguait pas leurs traits mais tous les trois marchaient sans force dans la neige, le dos courbé. Derrière eux, les hommes de la police secrète les poussaient à avancer. Leurs armes brillaient violemment.

— Je ne m'en étais pas du tout aperçu. Qui aurait pu imaginer que des gens étaient cachés dans cette maison ? monologua le vieux chapelier.

— Il paraît que le couple faisait partie d'un groupe clandestin venant en aide à ce genre de personnes.

— Peut-être que c'est à cause de cela qu'ils n'entretenaient pas de relations avec leurs voisins.

— Regardez. Ce n'est encore qu'un enfant.

— Les pauvres...

On entendait se répondre des voix entrecoupées.

Main dans la main, le grand-père et moi les regardions en silence tandis qu'ils étaient poussés sur la plateforme des camions bâchés. C'était bien un adolescent de quinze ou seize ans serré, comme soutenu, entre ses parents. Physiquement il paraissait solide, mais son cache-col de laine terminé par des pompons conservait un reste d'enfance.

Les bâches furent rabattues et la file de camions s'en alla disparaissant. Les gens du voisinage disparurent à leur tour dans leur maison. Seuls le grand-père et moi, mains toujours fortement serrées, n'en finissions pas de fixer les lointains de l'obscurité. Le chien des voisins abandonné à lui-même frottait sa tête contre la neige en reniflant.

Cette nuit-là, dans la chambre cachée, j'ai pleuré. C'était la première fois de ma vie que je versais des larmes aussi longtemps. Puisqu'en fin de compte R était sain et sauf, j'aurais dû me réjouir mais je ne sais pourquoi, incapable de contenir mes sentiments, je me suis laissé entraîner dans une direction qui me surprenait.

Mais je ne sais pas très bien si le mot pleurer est bien approprié. Je n'étais pas vraiment triste. Ni soulagée de la tension que j'avais éprouvée. Simplement, toutes sortes de pensées qui flottaient en mon cœur depuis que j'avais donné asile à R s'étaient changées en larmes qui se contentaient de couler. Et il n'y avait pas moyen de les stopper. J'avais beau serrer les dents, me persuader qu'il ne fallait pas me montrer à lui dans une attitude aussi pitoyable, il avait beau me consoler avec des mots gentils, ce fut inutile. Je ne pouvais rien faire d'autre que rester blottie immobile et en silence près de mes larmes qui coulaient toutes seules.

— Je n'ai jamais pensé que je pourrais être reconnaissante à cette pièce d'être aussi exiguë, lui dis-je toujours affalée sur le lit.

— Pourquoi ?

Il était assis à côté de moi, me caressant les cheveux ou me frottant le dos comme s'il voulait se rendre utile un minimum pour essayer de m'apaiser.

— Parce que plus c'est exigu plus on peut se sentir proche l'un de l'autre. Les nuits où comme aujourd'hui je ne peux absolument pas me retrouver seule, c'est cette exiguïté qui m'apporte la paix.

Le couvre-lit au niveau de ma joue était tiède et humide. La table pliante et les assiettes que nous avions utilisées pour notre soirée avaient été rangées, la pièce avait retrouvé son aspect habituel. J'avais seulement l'impression que l'odeur légèrement sucrée du gâteau persistait.

— Vous pouvez rester là autant de temps que vous voulez. Ce serait étonnant que les traqueurs de souvenirs viennent deux fois dans la même soirée, me dit-il penché au-dessus de moi comme s'il épiait l'expression de mon visage.

— Je vous demande pardon. En réalité, c'est moi qui devrais vous réconforter.

— Non, ça va. Vous avez eu bien plus peur que moi. Il me suffisait de rester ici sans faire de bruit.

— Les hommes de la police secrète allaient et venaient tellement bruyamment au-dessus de votre cachette. Vous avez dû entendre leurs pas ?

— Aah, acquiesça-t-il.

— Le bord du tapis était un tout petit peu retourné. Quand nous sommes sortis d'ici, le grand-père et moi étions tellement affolés que nous ne l'avons pas remis en place correctement. J'ai pensé que s'ils s'en apercevaient c'était fini. Puisqu'il était retourné de manière à donner envie de regarder dessous. C'est trop cruel, je trouve, que le destin d'un homme dépende d'un tapis aussi insignifiant. J'ai eu l'impulsion de me précipiter pour marcher dessus. J'aurais voulu le fouler de mes pieds encore et encore jusqu'à ce qu'il colle au plancher. Mais bien sûr, ce n'était pas une chose qu'il était possible de faire. J'étais apeurée comme un lapin pris au collet.

Pendant que je parlais, je n'avais cessé de verser des larmes. Je pleurais tellement, alors comment pouvais-je parler aussi facilement sans m'interrompre ? Je trouvais cela bizarre. Les sentiments, les larmes et les mots débordaient chacun de son côté dans un endroit où je n'avais pas accès.

— Je ne le savais pas. Que c'était moi qui vous avais précipitée dans un tel état.

Son regard était baissé sur le chauffage électrique à ses pieds.

— Non, je n'ai rien à vous reprocher, vous savez. Je ne pleure pas à cause d'un sentiment aussi laid. Croyez-moi. Si j'avais eu peur des traqueurs de souvenirs, je ne vous aurais pas proposé de vous cacher. Mais pourquoi est-ce que je pleure comme ça ? Je ne comprends pas. Je ne me l'explique pas moi-même. C'est pourquoi je peux encore moins y remédier.

J'ai sorti mon visage des draps, relevé mes cheveux tombés sur mon front.

— Il n'est pas nécessaire de faire l'impossible pour vouloir expliquer ce qui est inexplicable. Au lieu de cela, vous et le grand-père, vous avez été placés dans une situation délicate à cause de moi. Pendant que vous êtes ici, il vaut mieux que vous agissiez comme vous l'entendez.

— Peut-être que si je pleure sans raison, c'est la preuve que mon cœur est dans un tel état de faiblesse que je ne peux même pas me venir en aide à moi-même.

— Mais pas du tout. C'est plutôt le contraire. Votre cœur revendique de toutes ses forces son existence. La police secrète peut emporter toutes sortes de souvenirs, elle ne peut pas réduire le cœur à zéro.

— Vous croyez ?…

J'ai regardé R. En me penchant un tout petit peu, j'aurais pu facilement le toucher. Il a levé la main, essuyé du bout des doigts une larme au coin de mes yeux. Ses doigts étaient chauds. J'ai vu mes larmes couler sur le dos de sa main. Et il m'a serrée dans ses bras.

Le calme de la nuit était revenu. Ce qui s'était passé quelques instants auparavant, lorsque la sonnette avait résonné dans l'entrée et que des bottes avaient violemment piétiné au-dessus, me paraissait incroyable. Maintenant, seuls les battements de son cœur me parvenaient à travers les mailles de son sweater.

Sans me serrer, ses deux mains dans mon dos m'enveloppaient doucement. Je pus enfin m'arrêter de pleurer. Les achats au marché, la mort du poisson, la flamme des bougies posées sur le gâteau, la boîte à musique, les carnets qui brûlaient, tout me semblait appartenir à un lointain passé. Seul l'instant présent où je me trouvais ainsi avec lui tourbillonnait autour de nous à l'infini, sans trouver d'issue.

"Derrière les battements de son cœur, y a-t-il beaucoup de souvenirs oubliés de moi ?" me suis-je demandé, la joue posée contre sa poitrine.

Si cela avait été possible, j'aurais voulu les prendre un par un et les aligner devant mes yeux. J'étais certaine qu'en lui les souvenirs palpitaient, et qu'ils étaient d'une fraîcheur telle qu'en les touchant, le bout de mes doigts en aurait été revivifié. Des souvenirs sans doute incomparables avec ceux, vagues, qui me restaient, des pétales fanés engloutis par la mer ou de la cendre accumulée au fond de l'incinérateur.

J'ai fermé les yeux. Mes cils ont effleuré la laine de son sweater.

— Les gens de la maison voisine à l'est ont été emmenés dans un camion bâché, vous savez, ai-je murmuré. Ils donnaient asile à un garçon encore innocent. Je me demande depuis quand ils le cachaient. Je ne m'étais pas du tout rendu compte que quelqu'un se cachait si près de la même manière que vous.

— Et ce garçon, où a-t-il été emmené ?

Je sentais sa voix aspirée par mes cheveux.

— C'est aussi ce que je me suis demandé. C'est pour cela que j'ai scruté l'obscurité, même après la disparition des feux arrière du camion. Je suis restée immobile, sans manteau, sans gants, sans me soucier de la neige qui tombait sur mon visage. Comme si, en restant ainsi longtemps, j'aurais fini par apercevoir un jour l'endroit où allaient les souvenirs.

Il m'a prise par les épaules, a ménagé un petit espace entre nous, y a fait glisser son regard.

"Mais vous savez, j'ai eu beau attendre indéfiniment, je n'ai rien vu", ai-je voulu lui dire, mais comme il a recouvert mes lèvres, ma voix n'a pas pu sortir.

18

Je me demande combien de jours se sont écoulés depuis que j'ai été enfermée dans le clocher. Je n'en ai pas la moindre idée.

Bien sûr, avec la grosse horloge qu'il y a ici, je peux savoir l'heure quand je veux. Et deux fois par jour, à onze heures du matin et cinq heures du soir, les cloches sonnent. Au début, je comptais les jours en faisant chaque matin avec mon ongle une griffure sur le pied de ma chaise, mais maintenant je ne sais plus où j'en suis. La chaise était déjà pleine d'éraflures, alors peu à peu j'ai fini par ne plus pouvoir distinguer celles que j'avais faites. Les heures de la journée s'écoulent froidement, sans que je sache le mois, la date ni le jour que nous sommes. Mais pour moi qui suis entourée d'innombrables voix de cadavres, maintenant que je suis sa prisonnière comme il le souhaite, c'est peut-être suffisant. Connaître le jour ou la date ne me servirait sans doute à rien.

Au début, je ne voyais que les machines à écrire et le mécanisme de la grosse horloge, mais au bout d'un certain temps, j'ai fini par distinguer les détails de cette pièce.

A peu près au milieu du mur ouest, le tas de machines à écrire s'effondre brusquement. Il suffit de l'enjamber pour trouver la porte derrière laquelle il y a une petite salle d'eau et des toilettes.

Et une lucarne au-dessus du robinet. De temps en temps je monte sur le lavabo, j'ouvre la fenêtre et je regarde le paysage à l'extérieur. J'aperçois des toits, des champs, une petite rivière et un jardin public. Puisque le bâtiment le plus haut de la ville est ce clocher, il n'y a rien au-dessus de moi. Sauf le ciel qui s'étend. C'est très agréable de respirer ainsi l'air extérieur pendant un moment. Mais le lavabo ne paraît pas suffisamment solide pour supporter mon poids, des fissures sont apparues entre la cuvette et les carreaux, par où l'eau commence à fuir.

Une autre découverte, c'est le contenu du tiroir de la table. Même si je n'ai pas trouvé de choses particulièrement dignes d'attention, comme par exemple un marteau pour casser la serrure. Anneaux magiques, punaises, tube de crème mentholée, boîte vide de chocolats, paquet de cigarettes, bâtonnet pour nettoyer les ongles, coquillage, doigtier, thermomètre, étui à lunettes… C'est à peu près tout. Mais c'est mieux que rien. Il est vrai que cela met un peu d'accent à ma vie.

J'essaie d'imaginer comment tous ces objets ont fini par arriver jusqu'ici. Certainement qu'autrefois, quand l'horloge n'était pas encore automatique, l'homme chargé de son entretien vivait dans cette pièce. Son travail consistait à remonter le ressort, huiler les engrenages et faire sonner les cloches à heures fixes. A ses moments perdus, peut-être aidait-il au travail de l'église. Un vieil homme sans attaches, silencieux et sérieux. Les cigarettes et l'étui à lunettes doivent sans doute lui appartenir. Il reste quelques cigarettes, mais elles ont perdu presque tout leur parfum. Le paquet est d'un modèle ancien que l'on ne voit plus de nos jours. L'étui à lunettes, en toile, est complètement usé. Le vieil homme ne serait-il pas mort dans cette pièce ?

A moins que je ne m'amuse avec les anneaux magiques. Sans penser à rien, je passe mon temps à observer les anneaux chromés. Quoi qu'il arrive, manipuler des objets améliore mon état psychologique. Si je me rappelle l'inquiétude de mes doigts lorsqu'on m'a pris la machine à écrire, je n'ai pas à me plaindre des anneaux magiques. Mais mes doigts ont fini par se souvenir de la manière dont les anneaux sont imbriqués, ils passent de moins en moins de temps à les défaire et c'est une source de tourment.

Le baume au menthol lui aussi m'est utile. J'en mets sur mes tempes, sous mon nez, sur ma nuque. Lorsque je renifle son odeur piquante, je sens mon moral qui remonte. Ce n'est pas que je sois excitée, j'ai plutôt l'impression qu'un vent frais souffle à travers mon corps, qui calme une partie de mes nerfs. Cela continue une dizaine de minutes, jusqu'à ce que le menthol soit évaporé. Comme le tube est déjà à moitié vide, je l'utilise avec précaution, en petites quantités.

Parmi les autres choses qui ont changé l'atmosphère de la pièce, il y a le lit. C'est lui qui l'a apporté. C'est un sofa tout simple, mais je pense qu'il n'a pas dû être facile à transporter dans l'escalier à vis du clocher. Lorsqu'il est arrivé avec, on voyait à peine son corps caché derrière le matelas, et le vernis des pieds tubulaires qui traînaient par terre était écaillé. Ses mains avaient rougi, ses épaules se soulevaient et de la sueur perlait à son front. Comme c'est très rare chez lui d'avoir l'air fatigué, je me suis sentie embarrassée. Il se contrôle tout le temps. Ses vêtements, ses cheveux, ses poils, sa manière de remuer ses doigts et aussi les mots qu'il emploie, tout dépend de sa volonté. Je suis sûre que montrer sa transpiration ne fait pas partie de ses intentions.

Mais cela valait le coup pour lui d'aller jusque-là pour apporter un lit. Parce que sur ce lit, il m'a fait toutes sortes de choses.

Ici, le fracas de la cloche qui m'assaille est encore plus effrayant qu'en ville. C'est normal puisqu'elle est si proche que je pourrais la toucher. Lorsqu'il est près de onze heures et de cinq heures, je m'accroupis dans un coin de la pièce et pose ma tête sur mes genoux. Je ferme les yeux et j'arrête de respirer. Parce que je pense que le choc sera moins grand si je bloque le plus possible mes sensations. Mais à la dernière seconde, lorsque le battant de la cloche se déclenche et se met à se balancer, je sais que cette petite résistance n'a aucune signification.

Le son de la cloche suit le plafond, se cogne au mur, fait trembler le plancher, et sans trouver d'issue sature la pièce pendant de longues heures. Il pèse sur moi comme une lourde vague. J'ai beau me secouer pour la chasser, cela ne sert à rien.

Le premier jour où j'ai été amenée ici, quand la cloche de cinq heures a sonné, j'ai eu l'impression que toutes les machines à écrire avaient crié ensemble. En réalité, si toutes les touches se mettaient à frapper les lettres d'un seul coup, cela ferait sans doute un bruit aussi épouvantable, sinon plus, que cette cloche.

Maintenant, je ne sais plus laquelle était la mienne. Au début, le métal du levier et la housse conservaient leur éclat et leur souplesse, mais petit à petit, la poussière s'est déposée, la couleur s'est ternie, et j'ai fini par ne plus pouvoir la distinguer des autres. Elle est déjà complètement ensevelie sous le tas.

Est-ce vraiment comme il le dit, que chaque machine à écrire qui se trouve ici renferme la voix de quelqu'un ? Si comme les corps les voix s'affaiblissent, la plupart des choses écrasées sous le tas, ayant cessé de respirer, se sont peut-être racornies.

A un moment, m'apercevant que je ne me rappelais plus comment était ma propre voix, j'en suis restée bouche bée. Jamais je n'aurais pu m'imaginer oubliant aussi aisément une voix entendue pendant un temps bien plus long que depuis que je l'avais perdue.

Il se peut qu'en réalité, les choses que je crois fermement appartenir à moi seule même si le monde est sens dessus dessous s'éloignent de moi beaucoup plus simplement que je ne l'imagine. Si on découpait mon corps en morceaux pour le mélanger à ceux d'autres personnes et que l'on me dise : "Allez, va chercher ton œil gauche", ce serait certainement difficile de m'exécuter. C'est la même chose. Ma voix, ces temps-ci, est sans doute blottie, solitaire, dans l'interstice d'un levier au fond d'une machine à écrire.

Il me traite selon son bon plaisir. Littéralement "comme il lui plaît".

Les repas c'est lui qui les apporte. Il me semble qu'il les prépare dans la petite pièce où on fait chauffer l'eau qui se trouve derrière la salle de cours de dactylographie. Ils ne sont pas luxueux, mais leur contenu est correct. Stew, gratin, ragoût, il me semble qu'il y a beaucoup de plats en sauce.

Il pose le plateau sur la table, s'assied en face de moi. Et le menton calé dans la main m'observe fixement. Il ne porte rien à sa bouche. Je suis la seule à manger.

Je ne suis toujours pas habituée à manger de cette façon. Sans musique, ni rires, ni conversations, avaler de la nourriture sous son regard qui ne me quitte pas un seul instant est un travail qui m'use les nerfs. Cela ne me donne pas non plus beaucoup d'appétit. Je me représente les fragments de nourriture qui tombent le long de ma gorge, s'accrochent au niveau de mes côtes et descendent péniblement jusque dans mon estomac. Arrivée à la moitié j'en ai toujours assez, mais je me force à tout manger. Parce que sinon je ne sais pas ce qu'il pourrait me faire avec le reste.

— Tu as de la sauce sur les lèvres, me dit-il de temps à autre.

Je les lèche précipitamment. Puisque je n'ai pas de serviette, je ne peux pas faire autrement.

— Un peu plus à droite, me dit-il.

— Plus haut.

Ainsi me fait-il lécher mes lèvres d'une extrémité à l'autre.

— Allez, la suite.

Il a les gestes élégants d'un serveur de grand restaurant. Et moi, je détache mon pain en petits morceaux, découpe lentement la viande, bois de l'eau, et entre-temps je l'épie par en dessous.

La nuit, il me dénude, me fait me tenir debout sous la lumière et procède à la toilette de mon corps. L'eau qu'il apporte dans une cuvette est très chaude, de la vapeur flotte dans la pièce. Il met si longtemps à essuyer mon corps avec soin que toute vapeur disparaît de la pièce. Il a les mêmes gestes que lorsqu'il fait briller son chronomètre. Je me demande avec étonnement si le corps humain est composé d'autant de morceaux. On dirait qu'il n'y a pas de fin à ce travail. Paupières, racine des cheveux, partie arrière des oreilles, clavicules, aisselles, mamelons, ventre, creux des os du bassin, cuisses, mollets, entre les doigts… Il ne néglige rien. Sans montrer de fatigue, sans transpirer, sans changer d'expression, il touche tout de mon corps.

Quand c'est terminé, bien sûr c'est lui qui choisit les vêtements que je vais porter. Des vêtements d'un style étrange, comme on n'en voit généralement pas dans les magasins de confection. Je me demande même si on peut leur donner le nom de vêtement.

C'est d'abord la matière qui n'est pas ordinaire. Ils sont fabriqués à partir de plastique, papier, métal, feuilles d'arbres ou épluchures de fruits. Quand on les manipule brutalement, ils se détachent du corps, blessent la peau, compriment la poitrine. C'est pourquoi il faut s'en vêtir lentement avec précaution.

Un jour, il m'a avoué que c'était lui qui les avait fabriqués. Il imagine d'abord une image, dessine sur son carnet de croquis, fait un patron, et récupère un peu partout les matières. A ce moment-là, j'ai éprouvé une impression inexplicablement absurde. Ses doigts en train de fabriquer un vêtement devaient être si beaux. C'est ce que j'ai pensé. Les imaginer en train d'enfiler une aiguille ou découper la peau d'un fruit avec une paire de ciseaux avait pour moi autant de charme que de les imaginer en train de taper à la machine.

Il sourit d'un air satisfait lorsque, pour me glisser dans un vêtement de forme étrange, je fais des efforts pour rentrer les épaules, replier les jambes, et contorsionner les hanches. Dans l'eau complètement refroidie de la cuvette se reflète la lumière de l'ampoule au plafond. Et quand vient le matin le vêtement a roulé sur le sol, en bouchon tel un vieux chiffon usagé.

Comme on peut s'y attendre, le quotidien qui se répète avec lui dans un endroit où la voix n'existe pas me rend nerveuse. Je suis liée beaucoup plus fort par ma voix qui ne sort pas plutôt que par l'enfermement. Comme il le dit, être privé de voix équivaut à se retrouver complètement déstabilisé dans son corps.

De temps en temps, l'œil froid, il me demande :

— Tu veux faire sortir ta voix ?

Je secoue violemment la tête. Parce que je sais que cela n'avancerait à rien d'acquiescer. Au lieu de quoi, secouer la tête est une gymnastique qui me calme un peu les nerfs.

Ces derniers temps je sens mon corps s'éloigner de mon cœur. C'est comme si ma tête, mes bras, mes mamelons, mon tronc et mes jambes flottaient dans un endroit que mes mains n'atteindraient pas. Je ne peux que le regarder jouer avec. Cela aussi c'est parce que j'ai perdu ma voix. Ma voix qui reliait ma chair à mon cœur a disparu, et je ne peux plus mettre de mots sur mes sensations ou ma volonté. Je suis réduite en morceaux à toute vitesse.

Est-ce possible de fuir d'ici ? Il m'arrive bien d'y réfléchir. A l'instant où il ouvre la porte, je pourrais le bousculer et descendre l'escalier en courant. Frapper le sol avec une machine à écrire pour prévenir les élèves de la salle de cours. Démonter une machine pour en lancer des morceaux par la lucarne… Ce ne sont que des moyens sur lesquels on ne peut pas compter. D'ailleurs, même si j'arrivais à retrouver le monde extérieur, pourrais-je rassembler correctement les pièces détachées de mon corps ?

Pendant qu'il enseigne dans la salle de dactylographie, derrière le cadran de l'horloge, je jette un coup d'œil sur le monde extérieur. Le jardin de l'église est bien entretenu, il y a toujours un endroit où les fleurs s'épanouissent. Beaucoup de gens se rassemblent ici. Ils bavardent à l'ombre des arbres, lisent un livre assis sur un banc, les enfants jouent au badminton, les élèves du cours de dactylographie s'y fraient un chemin à bicyclette. De temps à autre, quelqu'un veut vérifier l'heure et lève la tête vers le cadran de l'horloge, mais bien sûr, personne ne se rend compte de ma présence.

Si je tends l'oreille, je les entends parler, mais pas jusqu'à comprendre de quoi ils parlent. Au début, j'ai cru que les voix n'arrivaient pas jusque-là parce que la distance était trop grande. Mais en réalité ce n'était pas cela. C'est simplement que je n'arrivais pas à comprendre leurs mots.

Un jour, je l'ai aperçu dans le jardin en train de bavarder en riant avec ses élèves. Vu de loin, il paraissait svelte, intellectuel et distingué. Les élèves qui l'entouraient semblaient sous le charme. Je suis la seule à savoir ce qu'il devient au sommet du clocher.

— Quelle que soit l'envie, il ne faut surtout pas regarder les touches. C'est le secret de la perfection. On cherche les touches avec les doigts, pas avec les yeux.

Il semblait parler de dactylographie. J'entendais clairement sa voix. Portée par le vent, elle arrivait directement à mon oreille par l'interstice du cadran de l'horloge. Ensuite, une élève aux cheveux courts, avec des pendants d'oreille qui se balançaient doucement, s'est tournée vers lui, a dit quelque chose.

— …

J'ai bien entendu sa voix, mais je n'ai pas compris le sens. J'ai eu l'impression que, portés par le vent, ses mots dépassaient le clocher pour être aspirés vers le ciel.

— C'est bien de fermer les yeux pour mieux sentir la machine au bout de ses doigts. Ils se souviendront des touches, bien sûr, mais aussi de la forme du levier, de l'épaisseur du rouleau et du contour de l'ensemble.

Il disait la même chose que lorsqu'il m'a enseignée autrefois. J'ai perçu chaque mot.

— ...

— ...

— ...

Plusieurs filles ont ouvert la bouche l'une après l'autre. Mais il n'y avait pas un seul mot compréhensible.

— Dorénavant, en cours, si quelqu'un regarde les touches, je lui donnerai une pénalité, dit-il.

— ...

Comme je m'y attendais, il s'est passé la même chose. Je n'arrivais pas à entendre les paroles de l'élève.

— Bon, c'est bien. On commencera demain.

Il a frappé dans ses mains. Elles se sont toutes reculées d'un coup, en laissant échapper une voix qui n'était ni un cri ni un rire.

A ce moment-là, cela a été clair. Je ne comprenais plus que ses paroles. Les mots du monde extérieur me parvenaient comme les accents grinçants d'un instrument désaccordé.

Ceci est la preuve que mon existence est entrée dans un processus de dégénérescence. Dans cette pièce de l'horloge, les choses qui ne sont pas nécessaires disparaissent rapidement. Ainsi, un jour, je serai sans doute à mon tour ensevelie dans cet endroit.

Même si je m'enfuis maintenant, il me semble que c'est trop tard. Parce que ma dégénérescence paraît déjà assez avancée. Si je fais un pas hors d'ici, mon corps finira peut-être par se briser en mille morceaux.

Maintenant, il n'y a que lui qui me retient. Seulement ses doigts. C'est pourquoi ce soir encore, j'attends le bruit de ses pas montant l'escalier du clocher…

Depuis la nuit des traqueurs de souvenirs, je n'avais pas remis les pieds dans la chambre cachée. Comme d'habitude, quand je lui apportais les repas ou de l'eau, je le voyais, mais nous n'échangions que deux ou trois paroles sans importance en haut et en bas de l'échelle. Je réfléchissais à toutes sortes de prétextes naturels pour descendre, mais finissais par refermer la trappe sans arriver à en dire aucun.

R paraissait ébranlé par le choc des traqueurs de souvenirs, car son visage n'était éclairé que d'un pâle sourire, et il lui arrivait souvent de laisser son repas. J'avais été tellement bouleversée cette nuit-là qu'il avait peut-être perdu l'occasion de manifester son émotion. Douleur lancinante d'une blessure qui suppure. Quand je refermais la trappe, j'interrompais mon geste et, soutenant le lourd battant de bois, j'épiais un instant ce qui se passait en dessous, en me disant que cela lui permettrait peut-être de me dire quelque chose avant de partir, mais il était soit assis en silence à son bureau, me tournant le dos, soit se glissait dans son lit. Il m'était insupportable de penser qu'était réduite à zéro la possibilité qu'il enlèverait le verrou intérieur, soulèverait la trappe et se glisserait sous le tapis pour venir me rejoindre. Bien sûr, c'était à cause de la situation dans laquelle il se trouvait, mais j'avais beau me le répéter, je finissais toujours par penser que c'était peut-être pour éviter de me voir.

Plus je me remémorais cette nuit-là, plus j'avais l'impression que chaque événement de cette soirée s'éloignait de la réalité. Les plats variés, le gâteau, la pile de vaisselle, les cadeaux, le vin, les bottes, le carnet brûlé, le tapis soulevé, les trois silhouettes, le camion bâché, les larmes... Je n'arrivais pas à croire que toutes ces choses m'étaient tombées dessus en une seule nuit. C'était justement à cause de cela, pour passer indemne cette nuit épouvantable, que je n'avais eu d'autre moyen que de coucher avec lui. Pour nous protéger l'un l'autre, nous nous étions cachés dans le dernier endroit qui nous restait. Me disais-je pour me réconforter.

J'ai déplacé les feuilles que j'avais écrites ce jour-là, pris le haut-parleur dissimulé derrière les dictionnaires, l'ai collé à mon oreille. Au début je n'ai rien entendu, mais en continuant patiemment à tendre l'oreille, j'ai fini par discerner les bruits discrets de la chambre secrète.

Tout d'abord des bruits d'eau. Puis une petite toux, un froissement de tissu, et le ronronnement du ventilateur. J'ai repris bien en main l'entonnoir que j'ai appuyé plus fort contre mon oreille.

Il était en train de se laver. Dans la soirée, quand je lui avais apporté l'ensemble habituel, la cuvette, un broc d'eau chaude, une bâche en plastique et une serviette, il avait dit :

— Aah, aujourd'hui c'est le jour du bain. J'avais oublié.

— Ce n'est pas un bain à proprement parler, excusez-moi.

J'avais cogné légèrement le fond de la cuvette contre la rampe.

— Même si les calendriers ont disparu, c'est une chance que vous n'oubliiez rien de ce qui est prévu, m'a-t-il dit en serrant dans ses bras tout le matériel.

J'entendais le murmure de l'eau par intermittence. Bien sûr, je ne l'avais jamais vu se laver, mais quand je tenais ainsi l'entonnoir, j'avais l'impression que ses gestes me parvenaient par le truchement de mon oreille.

Tout d'abord, il étalait la feuille de plastique pour ne pas mouiller le sol, et s'asseyait en tailleur dessus, tout nu. Ses vêtements qu'il avait enlevés étaient posés sur le lit. Il humectait rapidement la serviette avant que l'eau ne refroidisse dans la cuvette, et la faisait courir de son cou vers son dos, ses épaules, son torse et ses bras. Quand la serviette n'était plus suffisamment humide, il la trempait à nouveau dans l'eau chaude. Sa peau qui ne prenait pas l'air était pâle, et s'il frottait trop fort, elle gardait les marques de la serviette. Le visage sans expression, il s'activait en silence. Des projections de gouttes d'eau brillaient sur la bâche en plastique…

Je pouvais suivre correctement le contour de son corps. Je pouvais me représenter la manière dont chacun de ses muscles bougeait, l'angle que prenaient ses articulations, le réseau de ses vaisseaux sanguins en transparence. Même sans les bruits que je percevais à travers l'entonnoir, au fur et à mesure qu'elle se transmettait de mes tympans à ma mémoire, la sensation devenait de plus en plus nette.

A travers la fente des rideaux, pour une fois on voyait des étoiles. Et la nuit avait plaqué une couche d'obscurité sur la neige qui recouvrait la ville. De temps à autre, le vent faisait vibrer les fenêtres. J'ai détortillé le tuyau de caoutchouc. L'entonnoir dans ma paume avait tiédi. Les feuilles manuscrites sur le bureau, sous le presse-papier, étaient rassemblées correctement. Elles m'apparaissaient comme le seul billet valable pour descendre dans la chambre cachée.

J'ai perçu le bruit long et fin de l'eau chaude rajoutée dans la bassine.

19

Plusieurs semaines s'étaient écoulées depuis la soirée d'anniversaire du grand-père. Pendant ce temps-là, quelques incidents se produisirent, mais ce n'était rien en regard de ce qui s'était passé avec les traqueurs de souvenirs.

Le premier incident s'est produit lorsqu'au cours d'une promenade je suis tombée sur une vieille paysanne. Elle avait étendu une natte de joncs au bord du chemin pour vendre ses légumes. Il n'y avait pas beaucoup de variétés, mais puisqu'elle les vendait moins cher qu'au marché, j'étais tellement contente que je lui ai acheté un chou, des germes de soja et des poivrons, autant que je pouvais en transporter. Au moment où je lui tendais l'argent, elle a soudain approché son visage pour me chuchoter à l'oreille :

— Vous ne connaîtriez pas une maison sûre pour se cacher ?

Surprise, j'ai failli laisser tomber mes pièces. Croyant avoir mal entendu, j'ai répété : "Eh ?"

— Je cherche quelqu'un pour me cacher.

Sans me regarder, en glissant l'argent dans le sac accroché à sa ceinture, elle avait bien dit cela. J'ai regardé autour de moi, mais en dehors de quelques enfants qui jouaient dans le jardin public de l'autre côté, je n'ai vu personne.

— Vous êtes poursuivie par la police secrète ?
lui ai-je demandé, faisant semblant de discuter
en faisant mes achats.

La grand-mère a gardé le silence. Elle ne devait
pas vouloir en dire trop.

Je l'ai examinée à nouveau avec attention. Elle
avait l'air solide, mais ce qu'elle portait était misérable. Un pantalon défraîchi retaillé dans un
vieux kimono, un châle feutré sur ses épaules, et
des chaussures de gymnastique trouées au bout.
De la chassie était accumulée au coin de ses yeux,
ses mains tuméfiées étaient couvertes d'engelures. J'avais beau y réfléchir intensément, son visage ne me disait rien.

Mais pourquoi demandait-elle une chose aussi
délicate à une parfaite inconnue ? mon esprit était
troublé. Que ferait-elle si je la dénonçais à la police secrète ? Etait-elle vraiment à ce point dans
une impasse ? Dans ce cas, même si lui offrir un
refuge était impossible, j'avais envie de faire quelque chose pour l'aider. Mais on pouvait penser
aussi à un piège de la police secrète. S'arrangeant
pour attirer la compassion, elle essayait peut-être
de sonder le secret des cachettes auprès des gens qui
faisaient leurs courses. C'était un vilain moyen qui
leur aurait tout à fait convenu. Non, si ça se trouve,
cette grand-mère savait peut-être qu'il y avait une
cachette dans ma maison. C'est sans doute pourquoi elle s'accrochait à moi pour essayer d'en profiter elle aussi... Mais cette possibilité était faible.
Notre secret n'avait certainement pas filtré. Puisque même la police secrète ne s'en était pas rendu
compte.

Sur le moment, toutes sortes de pensées m'avaient
traversé l'esprit, mais en réalité il ne tomba de ma
bouche qu'une courte réponse :

— Je ne crois pas pouvoir vous être utile.

Je serrais sur mon cœur le sac de légumes. La grand-mère n'a plus rien dit. Sans changer d'expression, dans le tintement des pièces à l'intérieur du sac accroché à sa ceinture, elle arrangeait ses légumes.

— Pardonnez-moi, ai-je dit avant de m'éloigner d'elle à pas pressés.

Par la suite, chaque fois que je me souvenais de ses mains rougies par les engelures, mon cœur se serrait, mais dans ces cas-là il n'y avait rien d'autre à faire. Parce qu'agir à la légère aurait mis R en danger. Malgré tout, me faisant du souci pour la grand-mère, chaque jour au cours de ma promenade je passais par le même endroit. Il m'arrivait de lui acheter quelque chose, il m'arrivait aussi de passer en silence. Comme toujours elle continuait à proposer modestement ses légumes, ne montrant aucune réaction à la vue de mon visage, ne parlant plus de refuge. On aurait dit que, tout en vivant avec un problème aussi important, elle avait tout oublié de mon existence.

Une semaine plus tard, la silhouette de la grand-mère avait soudain disparu. N'avait-elle plus de légumes à vendre ? avait-elle changé d'endroit ? avait-elle trouvé refuge quelque part ? était-elle tombée sur les traqueurs de souvenirs ? je n'avais aucun moyen de le vérifier.

L'autre incident fut que l'ex-chapelier et son épouse qui habitaient en face passèrent une nuit à la maison. Ayant repeint les murs, ils me demandèrent de leur prêter une chambre pour la nuit, le temps que l'odeur disparaisse.

Bien sûr, j'ai mis à leur disposition la pièce japonaise du rez-de-chaussée, celle la plus éloignée de la chambre secrète. Même si le temps d'une journée nous devions R et moi être sur le qui-vive pour qu'ils ne s'aperçoivent de rien, cela aurait été encore plus compliqué de chercher un prétexte pour refuser.

— Il faut au moins un ou deux jours pour que la peinture puisse sécher. Et par ce froid on ne peut pas dormir la fenêtre ouverte. Nous sommes désolés de vous déranger, dit le mari.

— Je vous en prie, faites comme chez vous. Il y a beaucoup de pièces libres dans la maison.

J'avais répondu avec mon sourire le plus aimable.

Ce jour-là, je me suis levée tôt, et j'ai préparé beaucoup de sandwichs et de thé pour les apporter à la chambre secrète avant leur arrivée.

— Aujourd'hui, essayez de vous débrouiller avec ça pour les trois repas, lui dis-je, et R a acquiescé en silence.

Lui aussi était un peu nerveux.

— Et soyez attentif à ne pas faire de bruit en marchant. Ensuite, ne faites pas couler d'eau dans les toilettes.

J'ai répété la même chose jusqu'à plus soif, avant de refermer avec précaution la trappe que je ne pourrais plus ouvrir jusqu'au lendemain.

Le chapelier et sa femme, des gens simples et directs, n'étaient pas du genre à regarder partout dans la maison ou à poser des tas de questions sur ma vie privée. La femme avait passé la journée à tricoter enfermée dans la pièce tradition- nelle, quand l'homme était rentré de son travail nous avions dîné tous les trois, et après avoir re- gardé avec moi la télévision en bavardant, ils étaient allés se coucher peu après neuf heures.

Pendant ce temps-là, mes nerfs étaient restés tendus en direction de l'étage. Le moindre bruit, même ceux, mugissement de la mer, klaxons de voitures ou bruit du vent, qui n'avaient rien à voir avec R, me faisaient peur chaque fois, et j'épiais alors discrètement leur expression. Mais ils ne paraissaient concevoir aucun soupçon. Ils étaient sans doute très loin d'imaginer quelqu'un blotti discrètement dans un petit espace au-dessus du plafond. Parce que même moi, de temps à autre, je me figurais que la chambre cachée n'était peut-être qu'une illusion, fruit de mon imagination.

Le jour suivant, la peinture ayant fini de sécher, ils étaient retournés chez eux. Pour me remercier ils m'avaient offert un paquet de farine, une boîte de sardines à l'huile et un solide parapluie noir de fabrication maison.

Ensuite, on ne peut pas parler d'incident, mais il advint que j'eus à m'occuper du chien abandonné de la maison voisine côté est. Le lendemain du passage des traqueurs de souvenirs, la police secrète était venue en camion pour emporter tous les meubles, mais je ne sais pourquoi ils avaient laissé le chien. Tout en lui donnant à travers la clôture des restes de repas ou du lait, j'ai observé ce qui se passait pendant quelque temps, mais puisque personne ne semblait vouloir venir le chercher, après avoir pour la forme demandé son avis au chef de quartier, je l'ai recueilli.

J'ai demandé de l'aide au grand-père pour transporter sa niche dans le jardin et enfoncer un pieu pour y accrocher sa chaîne. J'ai aussi apporté son bol en alumite qui avait roulé dans la neige. Sur le toit de la niche était inscrit "Don" au feutre, alors je décidai moi aussi de l'appeler Don. Etait-ce celui de Don Juan ou de Don Quijote ? je ne savais pas très bien, mais c'était un chien calme et obéissant. Il s'est tout de suite habitué à moi et au grand-père. C'était un bâtard à taches marron, dont le bout de l'oreille gauche était légèrement replié. Bizarrement, il aimait le poisson blanc et lécher les maillons de sa chaîne.

Est venue s'ajouter à mon emploi du temps la promenade aux heures les plus chaudes de la journée. Comme il gelait la nuit, pour lui j'ai installé dans un coin de l'entrée une vieille couverture. Je me disais que j'allais donner à Don tout l'amour dont j'étais capable, à la place du couple de ses anciens maîtres, du garçon à qui ils avaient donné refuge, de la famille Inui et de leur chat Mizore.

Après avoir passé ainsi quelques semaines sans incident, une nouvelle disparition s'est produite. Je croyais m'y être habituée, mais cette fois-ci ce ne fut pas aussi simple. Les romans ont disparu.

Comme d'habitude la disparition a commencé le matin, et la progression s'est faite lentement. Au cours de la matinée, il n'y eut pas de changement particulier dans l'aspect de la ville.

— Chez nous il n'y a pas un seul roman, alors. C'est facile, hein. Mais chez vous, cela doit être terrible. Parce que vous en écrivez. Si je peux vous être utile, n'hésitez pas à me demander. Parce que les livres, c'est lourd, hein.

J'étais dans la rue devant la maison, à regarder autour de moi, quand l'ex-chapelier m'avait adressé la parole.

— Eeh, je vous remercie, n'avais-je pu faire autrement que de lui répondre d'une voix sans force.

Bien sûr, R s'est opposé catégoriquement à la disparition des romans.

— Vous allez apporter ici tous les livres de la maison. Et bien sûr, votre manuscrit également, me dit-il.

— Si je fais cela, la pièce va être pleine de livres. Vous n'aurez plus d'endroit pour vous poser, ai-je dit en secouant la tête.

— Juste la place pour mon corps, c'est amplement suffisant. Si vous les cachez ici, il n'y a aucune inquiétude à avoir, personne ne les trouvera.

— Oui mais qu'adviendra-t-il par la suite ? A quoi ça sert de garder en réserve des livres qui ont disparu ?

Il a appuyé ses doigts sur ses tempes en soupirant. C'est toujours ainsi quand on parle des disparitions, on a beau essayer de comprendre les mots de l'autre, le cœur de chacun ne change pas d'un iota. Plus on parle plus on devient triste.

— Vous avez toujours écrit des romans. Vous devez bien comprendre que l'on ne peut pas les placer aussi simplement dans la catégorie des choses utiles ou inutiles.

— Oui, bien sûr. Jusqu'à hier, hein. Mais maintenant, ce n'est plus le cas. Le dépérissement progresse en mon cœur.

J'avais prononcé dépérissement avec précaution, comme si je lui offrais un mot particulièrement fragile.

— Perdre les romans, pour moi c'est quelque chose de très dur. J'ai l'impression que le lien si précieux qui nous relie vous et moi est en train de se défaire.

Je le regardais fixement.

— Il ne faut pas brûler votre manuscrit. Vous allez continuer à écrire. Alors le lien ne se défera pas, dit-il.

— Mais c'est impossible. Les romans ont déjà disparu, vous savez. Même si on garde les manuscrits ou les livres, ce ne sont plus que des boîtes vides. Le contenu est creux. On peut concentrer son regard, tendre l'oreille, renifler leur odeur, cela n'exprime rien du tout. Que pourrais-je écrire ?

— Il ne faut pas s'impatienter. Il suffit de se remémorer tranquillement. D'où est-on parti, comment a-t-on trouvé les mots ? vous voyez.

— Je ne me sens pas sûre de moi. Même ainsi, le mot "roman" commence à devenir difficile à prononcer. C'est la preuve que la disparition est en train de s'installer. Bientôt j'aurai tout oublié. Impossible de me souvenir.

J'ai baissé la tête, glissé mes doigts à travers mes cheveux. Il s'est penché pour me regarder par en dessous, a posé ses mains sur mes genoux.

— Non, ça va aller. Vous croyez sans doute qu'à chaque disparition le souvenir s'efface, mais en réalité ce n'est pas cela. Il est seulement en train de flotter au fond d'une eau où la lumière n'arrive pas. C'est pourquoi il suffit d'oser plonger la main au fond pour arriver peut-être à toucher quelque chose. Que l'on ramène à la lumière. C'est insupportable pour moi de regarder sans rien dire votre cœur s'épuiser.

Il a pris mes mains, a réchauffé chacun de mes doigts.

— En continuant à écrire des romans, on peut protéger son cœur ?

— Bien sûr que oui.

Il a hoché la tête. Son souffle a atteint mes doigts.

Dans la soirée, la progression des disparitions est devenue d'un coup plus rapide. Le feu a pris dans la bibliothèque municipale, les livres de la population furent brûlés dans les jardins publics, les champs et les terrains vagues. Je voyais par la fenêtre de mon bureau le feu et la fumée s'élever de partout sur l'île pour être aspirés par les nuages qui assombrissaient le ciel. Et la neige qui absorbait la suie était grise.

Finalement, j'ai choisi une dizaine de livres dans ma bibliothèque que j'ai cachés chez R avec le manuscrit dont j'avais commencé l'écriture. Ceux qui restaient, me partageant la tâche avec le grand-père, nous les avons chargés sur une charrette à bras pour aller les brûler quelque part. Parce que tout cacher était impossible physiquement, et que pour moi qui écrivais des romans cela aurait été trop bizarre de ne rien faire lors de cette disparition-là.

Il était difficile de déterminer ce qu'il fallait garder et ce dont il fallait se débarrasser. J'avais beau prendre le livre entre mes mains, je n'arrivais déjà plus à me souvenir de son contenu. Mais comme il était possible que la police secrète vienne vérifier, il ne fallait pas traîner. Je n'ai pas pu faire autrement que de décider de garder ceux que j'avais reçus en cadeau de gens que je chérissais ou ceux dont la couverture était joliment illustrée.

A cinq heures et demie, au moment où le soleil était déjà presque couché, moi et le grand-père nous sommes partis en tirant la charrette.

Don s'est approché de mes pieds comme s'il voulait dire : "Vous ne voulez donc pas m'emmener avec vous ?"

Je l'ai fait asseoir sur sa couverture dans l'entrée en lui disant :

— Nous ne partons pas pour une simple promenade, tu sais. Nous avons quelque chose de très important à faire. Je compte sur toi pour garder la maison, hein.

Nous avons croisé plusieurs autres personnes qui portaient de lourds sacs en papier ou des ballots. Le chemin par endroits était gelé, il y avait aussi des congères, si bien que la charrette n'était pas facile à tirer. Les livres empilés s'effondraient, mais puisque de toute façon on allait les brûler, j'avançais sans y faire attention.

— Si vous êtes fatiguée, n'hésitez pas à faire une pause. Vous pouvez aussi prendre place sur la charrette, me dit le grand-père.

— Merci. Ça va, je vous assure, lui répondis-je.

Nous avons suivi l'itinéraire de l'autobus, longé le marché, et lorsque nous sommes arrivés au jardin public dans le centre, la ville était pleine d'une lumière et d'une chaleur insolites. Un gros tas de livres brûlait à grandes flammes au milieu du parc en lançant des étincelles dans le ciel nocturne. Il était entouré d'un grand nombre de personnes. Entre les bouquets d'arbres, on apercevait les silhouettes des hommes de la police secrète.

— Ça… Eh bien… C'est quelque chose, monologua le grand-père.

Les flammes, comme une énorme créature vivante, plus haut que les réverbères, plus haut que les poteaux électriques, s'élevaient en ondulant vers le ciel. Quand le vent soufflait, des feuilles enflammées s'élevaient d'un coup en voltigeant dans les airs. La neige alentour était toute fondue et à chaque pas, les chaussures s'enfonçaient dans la boue. Une lumière orange baignait le toboggan, la balançoire, les bancs et les murs des toilettes publiques. Comme si elles avaient été balayées par la vigueur des flammes, la lune et les étoiles étaient invisibles. Seules les dépouilles des livres en train de disparaître roussissaient le ciel.

Les gens, les joues rouges, levaient en silence les yeux vers le spectacle qui s'offrait à eux. Ils étaient environnés d'étincelles mais n'essayaient pas d'y échapper, ils se tenaient immobiles comme s'ils assistaient à une cérémonie solennelle.

Le tas de livres était plus grand que moi. En bas certains n'avaient pas encore pris feu mais on ne pouvait pas lire leur titre. Je concentrai mon regard sur chaque volume pour essayer de les déchiffrer, mais reconnaître l'un de ces romans n'aurait sans doute rien changé. Je pensais que si je ne les quittais pas des yeux jusqu'à l'ultime instant précédant leur disparition, je pourrais peut-être garder en mémoire quelque chose de l'intérieur de leurs pages.

Il y avait toutes sortes de livres : dans des coffrets, reliés de cuir, épais, petits, gentils, d'autres qui avaient l'air sévère… Serrés l'un contre l'autre, ils attendaient immobiles de brûler à leur tour. De temps à autre le tas s'écroulait dans un bruit sourd, tandis que les flammes redoublaient d'intensité.

A ce moment-là, soudain, une jeune femme s'est détachée du cercle des badauds, a grimpé sur un banc, et s'est mise à crier quelque chose. Moi et le grand-père avons été surpris et nous avons échangé un regard. Autour de nous des gens l'ayant entendue se sont tournés vers elle.

Elle criait si fort que personne ne comprenait ce qu'elle disait. Elle était excitée, agitait les bras, postillonnait, et l'expression de son visage était telle que l'on ne savait pas très bien si elle était en colère ou si elle pleurait.

Elle était en pauvre manteau et pantalon à carreaux, ses longs cheveux étaient tressés, et elle était coiffée d'une drôle de chose. Fabriquée dans un tissu mou, posée un peu de biais sur le sommet de son crâne. Chaque fois que son corps était violemment secoué, je me demandais avec inquiétude si ça n'allait pas tomber.

— Elle est folle ? ai-je glissé à l'oreille du grand-père.

— Ça, je ne sais pas. Elle demande qu'on éteigne le feu, je crois.

Il croisait les bras.

— Pourquoi ?

— Elle veut empêcher la disparition des romans.

— Bon, alors, ça veut dire qu'elle…

— Elle est sans doute incapable de perdre ses souvenirs. La pauvre.

Ses vociférations ressemblaient de plus en plus à des cris de douleur. Mais bien sûr personne ne tentait quoi que ce soit pour éteindre cet énorme incendie. Les gens se contentaient de la regarder avec pitié.

— En faisant ça, elle va se faire arrêter. Il faut qu'elle s'enfuie. Il faut faire quelque chose.

J'ai voulu m'approcher du banc, mais le grand-père m'en a aussitôt empêchée.

— Mademoiselle, c'est trop tard.

Trois hommes de la police secrète apparus entre les arbres la tiraient pour la faire descendre du banc. Elle s'y est opposée en s'y agrippant, mais cela n'a servi à rien. La chose informe posée sur le sommet de son crâne est tombée dans la boue.

— Personne n'effacera le souvenir des romans.

Ces derniers mots proférés alors qu'elle était entraînée par la police secrète furent les seuls que j'entendis nettement.

Les gens soupirèrent comme si la scène leur était insupportable avant de regarder à nouveau devant eux. J'avais les yeux rivés sur ce qu'elle avait laissé à terre. La chose gisait, avec encore moins de force que lorsqu'elle était sur sa tête, maculée de boue. Sa voix disant "personne n'effacera le souvenir des romans" n'en finissait pas de résonner au creux de mes oreilles.

— Mais oui, c'est un chapeau, me suis-je rappelé soudain. Un chapeau comme en fabriquait autrefois le monsieur en face de la maison. Ils ont disparu il y a plusieurs années. Ça se pose sur la tête, comme elle le faisait, hein ?

J'ai levé les yeux vers le grand-père, mais il a seulement eu l'air perplexe.

A ce moment-là, quelqu'un sorti de la haie des badauds a ramassé le chapeau, en a enlevé la boue, et l'a jeté au feu en silence. Tout en virevoltant le chapeau est tombé dans un endroit inaccessible.

— Mademoiselle, nous n'allons pas tarder à nous y mettre, voulez-vous ?

— Oui, vous avez raison, ai-je répondu en levant les yeux de l'endroit où le chapeau était tombé.

Nous avons déposé la charrette près de la fontaine et nous avons tenté de nous approcher du feu, des livres plein les bras. Mais un vent chaud qui tournait autour de nous projetait des escarbilles brûlant mon gilet et mes cheveux, si bien que j'avais du mal à m'approcher.

— C'est dangereux, je crois que c'est préférable que vous reculiez, mademoiselle. Laissez-moi faire.

— Non, ça va aller. De toute façon, on ne peut pas s'approcher plus. On va jeter les livres d'ici.

J'en ai lancé un, celui avec sur la couverture une silhouette jaune orangé sur fond turquoise, en direction des flammes. Je l'avais jeté de toutes mes forces, mais loin d'arriver au milieu des flammes, il tomba au pied du tas. Celui du grand-père s'accrocha un peu plus haut sur le tas. Les gens autour de nous ont seulement jeté un coup d'œil, sans nous adresser la parole ni changer d'expression.

Nous avons continué à lancer les livres l'un après l'autre. Nous n'en regardions plus la couverture, nous ne les feuilletions plus. Nous répétions les mêmes gestes avec détachement, de manière à nous acquitter de notre tâche. Cela ne m'empêchait pas de ressentir à l'instant même où chaque ouvrage quittait mes mains un léger crissement, comme si ma mémoire se creusait encore plus.

— Je ne savais pas que les livres brûlaient aussi bien, ai-je remarqué.

— Leur forme est petite, mais à l'intérieur ils sont pleins à craquer de papier, me répondit le grand-père sans interrompre son travail.

— Pour que tous les mots inscrits sur ces feuilles disparaissent complètement, il faudra sans doute pas mal de temps.

— Ne vous inquiétez pas. Demain ce sera terminé sans problème.

Le grand-père a sorti un chiffon de sa poche pour essuyer la sueur et la suie de son visage.

Nous en avions brûlé à peu près la moitié lorsque, laissant derrière nous le jardin public, nous avons retraversé la ville en tirant notre charrette. C'était assez fatigant de travailler à la chaleur des flammes, si bien que nous avions décidé de chercher un feu plus petit.

La ville était tranquille. Il y avait dans le ciel cette sensation de rugosité de l'air caractéristique des disparitions, mais sans le tumulte. Il n'y avait pratiquement aucun autre véhicule en dehors des camions de la police secrète, et même si la foule était dense personne ne s'attardait pour bavarder. Simplement, où que l'on soit, on entendait des livres brûler.

Nous marchions au gré de notre envie, sans faire attention à notre chemin. La charrette était d'autant plus facile à tirer qu'elle était devenue plus légère. Nous avons tourné vers le nord dans l'avenue du tramway, traversé le parking de la mairie, et nous sommes arrivés dans un quartier résidentiel. Les disparitions progressaient ici ou là au milieu des terrains vagues. Comme nous l'avions pensé, les feux qui n'étaient pas aussi importants que ceux du jardin public avaient la taille idéale pour s'y réchauffer les mains.

— Excusez-nous de vous déranger, mais est-ce possible de nous joindre à vous ? demandions-nous avant de déposer les bras de la charrette pour brûler quelques livres.

— Faites, faites. Vous pouvez même y mettre tout ce que vous avez là, nous disaient gentiment la plupart des gens, mais nous refusions en disant :

— Non, si on en met trop d'un coup le feu risque de se propager aux habitations. Nous chercherons un autre endroit.

Jeter les livres, tirer la charrette, s'arrêter quand nous trouvions un endroit. Et cela se répétait. Bientôt le jour est tombé et la nuit a commencé à s'approfondir. Je croyais que le nombre de livres sur l'île n'était pas aussi important, mais les fumées qui montaient vers le ciel paraissaient ne pas vouloir disparaître de sitôt.

Nous sommes passés devant la salle des fêtes, le poste d'essence, la conserverie, le foyer pour célibataires, et nous sommes arrivés à un croisement en T qui se heurtait à la mer. A partir de là, nous avons suivi le boulevard du littoral. Sur le sable aussi des gens s'étaient rassemblés. La mer fondue dans l'obscurité s'étendait, noire jusqu'au lointain où elle rejoignait le ciel. Il n'y avait plus beaucoup de livres sur la charrette.

Nous avons aperçu la colline. A mi-pente ça brûlait beaucoup.

— C'est la bibliothèque, ai-je murmuré.

— On dirait, oui.

Le grand-père, la main en visière sur son front, plissait les yeux, ébloui.

Comme le chemin qui gravissait la colline était étroit et abrupt, nous avons décidé de laisser la charrette et de marcher en portant le reste des livres. D'habitude, dans les parages, il faisait si sombre qu'il était difficile de savoir où on mettait les pieds, mais grâce à la bibliothèque qui brûlait, il faisait clair comme en plein jour. A mi-parcours s'étendait le jardin des plantes dont toutes les roses avaient disparu. Maintenant, seules des branches à moitié mortes se dressaient ici ou là tristement. Au-dessus voltigeaient des étincelles comme des pétales étincelants.

La bibliothèque était complètement noyée dans les flammes. C'était la première fois que je voyais quelque chose brûler d'une manière aussi belle et merveilleuse. La lumière, la chaleur et la couleur, impressionnantes, me faisaient oublier la peur et la tristesse. Ce dont R avait voulu me persuader, les mots que la fille au chapeau avait criés semblaient s'éloigner rapidement.

— Ce n'était quand même pas la peine de brûler le bâtiment entier.

— Non, les bibliothèques ne contiennent que des livres, alors c'est plus rapide de tout brûler d'un coup.

— Que vont devenir les ruines ?

— Comme pour le jardin des plantes, cela deviendra un terrain vague, et la rumeur dit qu'ils vont y construire un bâtiment pour la police secrète.

On entendait les voix s'échapper du cercle de badauds qui s'était formé à l'écart.

Nous avons gravi la colline encore un peu jusqu'à l'observatoire ornithologique. Là on ne voyait plus personne. En s'y promenant dans la journée on ne le ressentait pas autant, mais cette nuit le délabrement du centre était manifeste. Les vitres étaient brisées, des toiles d'araignées pendaient, les meubles de rangement et les bureaux étaient sens dessus dessous. Le sol était jonché d'un tas de choses inutilisables, tasses, pots à crayons, couvertures ou dossiers déchirés. Nous avons traversé la pièce en faisant attention à ne pas trébucher, et j'ai déposé les livres au pied de la fenêtre où j'avais fait des observations à la jumelle avec mon père.

— Il peut y avoir des morceaux de verre. Faites attention, m'a dit le grand-père.

J'ai acquiescé avant de m'appuyer à l'encadrement.

Je voyais la bibliothèque légèrement décalée en contrebas de l'observatoire derrière d'épaisses broussailles. J'avais l'impression qu'il m'aurait suffi de tendre le bras pour la toucher, mais il me semblait aussi que je regardais une scène se dérouler sur l'écran d'un cinéma. Seules les flammes bougeaient dans les ténèbres. Je restais là, discrètement, respirant à peine, comme si j'avais peur de troubler cette belle scène incluant la mer, les arbres, et nous.

— Je me souviens de quelqu'un qui disait autrefois "ceux qui brûlent les livres finissent par brûler les hommes", ai-je dit.

Le grand-père, portant sa main à son menton, a répondu à voix basse dans un soupir :

— Qui a dit ça ?

— J'ai oublié. En tout cas c'était quelqu'un d'important. Mais vous croyez vraiment que cela peut arriver ? lui ai-je demandé.

— Ça… Je ne sais pas. Votre question est difficile.

Le grand-père, les yeux au plafond, se caressait le menton en battant des paupières.

— Quoi qu'on dise, puisqu'il s'agit de disparitions, c'est inévitable. Ce n'est pas comme si on brûlait aveuglément les écrits. Cette personne importante devait savoir qu'on ne peut s'opposer aux disparitions, je suis sûr qu'elle aurait laissé faire. Il n'y a pas de raison pour qu'une chose aussi horrible que brûler les gens arrive aussi facilement.

— Et si les êtres humains disparaissent ? ai-je questionné ensuite, et il a eu un sursaut comme s'il avait du mal à respirer, tandis que ses paupières papillonnaient encore plus.

— Comme d'habitude, mademoiselle, vous réfléchissez à trop de choses compliquées, hein. Euh… Eh bien… Comment dire ?… C'est cela. Oui, mademoiselle. Les êtres humains n'ont aucun lien avec les disparitions. Si on les laisse tranquilles, ils finissent par mourir. C'est clair et net. Il suffit de laisser faire le destin.

Soulagé d'avoir plus ou moins réussi à répondre à ma question, il a fait claquer le loquet de la fenêtre aux vitres brisées.

Pendant ce temps-là, la bibliothèque continuait à brûler. J'ai pris un des livres à mes pieds et je l'ai lancé par la fenêtre. Il s'est ouvert en deux dans le ciel, a passé par-dessus les buissons, est retombé lentement dans les flammes. Feuilles vibrantes dans le vent. Au lieu de tomber, il donnait plutôt l'impression de descendre en voltigeant.

Ensuite, le grand-père en a jeté un. Comme il était peu épais et léger, il a disparu en faisant onduler ses pages avec encore plus d'élégance.

Nous avons répété le même geste à tour de rôle. En manipulant chaque volume avec soin.

Quand le vent tournait, un courant d'air chaud arrivait jusqu'à nous. Parce que nous avions marché longtemps sur les chemins enneigés, j'avais le bout des pieds gelés, seules mes joues étaient en feu.

— Qu'avez-vous ressenti quand le ferry a disparu ? lui ai-je demandé.

— C'était il y a très longtemps, vous savez. J'ai oublié, me répondit-il.

— Comment vais-je pouvoir vivre à partir de demain ?

Le livre que j'ai pris ensuite était épais et solide, avec une couverture de papier kraft.

— Ne vous inquiétez pas, ça va aller. Pour moi aussi c'était pareil. Ce n'est pas rassurant de perdre son travail, mais peu à peu sans s'en apercevoir on arrive à s'en arranger. On trouve aussitôt un autre travail pour le remplacer, et on finit par oublier ce que l'on faisait avant, a dit le grand-père en regardant au lointain par la fenêtre.

— Mais vous savez, je pense continuer à écrire en cachette.

— Eh, a-t-il laissé échapper en se retournant.

Avec mes deux bras, j'ai lancé de toutes mes forces ce livre épais en direction du ciel. Le papier kraft a émis un son semblable à un sanglot.

— Vous croyez que vous allez pouvoir ?

— Je ne le sais pas moi-même. Mais R me dit que je dois absolument le faire, et que si je ne le fais pas, mon cœur va être anéanti.

— Il vous a dit cela ?…

Il a encore posé sa main sur son menton, et le visage couvert de rides s'est mis à réfléchir :

— Moi aussi je fais ce qu'il m'a dit j'écoute tous les jours la boîte à musique, mais je ne sens aucun changement particulier. Les souvenirs disparus ne reviennent pas, mon cœur n'a pas d'entrain. Je n'entends toujours qu'une suite de sons étranges s'échapper d'un coffret.

— Quoi que je fasse, c'est peut-être inutile, je sais. Mais le manuscrit que j'ai commencé à écrire est dissimulé avec beaucoup de soin. Ecrire la suite d'un roman qui a disparu est déconcertant, et aussi dangereux. Mais je ne veux pas décevoir R. Ce n'est rien du tout même pas douloureux un cœur qui se flétrit, mais c'est dur pour moi de voir la tristesse sur son visage.

— Moi aussi je vais continuer à écouter la boîte à musique. Parce que c'est mon cadeau d'anniversaire et que je suis reconnaissant.

Tout en disant cela, le grand-père a balayé la cendre sur mes cheveux.

— Je vous en prie, ne faites pas l'impossible. Et si je peux vous être utile, faites appel à moi quand vous voulez.

— Merci, ai-je dit.

Enfin le dernier livre s'en alla. La charpente de la bibliothèque commençait à céder petit à petit. De temps à autre le toit ou les murs s'écroulaient dans grand bruit. Le comptoir de prêt et les chaises de la salle de lecture brûlaient.

Les mains contre mes joues, j'ai suivi des yeux la trajectoire du dernier livre. Soudain j'eus l'impression que la silhouette de ce livre m'était familière. Autrefois à cette fenêtre aux côtés de mon père, j'avais vu quelque chose qui y ressemblait. J'ai inspiré profondément. J'ai ressenti une légère douleur, comme si une étincelle était venue se perdre dans le marais insondable de mon cœur.

— Un oiseau.

Je me souvenais. Les oiseaux eux aussi déployaient ainsi leurs ailes pour voler au lointain. Mais ce souvenir aussi fut aussitôt balayé par les flammes, ne laissant plus derrière lui que l'étendue de la nuit.

20

Comme l'avait dit le grand-père, j'ai tout de suite trouvé un nouveau travail. Le chef de quartier me présenta à une société commerciale qu'il connaissait.

— C'est une petite société de vente d'épices en gros. Le directeur est une personnalité intéressante et le lieu de travail est très correct. Il paraît qu'il cherche une employée de bureau dactylo.

— Dactylo ? répliquai-je.

— Cela ne vous plaît pas ?

— Si. Mais la dactylographie, j'en ai juste fait un peu quand j'étais étudiante. Je ne sais pas si j'y arriverai et ça m'inquiète…

J'ai murmuré plusieurs fois intérieurement le mot "dactylographie". Parce que je ne sais pourquoi, il m'apparaissait comme un mot spécial.

— Ça ira, je vous assure. Cela viendra progressivement en travaillant. C'est ce qu'il dit. Bah, même si au départ il y aura sans doute beaucoup d'autres petites choses à faire.

— Je vous remercie infiniment. Je suis désolée de vous avoir donné tant de peine, ai-je remercié en m'inclinant, alors que j'entendais toujours mon murmure intérieur.

J'ai essayé de secouer ma mémoire très affaiblie mais rien n'est remonté à la surface.

— Non, non, ne vous en faites pas. J'ai seulement fait le lien. Quand on est confronté aux disparitions il faut bien s'entraider, hein ?

Le chef de quartier souriait d'un air satisfait.

Quoi qu'il en soit, je fus engagée par la société d'épices. Naturellement il a fallu que je change l'emploi du temps de ma vie quotidienne. Le matin je me levais tôt pour apporter dans la chambre secrète de la nourriture, de l'eau chaude et tout ce qui était nécessaire pour que R ne soit pas ennuyé dans la journée. En rentrant dans la soirée j'allais d'abord voir si tout allait bien pour lui avant de sortir promener Don puis préparer le dîner. Au début, cela me tracassait beaucoup de laisser la maison près de dix heures par jour. Parce que malgré moi j'imaginais que pendant mon absence pouvaient se produire des choses inattendues, comme le feu, le vol, la maladie ou les traqueurs de souvenirs.

Mon emploi du temps était plus chargé qu'avant. Tout en allant régulièrement au bureau, c'était assez difficile de protéger la sécurité de R, m'occuper de Don et ranger la maison. Les occasions d'aller rendre visite au grand-père sur son ferry se faisaient plus rares. Mais d'une manière ou d'une autre, j'arrivais à passer les jours sans problème.

Le bureau était petit et bien agencé, l'atmosphère familiale. Mon travail consistait à faire le ménage et le classement des numéros de téléphone ou des dossiers. On m'a prêté un manuel et une machine à écrire pour que je m'entraîne à la maison. C'était la première fois que je travaillais à l'extérieur et il me semblait que j'arriverais à me débrouiller.

Seulement, j'étais gênée par les produits conservés dans le dépôt derrière le bureau qui, selon la direction du vent, sentaient fort. Toutes sortes d'épices étaient mélangées, et des odeurs amères de plantes médicinales ou de fruits pourris me cernaient.

Mais grâce à ces épices, il m'est arrivé d'avoir la chance de me voir céder de la nourriture par des clients. Des saucisses, du fromage ou du corned-beef, que l'on ne pouvait plus trouver sur aucun marché, devinrent de précieuses nourritures pour R, le grand-père et moi.

J'ai compris pourquoi j'avais réagi avec autant de sensibilité au mot "dactylographie" lorsque, voulant me mesurer à la suite de mon roman, j'ai pris pour le relire le manuscrit que j'avais mis à l'abri dans la chambre cachée.

Pour être exacte, j'étais déjà incapable de lire un roman. Même si je pouvais lire les mots à haute voix, je n'arrivais pas à les comprendre comme une histoire qui s'enchaînait. Ce n'étaient que des caractères remplissant le quadrillage de la feuille de papier, qui ne m'évoquaient aucun sentiment, aucune atmosphère, aucune scène.

Je suivais les cases du doigt lorsque, découvrant le mot "dactylographie", je me suis enfin rappelé que j'écrivais un roman au sujet d'une dactylo. Dans ces conditions, écrire une suite n'était pas aussi simple que R le disait.

Le vendredi et le samedi soir, je m'asseyais à mon bureau. J'enlevais le presse-papiers, parcourais prudemment le texte à partir de la première feuille du manuscrit. Mais cela n'allait pas comme je le voulais. Lire plusieurs fois la même ligne, observer un mot avec attention, déplacer mon regard en rythme, je faisais toutes sortes de tentatives mais sans grand résultat. J'arrivais à la cinquième, puis la sixième page, et bientôt la persévérance me manquait. Je feuilletais au hasard et j'essayais encore une fois à partir d'un endroit qui me paraissait intéressant, mais comme je pouvais m'y attendre, il se passait la même chose. Je finissais par me sentir tellement fatiguée que la seule vision du quadrillage me donnait le vertige.

Je me reprenais en me disant que même si je n'arrivais pas à lire, je pourrais peut-être écrire, et cette fois-ci je préparais du papier blanc. Pour m'exercer les doigts, au début j'écrivais a, i, u, e, o. Tout en vérifiant l'équilibre entre les cases et la grandeur des caractères, je continuais avec ka, ki, ku, ke, ko. Même en écrivant ainsi des syllabes sans signification, j'éprouvais petit à petit une certaine satisfaction à me rapprocher du désir de R. Mais quand je gommais cette ligne et que le quadrillage redevenait blanc, mes doigts s'engourdissaient aussitôt, j'étais pleine d'angoisse et je finissais par ne plus savoir ce qu'il fallait écrire.

Qu'avais-je donc écrit ? me demandais-je. Pendant la nuit, je tentais de me souvenir du moment, n'importe lequel, où assise à mon bureau, j'essayais d'exhumer des mots. La machine à écrire posée sur le coin de la table m'épiait, impassible. Heureusement que les gens du bureau ne disaient pas grand-chose, parce que mon apprentissage de la dactylographie ne progressait pas beaucoup. J'essayais de taper n'importe quoi. Cela faisait un bruit métallique : clang, clang, clang. Sur le moment, soudain, j'avais l'impression que la sensation du roman me revenait, et instinctivement, je tentais de mettre la main dessus. Mais ne restait dans ma main qu'une petite cavité.

Ne supportant plus de voir pendant longtemps des cases blanches, je finissais par écrire a, i, u, e, o. Espérant alors pouvoir écrire quelque chose, je les effaçais. Mais, comme je m'y attendais, rien ne me venait à l'esprit. Ne pouvant faire autrement, je revenais à a, i, u, e, o. Et cela se répétait. Et la feuille finissait à force d'être gommée par tomber en lambeaux.

— Ce n'est pas la peine de faire l'impossible. Il suffit de détendre tranquillement sa mémoire, me dit-il pour me réconforter, sans paraître déçu, alors que je venais de lui montrer ma feuille blanche en m'excusant.

— J'ai beau faire plein d'efforts, il me semble que c'est fichu.

— Mais non. Entre le moment où vous écriviez et maintenant, vous n'avez pas du tout changé. La seule chose différente, c'est que les livres ont brûlé. Même si le papier a disparu, les mots restent. Alors ça va. Nous n'avons pas perdu le roman pour autant.

Comme il le faisait toujours, il m'a serrée dans ses bras. Le lit était mou et tiède. Sa peau devenue de plus en plus blanche et ses muscles informes semblaient fondus. Ses cheveux qui avaient beaucoup poussé faisaient de l'ombre à ses yeux.

— Les flammes n'ont pas cessé de toute la soirée. Au point que j'ai pensé que si cela devait continuer ainsi, la nuit ne se terminerait peut-être jamais. Et personne ne s'en allait même quand les livres ont eu fini de brûler. Les gens avaient les yeux rivés sur les flammes. J'entendais le bruit ininterrompu du papier qui flambe, mais j'avais l'impression, je ne sais pourquoi, de me trouver au milieu d'un océan de calme. Comme si mes tympans étaient paralysés. Une disparition aussi solennelle, c'était la première fois. Je serrais très fort la main du grand-père, vous savez. Parce que j'avais l'impression que si je ne me retenais pas physiquement à quelqu'un j'allais être avalée par le feu.

Je lui ai raconté en détail ce qui s'était passé cette nuit-là. Dès que j'ai ouvert la bouche, les choses dont je voulais lui parler sont arrivées l'une après l'autre et je ne pouvais plus m'arrêter. La peine que j'avais eue à tirer la charrette, les jeux du jardin public auréolés de rouge, le "chapeau" qui était tombé dans la boue, la bibliothèque effondrée, les "oiseaux"… J'eus beau parler de tout cela, je ne pouvais pas effacer de mon esprit l'impression d'avoir oublié de dire le plus important. Il m'écoutait attentivement.

Lorsque fatiguée de parler j'ai poussé un profond soupir, il a levé les yeux et son regard sembla porter très loin. J'apercevais derrière lui la vaisselle vide du dîner. Un unique petit pois était resté au milieu de son assiette. Sur l'étagère étaient soigneusement alignés les livres qui n'avaient pas brûlé.

— Depuis que je n'y suis plus, le monde extérieur a sans doute beaucoup changé, n'est-ce pas ? a-t-il dit en me caressant les cheveux.

J'ai senti sa voix remplir l'espace entre nos deux corps.

— Ils n'ont pas une odeur bizarre ? ai-je demandé.

— De quoi ?

— D'épices.

— Non. Ils sentent bon le shampooing.

Il faisait glisser ses doigts entre mes cheveux.

— Tant mieux, ai-je murmuré.

Ensuite, il a lu à haute voix le roman de la dactylo. Je l'ai écouté comme un conte de fées venu d'un pays lointain.

— Ce travail auquel vous n'êtes pas habituée ne vous fatigue pas trop ? a questionné le grand-père en posant le service à thé sur la table. Sur une chemise épaisse, il avait enfilé le gilet que je lui avais offert et il était chaussé de ses pantoufles de feutre.

— Non. Tout le monde est gentil avec moi, c'est agréable, lui ai-je répondu.

Nous ne nous étions pas retrouvés pour le thé sur le ferry depuis longtemps. Et par bonheur, ce jour-là, il y avait même des pancakes. Exceptionnellement j'avais trouvé des œufs et du miel, et nous les avions préparés ensemble. Nous avions partagé la pâte en trois parts égales, et j'en avais enveloppé un dans une serviette pour le rapporter en cadeau à R.

Don qui somnolait sous le divan avait aussitôt flairé le bonne odeur, et il promenait son museau sur le bord de la nappe pour en réclamer.

— Taper à la machine c'est difficile, mais c'est amusant de s'entraîner. On bouge seulement les doigts et sans qu'on y prenne garde une phrase se forme, c'est presque magique. Don, arrête de tirer sur la nappe. Je vais t'en donner, attends gentiment.

J'ai caressé son cou.

— Allons, encore un peu de patience.

Le grand-père a versé le miel sur les pancakes en faisant attention à ne pas en perdre une goutte.

— Et les affaires ont l'air de marcher. Les herbes aromatiques poussent dans très peu de terre, alors même s'il ne fait que neiger, on en récolte beaucoup. L'alimentation est mauvaise, viande et légumes avariés circulent sans problème, n'est-ce pas ? Tout le monde a envie de masquer les mauvaises odeurs. Les employés se réjouissent à l'idée que leur bonus pourrait augmenter.

— Ça c'est une bonne chose, dit le grand-père en soulevant le couvercle de la théière pour voir comment le thé infusait.

Tout en parlant de tout et de rien, nous avons bu le thé, ri de Don, et tranquillement mangé les pancakes. En les découpant avec un couteau à la taille d'une bouchée que nous faisions fondre sur la langue afin d'en apprécier le plus longtemps possible la saveur sucrée. Et nous réduisions la taille des bouchées au fur et à mesure qu'ils diminuaient.

Nous en avons chacun donné une bouchée à Don. Il les a avalées directement, sans les goûter vraiment, avant de lever à nouveau les yeux vers nous comme s'il voulait nous signifier : "Enfin, ne me dites pas qu'il n'y en a plus ?"

Un soleil lumineux entrait par le hublot au point de nous faire penser que le printemps était peut-être en train d'arriver. La mer était paisible, et tranquille le ferry qui grinçait habituellement lorsqu'il était ballotté par les vagues. La surface du tas de neige qui fondait sur le quai était étincelante.

Après avoir terminé nos pancakes, nous avons sorti la boîte à musique cachée dans le cabinet de toilette et l'avons posée au centre de la table pour l'écouter. Elle répétait toujours aussi fidèlement la même mélodie. Nous avions cessé notre bavardage et, ayant adopté une position correcte, j'avais fermé les yeux. Je ne savais pas dans quelle situation ni comment il fallait l'écouter à l'origine, mais je pensais arbitrairement qu'en fermant les yeux, "l'effet" escompté par R se ferait sentir peut-être davantage.

La mélodie qui s'écoulait de la boîte était simple mais pure et douce. Je le sentais bien. Mais je n'étais pas sûre qu'elle fût vraiment utile à enrayer le dépérissement de mon cœur. Parce qu'aussitôt aspirée dans le marais insondable de celui-ci, elle s'effaçait tout simplement, sans laisser le moindre remous, la moindre écume.

Don de son côté regardait la boîte à musique d'un air interrogateur. Même si, le ressort ayant été remonté, à l'instant où la musique recommençait, il reculait, oreilles tremblantes et ventre collé au sol, il paraissait incapable de retenir sa curiosité. J'ai posé la boîte sur ma paume pour l'approcher de son museau, et il s'est réfugié précipitamment entre les jambes du grand-père.

— Mademoiselle, la suite de votre, euh… roman, cela se passe comment ? me demanda-t-il après avoir refermé le couvercle de la boîte à musique. Il me sembla qu'il avait déjà du mal à prononcer le mot.

— Eeh, je fais des efforts, mais cela n'avance pas tellement, lui répondis-je.

— S'occuper de choses qui ont déjà disparu est une tâche difficile. Pour être franc, je dois dire que chaque fois que je remonte le ressort de cette boîte, je suis pris d'un sentiment de vide. Je m'exhorte en me disant que cette fois-ci sera la bonne, que je ferai peut-être une découverte, et mon espoir est toujours déçu. Mais puisque c'est un cadeau aussi précieux, je reprends courage et remonte à nouveau le ressort.

— Moi aussi, j'étale une feuille blanche sur mon bureau et je n'arrive pas à faire le premier pas. Je ne sais pas où j'en suis, ni où je vais. Comme si j'étais perdue dans le brouillard. Alors je cherche un moyen et je tape à la machine. Parce que maintenant, il y a sur ma table la machine qu'on m'a prêtée au bureau. Quand on regarde bien, une machine à écrire a une forme fascinante. Complexe, délicate et merveilleuse. Alors, je tends l'oreille au bruit du ressort qui soulève les leviers des caractères, en attendant de peut-être y percevoir quelque chose qui me reliera au roman…

— Euh, n'importe qui ayant vu ces flammes épouvantables donnant l'impression que toute l'île brûlait peut en avoir les nerfs paralysés un peu partout.

— Oui moi aussi cette nuit-là j'ai bien entendu le bruit de ma mémoire se consumer.

Don a esquissé un bâillement. Il connaissait bien l'endroit de la pièce le plus éclairé par le soleil. Suivant sa progression, il se déplaçait petit à petit sans que nous le remarquions.

On entendait au loin des cris d'enfants, sans doute excités par ce beau temps qui nous revenait après si longtemps. Devant les entrepôts sur le quai, des hommes en uniforme de docker se lançaient une balle de base-ball.

— Mais pourtant… ai-je continué, je me demande pourquoi j'ai eu l'idée d'écrire l'histoire d'une dactylo. Alors que de ma vie je n'ai pratiquement jamais touché à une machine à écrire et que je n'ai aucune amie dactylo. C'est bizarre. Je décris la machine d'une manière assez détaillée. Et il y a beaucoup de scènes où on tape à la machine.

— Dans un roman on peut écrire des scènes dont on n'a jamais fait l'expérience ? questionna le grand-père en ouvrant de grands yeux étonnés.

— Je crois que oui. Même si on n'a rien vu ni entendu, il suffit d'imaginer pour écrire. Il paraît qu'il n'est pas nécessaire que ce soit exactement comme dans la réalité, c'est même permis de mentir. C'est lui qui l'a dit, vous savez.

— On peut écrire des mensonges ?

Ses sourcils palpitaient comme s'il comprenait de moins en moins.

— Oui. Dans un roman, on ne peut rien reprocher à personne. Parce qu'on construit à partir de zéro. On décrit des choses qu'on ne voit pas comme si on les avait sous les yeux. On fait vivre avec des mots des choses qui n'existent pas. C'est pourquoi il paraît que même si la mémoire s'efface, il ne faut jamais renoncer.

Je tapotais mon assiette vide du bout de ma fourchette. Don qui avait posé sa tête sur ses pattes de devant paraissait dormir à moitié. La pause devait se terminer car je voyais les dockers se diriger vers les entrepôts, leur gant de base-ball à la main.

— Je ne sais pas si je dois vous poser ou non cette question… commença-t-il doucement après avoir regardé un moment la mer en silence. Mademoiselle, vous l'aimez, n'est-ce pas ?

Ne sachant quoi répondre, le premier mot ne me venant pas à l'esprit, j'ai pris le cou de Don dans mes bras pour le secouer. Il a soulevé les paupières d'un air ennuyé, a laissé échapper un son entre la toux et le rot. Puis il s'est glissé hors de mes bras, et après l'avoir vu faire le tour de la cabine et revenir à la flaque de soleil, j'ai répondu un : "c'est vrai" ambigu qu'il pouvait prendre comme une affirmation ou un début de réflexion.

— Vous pensez qu'il pourra sortir de sa cachette ? ai-je questionné à mon tour. Vous pensez qu'il pourra quitter la chambre secrète et retrouver sa femme et son enfant ?

En guise de réponse, il a pris la boîte à musique en soupirant.

— Moi je crois que non. Je crois qu'il ne peut plus vivre ailleurs que dans cette pièce. Son cœur est devenu trop dense. S'il sort dans le monde extérieur, comme un poisson pélagique qu'on force à remonter à la surface, son corps va se déchiqueter.

Alors je le serre dans mes bras pour le garder au fond de la mer.

— C'est donc ça ?... a-t-il acquiescé, sans quitter ses mains des yeux.

Don, s'apprêtant à dormir encore un peu, après s'être gratté sous le menton avec sa patte, s'est allongé d'un air satisfait.

A ce moment-là, soudain, un grondement énorme se répercuta jusqu'au sommet du ciel. Instinctivement nous nous sommes levés, le grand-père et moi, en posant les deux mains sur la table. Don, bien réveillé, avait sauté sur ses pattes, les yeux grands ouverts.

En même temps, le ferry se mit à rouler fortement. Je faillis tomber à la renverse, et m'accroupissant je me suis agrippée au pied du divan. Le meuble à tiroirs, le vaisselier, la radio, la lampe et la pendule posés dessus, tout ce qu'il y avait dans la cabine s'effondra.

— Un tremblement de terre ! s'écria le grand-père.

21

Lorsque le roulis se calma et que je rouvris les yeux, c'est Don que je découvris en premier, au milieu de toutes les choses éparpillées. Réfugié sous le divan, il tremblait misérablement.

— Allez, c'est fini. Viens.

J'ai tendu le bras dans l'espace qui restait entre un tiroir éjecté du meuble et la lampe électrique renversée pour le serrer dans mes bras. Et j'ai tiré son corps hors de l'espace étroit.

— Grand-père, grand-père.

J'ai regardé autour de moi. La cabine était sens dessus dessous, au point que je n'avais aucune idée de l'endroit où il se trouvait assis un moment plus tôt. Don aboya plusieurs fois comme s'il voulait l'appeler.

— Oui. Je suis là.

Enfin j'entendais sa réponse. Sa voix était faible.

Il était coincé sous le vaisselier. Le corps disparaissant sous les débris de vaisselle cassée. Le visage en sang.

— Ça va ?

J'ai voulu repousser le vaisselier, mais il était trop lourd, je n'arrivais pas à le déplacer et je craignais de le blesser.

— Ne vous inquiétez pas pour moi, allez vous mettre à l'abri.

Sa voix, étouffée par les gravats, était difficile à percevoir.

— Qu'est-ce que vous dites. Vous savez bien que je ne peux pas faire ça.

— Fuyez au plus vite. Le tsunami va venir.

— Le tsunami ?… C'est quoi un tsunami ?

— Je n'ai pas le temps de vous expliquer. C'est une vague énorme qui vient de l'autre côté de l'horizon. Après un tremblement de terre, il en arrive forcément une. Si vous restez là à perdre du temps, vous allez être emportée.

— Je ne comprends pas très bien, mais quoi qu'il en soit, nous allons fuir ensemble.

Il a agité sa main gauche qui pointait légèrement sous les décombres, pour me faire signe de partir, mais l'ignorant, j'ai voulu à nouveau déplacer le vaisselier. Je ne suis arrivée qu'à le soulever un tout petit peu. Don nous regardait d'un air inquiet.

— Ça vous fait peut-être mal, mais soyez patient. Dès qu'il y aura un peu d'espace, essayez d'extraire votre corps petit à petit.

Pour me rassurer moi-même, je ne cessais de lui parler. Un morceau de verre m'avait blessée au genou, mon collant était déchiré et je saignais abondamment mais je n'avais pas du tout mal.

— Je vais vous avertir pour que nous agissions ensemble. En accordant nos efforts, vous devriez pouvoir vous sortir de là.

— Je vous en prie, ne vous souciez pas de moi…

— Allons, ne dites pas de sottises. Non. Je ne partirai pas sans vous, lui ai-je dit avec colère, avant de prendre le crochet servant à ouvrir la lucarne qui avait roulé au pied de Don pour le glisser sous le vaisselier afin de m'en servir de levier.

— Un, deux, trois.

Cette fois-ci, je l'avais soulevé un peu plus haut. J'entendis un grincement provenir de je ne sais où, peut-être du sol, du vaisselier ou de ma colonne vertébrale, mais sans y prêter attention, j'ai continué à pousser au maximum sur le crochet.

— Allez, encore une fois. Un, deux, et trois.

J'ai vu son oreille puis son épaule gauche. A ce moment-là, le ferry s'est de nouveau mis à rouler. Pas autant que la première fois mais comme, perdant l'équilibre, je faillis tomber à la renverse, je me suis agrippée de toutes mes forces au crochet.

— Dites, c'est ça un tsunami ?

— Non. Un tsunami n'est pas aussi doux.

— En tout cas, il faut se dépêcher, hein ?

Sans doute voulait-il lui aussi se rendre utile ? Don a pris le gilet du grand-père entre ses dents pour essayer de tirer.

Mes paumes étaient devenues rouges, mes dents du fond et mes tempes étaient engourdies, et mes articulations des bras menaçaient de céder, mais le vaisselier ne se déplaçait pas comme je le voulais. Très en colère, je me demandais comment un meuble aussi lourd avait pu se retrouver ici, mais alors que je continuais à donner patiemment toute ma force, petit à petit le corps du grand-père est apparu en entier.

Un tsunami, c'est quoi ? J'essayais de ne pas y penser, mais je n'arrivais pas à me sortir ce mot de la tête. Puisque même le grand-père en avait peur, c'était certainement quelque chose de terrible. Un monstre vivant au fond de la mer ? A moins que, comme les disparitions, ce ne fût une sorte d'énergie invisible, à laquelle on ne pouvait absolument pas s'opposer ? J'appuyais encore plus fort sur le levier, également pour chasser la peur de cette image.

Au moment où sa dernière cheville qui restait coincée fut sortie, soulagée, je m'accroupis sur place. En même temps qu'il se relevait en chancelant, le grand-père cria :

— Vite, mademoiselle, il faut partir.

J'ai aussitôt pris Don dans mes bras pour le suivre.

Je ne me rappelle pas comment nous avons réussi à traverser le ferry où tout était sens dessus dessous, ni quelle direction nous avons prise à partir du quai, mais en tout cas, quand nous avons repris notre souffle, moi, le grand-père et Don, nous étions assis au milieu des décombres de la bibliothèque, à mi-pente de la colline. Entourés d'un grand nombre de gens qui avaient fui également. Alors qu'un moment plus tôt il faisait un temps magnifique, à notre insu des nuages gris avaient envahi le ciel, donnant l'impression qu'il allait neiger d'un instant à l'autre.

— Vous n'êtes pas blessée ?

Le grand-père me regardait.

— Non, je n'ai rien. Et vous, ça va ? Vous êtes couvert de sang.

J'avais sorti un mouchoir de ma poche pour essuyer son visage.

— Ne vous inquiétez pas, ce sont de simples éraflures dues aux éclats de verre.

— Dites, attendez voir. Vous saignez de l'oreille gauche.

Quelques gouttes de sang noirci avaient roulé du lobe vers son menton.

— Ce n'est pas grand-chose. Juste une égratignure.

— Oui, mais si la blessure atteint le fond de l'oreille ou le cerveau, c'est dangereux.

— Non. Non. Ce n'est pas aussi grave que ça. Je vous assure qu'il ne faut pas vous inquiéter.

Il a promptement dissimulé son oreille sous ses mains. C'est à ce moment précis que dans un grondement la ligne d'horizon se souleva, une énorme vague blanche comme un mur se précipitant vers le rivage.

— C'est quoi, ça ? ai-je demandé en laissant tomber mon mouchoir.

— Le tsunami, répondit le grand-père, ses mains toujours plaquées sur son oreille.

En un instant, le paysage sous nos yeux fut bouleversé. La mer sembla à la fois aspirée vers le ciel et avalée par une fissure de la terre. L'eau de la mer qui débordait se soulevait de plus en plus haut, s'apprêtant à engloutir l'île. Les gens autour de nous se sont tous mis à gémir.

La mer a avalé le ferry, franchi la digue, bousculé les maisons le long du rivage. Ce fut sans doute instantané, mais j'eus l'impression de distinguer très nettement des petits morceaux de paysage, la chaise de pont dans laquelle le grand-père faisait sa sieste qui dérivait, une balle de base-ball abandonnée sur les docks qui flottait au sommet de la vague, un toit rouge replié comme un origami sur le point d'être englouti par la mer.

Lorsque le paysage fut à nouveau dégagé, le premier à réagir fut Don. Monté sur une souche, face à la mer, il a poussé un long aboiement sourd. Ce fut le signal : tout le monde s'est mis à bouger petit à petit. Certains s'apprêtaient à redescendre de la colline, d'autres cherchaient leur téléphone, d'autres encore buvaient ou pleuraient, chacun réagissant à sa manière.

— Vous croyez que c'est fini ? ai-je demandé en ramassant mon mouchoir.

— Oui, sans doute. Mais nous ferions peut-être mieux de rester encore un peu à observer la situation, répondit le grand-père.

Nous nous sommes regardés l'un l'autre une nouvelle fois : nous avions tous les deux une bien piteuse apparence. Le gilet du grand-père était en lambeaux, ses cheveux étaient couverts de poussière et il n'avait plus de chaussures aux pieds. Il tenait seulement la boîte à musique entre ses mains. Elle était intacte malgré tout ce que nous venions de traverser. De mon côté, les crochets de ma jupe portefeuille s'étaient défaits, et mes collants étaient tellement filés qu'ils ne recouvraient pratiquement plus mes jambes, tandis qu'un de mes talons de chaussure était parti.

— Vous avez pris la boîte à musique avant de partir ? lui demandai-je.

— Je ne m'en souviens plus très bien. Quand j'étais coincé sous le vaisselier, je l'ai sentie sous moi. Mais je n'arrive pas à me rappeler comment je l'ai prise avant de courir jusqu'ici. Si je l'avais dans une main, si je la tenais à deux mains, ou si je l'avais glissée dans ma poche…

— C'est bien d'avoir réussi à sauver au moins une chose. Moi je n'ai pu emporter que Don.

— Oui, et que Don soit indemne, c'est le plus important. Un vieillard n'a pas besoin de beaucoup d'objets dans sa vie quotidienne. Ils peuvent avoir été emportés par le tsunami, ils ne me manqueront pas beaucoup. De toute façon, le ferry a disparu depuis si longtemps déjà.

Il a tourné son regard vers la mer. Le rivage disparaissait sous des monceaux de bois et de gravats. Et plusieurs voitures surnageaient au milieu de tout cela. Plus loin, à peu près au milieu de la mer, poupe en l'air, le ferry déchiqueté par les vagues était en train de sombrer.

— Le pancake que nous avions gardé pour R est perdu, ai-je remarqué.

— Oui, m'a répondu le grand-père en hochant la tête.

La ville elle aussi était détruite ici ou là. Des palissades en ciment étaient effondrées, les rues crevassées, cela brûlait par endroits. Des véhicules de secours et des camions de la police secrète allaient et venaient sans arrêt autour de nous. Alors que les traces de la disparition des romans n'avaient pas entièrement disparu, voici que l'île était à nouveau terrassée par le malheur. Et pour couronner le tout, il se mettait à neiger.

La maison de l'extérieur ne paraissait pas trop abîmée, en dehors de quelques tuiles arrachées et la niche renversée. Mais à l'intérieur, c'était épouvantable. Les casseroles, la vaisselle, le téléphone, la télévision, les vases, les journaux, la boîte de mouchoirs en papier… Tout était sens dessus dessous.

Nous avons attaché Don à sa laisse avant de nous précipiter vers la chambre cachée. Notre plus grande inquiétude était de savoir comment cette petite pièce au milieu de nulle part avait supporté le tremblement de terre. Après avoir soulevé le tapis, j'ai tiré sur la trappe. Mais elle n'a pas bougé d'un millimètre.

— Ohé, vous nous entendez ? a crié le grand-père vers le bas.

Peu après, nous avons entendu cogner contre l'intérieur du panneau.

— Oui, c'est moi, avons-nous ensuite entendu la voix de R.

— Ça va ? Vous n'êtes pas blessé ?

Allongée sur le ventre, j'avais approché ma bouche de la fente dans le plancher.

— Merci. Tout va bien. Vous et le grand-père, vous êtes sains et saufs ? J'étais très inquiet. Parce que je ne savais pas du tout comment c'était à l'extérieur. Je me demandais ce que j'allais faire si vous ne reveniez pas.

— Nous étions ensemble sur le ferry. Nous nous sommes sauvés de justesse. Mais le ferry a sombré dans la mer.

— Ah bon ? Je voulais me rendre compte ne serait-ce qu'un peu de la situation et j'ai essayé d'ouvrir la trappe, mais elle est bloquée. J'ai poussé, tiré, cogné, elle ne veut rien savoir.

— Je vais essayer de tirer encore une fois, pouvez-vous pousser de toutes vos forces de votre côté ? lui a dit le grand-père qui venait d'y regarder, mais le résultat fut le même.

— Le sol n'aurait-il pas été déformé par le tremblement de terre ? avons-nous entendu au loin, presque imperceptible, la voix de R.

J'en fus encore plus inquiète.

— Sans doute que oui. La trappe a dû se coincer dans le plancher.

Le grand-père, le menton dans la main, s'est mis à réfléchir.

— Qu'est-ce qui va se passer si elle ne s'ouvre pas ? Il va mourir de faim. Non, peut-être même qu'avant il va mourir asphyxié, ai-je dit précipitamment.

— Le ventilateur marche ? a demandé le grand-père.

— Non. Je crois qu'il n'y a plus d'électricité, c'est pourquoi il ne marche pas.

Comme il faisait jour, nous ne l'avions pas remarqué, mais il devait y avoir une panne d'électricité.

— Alors vous êtes dans le noir complet ?

— Oui.

J'avais l'impression que la voix de R s'éloignait petit à petit.

— Il faut se dépêcher.

Je me suis levée.

— Il va falloir ouvrir cette porte à la scie et au marteau.

Le grand-père comme à son habitude a travaillé en silence et avec précision, et en un rien de temps il a ouvert la trappe avec une merveilleuse habileté. Tandis que je restais là, affolée, ne sachant quoi faire. J'étais seulement allée emprunter une scie et un marteau au voisin d'en face. Au sous-sol, il y avait des outils de charpentier, mais tout était en grand désordre, il aurait été impossible de les trouver, ceux du grand-père avaient été engloutis avec le ferry, il n'y avait donc pas d'autre solution que d'aller les emprunter chez le voisin. Et contre toute attente, l'ex-chapelier avait tenu absolument à venir faire le travail.

— C'était un gros tremblement de terre, hein. Comment ça va chez vous ? Vous voulez réparer quoi ? Je vais vous aider.

— Je vous remercie. Mais ce n'est pas grand-chose, vous savez.

— Pour une femme seule, ce n'est pas facile.

— Non. Le grand-père est là, ça va.

— En cas d'urgence, on n'est jamais de trop.

Tout en gardant le sourire, je cherchais un prétexte qui ne soit pas blessant pour lui, mais qui n'éveille pas ses soupçons non plus.

— En fait, il a une éruption sur le visage. Je crois que c'est de l'urticaire. Il est monstrueux. Et il dit qu'il veut que personne ne le voie. Avoir honte à cet âge-là, hein ? Il est un peu borné, vous savez.

C'est ainsi que, tant bien que mal, j'avais réussi à faire renoncer l'ex-chapelier.

Au moment où la trappe s'est ouverte, des copeaux ont volé, et nous avons tous les trois poussé des cris de joie. Le grand-père et moi, nous nous sommes aussitôt allongés sur le ventre pour regarder en bas. R au pied de l'échelle levait vers nous un regard où se mêlaient le soulagement et la fatigue. Ses cheveux étaient couverts de copeaux.

Nous avons descendu l'échelle, et tout en nous touchant nous avons échangé des mots sans signification, tels que "bah, bah" ou "oui, oui". Dans la pénombre, on ne voyait pas très bien, mais il y avait une belle pagaille dans la chambre secrète. Dès que l'on bougeait un peu, on se prenait les pieds dans toutes sortes de choses. Dans cet espace réduit, nous nous étions pris par la main et nous n'en finissions plus d'échanger des regards. Parce que ne nous venait à l'esprit aucune autre manière de vérifier que nous étions véritablement sains et saufs.

22

La ville ne redevint jamais tout à fait comme avant. Ceux qui avaient subi des dommages se déménèrent pour retrouver au plus vite leur vie quotidienne, mais à cause du froid et du manque de matériaux, les travaux n'avançaient pas comme ils le voulaient. Les décombres des maisons détruites et les éboulements de terre continuaient à s'entasser au bord des routes. La neige se transforma aussitôt en boue grisâtre qui donna à la totalité de l'île une apparence encore plus misérable.

Les débris qui flottaient sur la mer furent progressivement entraînés vers le large où ils se dispersèrent. Seul le ferry était toujours planté en plein milieu de l'eau. Son apparence, comme s'il était mort asphyxié la tête enfouie dans le sol, n'avait plus rien de l'époque où le grand-père y avait vécu.

Dans l'après-midi du troisième jour après le séisme, je marchais dans la rue du tramway non loin du bureau, lorsque je vis les Inui. Pour être exacte, je n'ai vu qu'une paire de gants, mais elle appartenait manifestement – même si j'aurais préféré me tromper – à la famille Inui.

Le directeur du bureau m'ayant envoyée faire une course, au moment où je m'apprêtais à entrer dans la papeterie, l'un de ces camions à la bâche vert foncé m'a dépassée. Il avait l'air plein de gens, et la bâche oscillait lourdement. Les voitures et les passants se rangeaient sur le bas-côté en attendant qu'il veuille bien disparaître au plus vite.

La main toujours posée sur la poignée de la porte de la papeterie, je faisais attention à regarder le moins possible en direction du camion, mais une paire de gants qui dépassaient de sous la bâche est entré, l'espace d'un instant, dans mon champ de vision. Surprise, j'ai concentré mes nerfs. Il s'agissait bien des petits gants en laine bleu clair réunis l'un à l'autre par un lien au crochet.

— Ils appartiennent au fils des Inui…

Je m'étais souvenue du moment où je lui avais coupé les ongles au sous-sol. Souples et transparents, ils étaient tombés en voltigeant ; j'ai senti à nouveau la douceur de ses doigts, et je voyais ses gants bleu clair posés non loin.

Par l'interstice de la bâche, je n'avais pas vu son visage ni son corps, mais ses gants qui pointaient légèrement dans le monde extérieur avaient l'air triste. Je m'étais avancée sur le trottoir pour courir à sa poursuite, en vain. Le camion avait aussitôt disparu à mes yeux.

J'avais entendu dire que beaucoup de gens qui se cachaient, dont la maison avait été détruite par le tremblement de terre ou les incendies qui avaient suivi, erraient dans les rues, n'ayant plus d'endroit où aller. Et que la police secrète les emmenait les uns après les autres au commissariat. Mais je n'avais aucun moyen de savoir si la famille Inui avait bien été à bord de ce camion. Je ne pouvais rien faire d'autre que prier pour que le garçon puisse continuer à se faire couper les ongles sous la protection de ses gants bleu clair.

Nous avons décidé que le grand-père vivrait à la maison. Comme je pensais que cela arriverait tôt ou tard et que je commençais tranquillement à m'y préparer, cela ne me posait pas de problème particulier, mais j'étais préoccupée car depuis le tremblement de terre, il avait l'air étrangement triste. Puisque son lieu de vie avait disparu soudain, sans aucun signe avant-coureur, c'était sans doute normal qu'il ait reçu un choc. De plus, il avait beau bien connaître la maison, maintenant qu'il allait y vivre, il devait y avoir des choses auxquelles il n'était pas habitué. C'est ce que je me disais.

Mais quand il a fallu ranger ce qui avait été bousculé par le tremblement de terre, le grand-père a déployé beaucoup d'énergie. Nous pouvions nous réjouir de ce que la maison n'avait pas été détruite, mais à l'intérieur c'était tellement sens dessus dessous que l'on n'avait aucune idée de par où commencer. Le grand-père a rapidement tout remis en place.

Il a d'abord relevé tous les meubles qui étaient tombés, réparé ceux qui étaient cassés, et démonté ceux qui étaient inutilisables pour les brûler dans le jardin. Il a classé et rassemblé toutes les choses disséminées à travers les pièces, les a rangées et il a ciré le sol. L'entrée de la chambre secrète, bien sûr, mais aussi les portes et les encadrements de fenêtre disjoints, il a tout réajusté.

— La blessure de votre visage n'est pas encore guérie, prenez le temps de vous soigner, lui ai-je dit.

— Non non, pas le temps de penser à cela, c'est plus facile de le faire dans la foulée. A propos, tout à l'heure, je suis tombé par hasard à l'entrée sur le monsieur d'en face et vous savez ce qu'il m'a dit ? "Comment va votre urticaire ? Tiens, vous en avez encore des traces. Je vous en prie, prenez soin de vous."

Il s'est mis à rire avant de repartir avec son marteau pour taper ici ou là.

C'est en rangeant le sous-sol avec lui que nous avons trouvé de curieux objets.

A l'origine, le sous-sol était encombré de toutes sortes de vieilles choses, et tout ayant été bousculé par le tremblement de terre, il n'y avait pas où poser le pied. Nous nous sommes dit que nous allions en profiter pour jeter ce qui n'était pas nécessaire, mais qu'il s'agisse de carnets de croquis ou de ciseaux, chaque objet que je prenais étant lié au souvenir de ma mère, j'étais finalement incapable de ranger quoi que ce soit.

— Mademoiselle, venez donc voir un peu par ici, dit le grand-père, accroupi au pied d'une étagère.

— Quoi ? ai-je fait en regardant dans la direction qu'il me désignait, et je vis les sculptures de ma mère que la famille Inui m'avait confiées et qui étaient tombées. Le baku dévoreur de rêves de leur cadeau de mariage, la poupée du cadeau de naissance de leur fille, et les trois autres, des sculptures abstraites que ma mère leur avait offertes avant d'être emmenée au commissariat.

— Regardez.

Le baku et la poupée étaient indemnes, mais les trois autres étaient brisées ou fendues. Ce n'était pas parce qu'elles étaient cassées que le grand-père m'avait appelée, mais parce qu'étaient apparus les objets qu'ils recelaient, je l'ai tout de suite compris.

— Je me demande ce que c'est.

J'ai soulevé avec précaution les trois sculptures avec mes mains, et je les ai alignées sur la table. Nous nous sommes assis, et nous avons observé un moment en silence ce qui dépassait des fissures.

— Voulez-vous que je les sorte ?

— Oui c'est une bonne idée. Cela ne sert à rien de continuer à les regarder ainsi. Mais faites bien attention. Ce peut être dangereux.

— Mais non. Puisque ces sculptures ont été faites par ma mère.

J'ai sorti les objets l'un après l'autre en les prenant entre le pouce et l'index.

L'un était un morceau de papier rectangulaire plusieurs fois replié. Il avait jauni, et ses pliures anciennes menaçaient de se déchirer. On pouvait y lire des lettres et des chiffres.

L'autre, un petit bâton carré métallique de la grosseur d'une barre de chocolat. De chaque côté se succédaient des petits trous serrés les uns contre les autres.

Le dernier, dans une pochette en plastique, quelques petits grains ronds et blancs comme des médicaments.

— Maman les avait cachés dans ses sculptures, ai-je dit après avoir tout sorti.

— On dirait que oui.

Le grand-père les regardait, posés sur la table, sous divers angles. J'ai rassemblé sur le bord tous les morceaux cassés des sculptures. J'ai cherché avec beaucoup d'attention entre les morceaux, mais je n'ai rien trouvé d'autre.

— Vous croyez que les Inui étaient au courant ?

— S'ils l'avaient su, ils vous l'auraient dit au moment où ils vous les ont données.

— Oui c'est vrai. Alors tout ça est resté pendant quinze ans au cœur de ces sculptures sans que personne ne s'en aperçoive ?

— Oui, sans doute.

Accoudés à la table, nous les avons à nouveau contemplés en silence. Le poêle du sous-sol marchait toujours aussi mal et l'atmosphère n'en finissait pas de se réchauffer. La neige battait contre la lucarne et le ciel était invisible. La surface gelée de la rivière grinçait de temps à autre.

J'avais tout de suite deviné qu'il s'agissait d'objets conservés dans les tiroirs secrets de ma mère. Les morceaux de papier, le bâtonnet métallique et les grains blancs n'avaient rien de commun quant à leur forme, mais ils avaient l'air réservé, discret et doux.

— Comment pensez-vous que nous pourrions procéder ? ai-je demandé.

— Eh bien...

Le grand-père a tendu le bras pour prendre le bâtonnet métallique. Mais sa main qui tremblait imperceptiblement n'attrapait que de l'air. Plus il essayait de s'approcher des objets déposés sur la table, plus ses mains semblaient vouloir se diriger vers une direction imprévisible.

— Que se passe-t-il ? lui ai-je demandé, et il s'est précipité pour tenir sa main droite avec sa main gauche et la remettre sur ses genoux.

— Non, rien du tout. Je suis seulement un peu tendu d'avoir ces choses inhabituelles alignées devant mes yeux.

— Vous n'auriez pas quelque chose au bras ? Montrez-moi.

— Non non. Je vous assure, ce n'est rien du tout.

Le grand-père a penché son corps, faisant en sorte de dissimuler son bras droit.

— C'est sans doute la fatigue. Laissons le sous-sol pour aujourd'hui et allons prendre un peu de repos.

Il a acquiescé en silence.

— En tout cas, ça, on va le porter dans la chambre secrète. Car il est certain que ce sont des objets qui n'existeront que là-bas.

— Y a-t-il d'autres sculptures qui ont été faites par votre mère entre le moment où elle a reçu sa convocation et celui où elle a été emmenée ? demanda R.

— Ça, je ne sais pas. Mais je crois qu'à la maison, il n'y en a pas d'autres que ces trois-là qui m'ont été confiées par les Inui, ai-je répondu.

Je tripotais le couvre-lit. Y étaient déposés les trois objets découverts au sous-sol.

— Parce que toutes les sculptures laissées pour moi ou mon père, elle les avait faites longtemps avant l'arrivée de sa convocation.

— Il n'y a pas d'autre endroit où votre mère aurait pu ranger des sculptures ?

— Le seul imaginable est le chalet en amont de la rivière, mais ça fait bien des années que je n'y vais pas. Il doit être en ruine.

— C'est sans doute là. Elle a dû y cacher des sculptures. Ou plutôt, elle a enfermé des objets disparus dans des sculptures qu'elle y a dissimulées. Pour les protéger de la police secrète.

Il a posé ses deux mains sur le lit, a croisé ses jambes dans l'autre sens. Les ressorts ont grincé.

— C'est pour cette raison que les tiroirs secrets ont tous été vidés à mon insu ?

J'avais levé les yeux vers son profil.

— Oui. C'est ça.

Il a d'abord pris le morceau de papier rectangulaire. Il l'a déplié doucement sur sa paume parce qu'il menaçait de se déchirer au moindre geste brusque.

— Vous vous en souvenez ? m'a-t-il demandé.

— Non, ai-je répondu en soupirant.

— C'est un ticket de ferry.

Le ton de sa voix était doux et réservé.

— De ferry, un ticket ?…

— Exactement. Regardez bien. Il est à moitié effacé, mais la destination et le prix sont imprimés ici. Un ticket pour aller sur la grande île qui se trouve au nord. Tout le monde en achetait un avant de monter à bord. Le ferry entretenu par le grand-père.

Retenant mon souffle, je fixais sans ciller le morceau de papier légèrement sali. Au milieu était dessinée la silhouette fringante du bateau glissant sur la mer. Quel était son nom déjà ? A l'époque où le grand-père y habitait, les lettres peintes sur la coque, exposées aux embruns, étaient écaillées. Sur le ticket aussi, elles avaient passé au point de devenir illisibles.

— C'est très peu, mais j'ai l'impression que la surface de ma mémoire frémit.

Mes yeux devenaient de plus en plus doulou-reux, au point que j'avais très envie de les fermer, mais je tenais le coup, de peur que la surface de ma mémoire ne se fige à nouveau.

— Mais je ne retrouve pas le souvenir de ce morceau de papier. C'est une sensation beaucoup plus fine et improbable. Ma mémoire ne fait pas le poids vis-à-vis de la vôtre.

— Vous croyez ? Je vais la recueillir avec beau-coup de précaution. Essayez de vous rappeler quelque chose, n'importe quoi.

Il a posé ses paumes ouvertes sur mes genoux. Nos épaules se sont frôlées.

— Je me souviens d'une seule scène. Je ne sais rien des choses importantes, telles que où ni com-ment ce ticket était vendu, la fonction qu'il rem-plissait. Je revois seulement son aspect dans l'un des tiroirs secrets du sous-sol. Plié exactement comme maintenant, il avait l'air tout penaud en plein milieu du tiroir. Quand j'ai tiré sur la poi-gnée, la bordure du papier a tremblé comme s'il avait été surpris. Et ma mère, aussi doucement que vous l'avez fait, l'a déplié. Au sous-sol c'était toujours la nuit. Parce que la lune se découpait dans la lucarne. Tout autour étaient éparpillés des copeaux de bois, des éclats de pierre et du plâtre. Le murmure de la rivière flottait alentour comme celui de la nuit. Les mains épaisses de ma mère, qui paraissaient tièdes, étaient tachées. Incrustées de pâte à modeler, égratignées par le ciseau. Je crois que moi aussi j'ai touché le ticket. Tout en le regardant en alternance avec son visage, je l'ai pris doucement entre mes doigts. Mon cœur battait fort, vous savez. Pas parce que cela me faisait plaisir ou que c'était amusant. J'avais bien plus peur qu'il ne soit aspiré à travers une fente vers une torsion de l'espace. Mais ma mère souriait, cela m'a encouragée. Le ticket, mince, râpeux, n'était en rien différent d'un vieux papier jeté à la poubelle. Je ne comprenais pas pourquoi ma mère l'avait gardé aussi précieusement. Mais comme je ne voulais pas la décevoir, moi aussi je l'ai manié avec précaution.

Ayant parlé d'une seule traite, j'ai posé mes mains sur ma poitrine en penchant la moitié supérieure de mon corps. J'avais du mal à respirer tellement je m'étais concentrée sur un point de ma mémoire. Une douleur me transperça même derrière les côtes.

— Il ne faut pas en faire trop. Vous devriez vous reposer un peu.

Il a posé le ticket sur le lit et m'a glissé entre les mains une tasse de thé. Le stock de thé commençait à diminuer sérieusement, si bien que ces temps-ci nous ne pouvions porter à nos lèvres qu'une eau chaude légèrement colorée, qui néanmoins remplit son rôle de réconfort.

— C'est toujours ainsi, n'est-ce pas ? Je n'arrive jamais à me souvenir d'une chose qui pourrait vous satisfaire.

— Me satisfaire ou pas, ce n'est pas la question. L'important est de réveiller votre cœur endormi.

— Mon cœur endormi ? S'il était seulement endormi, ce serait bien, mais il s'est effacé et il a disparu.

— Mais non, pas du tout. Ne venez-vous pas, là tout de suite, de vous souvenir de quelque chose concernant ce ticket de ferry ? La poignée du tiroir, la paume de la main de votre mère, le murmure de la rivière, pas vrai ?

Il s'est levé, a réglé l'intensité de la lumière de la lampe, s'est de nouveau assis sur le lit. La chambre secrète était rangée comme avant le tremblement de terre. Sur l'étagère, le miroir, le rasoir et les flacons de médicaments se trouvaient à leur place. Seule une planche avait été changée à l'entrée.

J'ai réalisé que nous étions toujours assis sur le lit. Un lit simple et robuste, que le grand-père avait fabriqué dans la précipitation. Un lit recouvert d'une couverture douillette que, faisant attention à conserver propre, je faisais soleiller une fois tous les trois jours. Nous n'avions d'autre lieu d'existence que l'intérieur de ce cube. C'est là que nous parlions, que nous mangions, que nous nous regardions l'un l'autre, que nos corps se retrouvaient. J'ai regardé à nouveau l'unique espace qui nous était offert. Il était désespérément exigu, on ne pouvait compter sur lui.

— Quand la surface du marais de votre cœur se mettra en mouvement, vous aurez certainement envie de décrire cette sensation. Parce que c'est ainsi que vous avez toujours écrit vos romans, n'est-ce pas ? m'a-t-il dit.

Et il a pris la barre de chocolat couleur d'argent posée à côté du ticket pour la porter à sa bouche. Etonnée, j'étais en train de me demander si c'était vraiment quelque chose qui se mangeait, lorsque les yeux rieurs il a commencé à aspirer et souffler de l'air. En même temps, des sons se sont mis à sortir de la barre métallique.

— Eh bien… me suis-je exclamée.

Mais comme il avait toujours les lèvres obstruées, il ne pouvait pas parler. Seuls les sons continuaient à s'écouler.

C'était différent de la boîte à musique. La sonorité plus épaisse résonnait avec énergie jusque dans les recoins de la pièce. Mais parfois elle devenait rauque ou tremblait tristement. Et la même mélodie ne se répétait pas, chaque son avait une expression différente.

Il tenait à deux mains cette barre rectangulaire contre ses lèvres et la déplaçait à droite et à gauche. Plus il allait vers la droite, plus les sons étaient aigus, plus il allait vers la gauche, plus ils étaient graves. Comme elle était presque entièrement dissimulée derrière ses mains, cela donnait l'impression que les sons sortaient de ses lèvres.

— C'est un harmonica, dit-il, après avoir baissé les mains.

— Har-mo-ni-ca, ai-je prononcé chaque syllabe comme si je buvais de l'eau à sa bouche. Cela sonne d'une manière romantique. On dirait le nom d'un petit chat intelligent, tout blanc, aux poils longs sur les pattes.

— Ce n'est pas un chat. C'est un instrument de musique.

Il l'a déposé sur ma main. A le tenir ainsi réellement, je sentais avec encore plus de netteté à quel point il était petit. Il était rouillé par endroits, mais à la lumière de l'ampoule il dégageait d'élégants reflets argentés. En son milieu étaient gravées des lettres de l'alphabet, sans doute le nom du fabricant. A l'endroit où R avait posé ses lèvres s'alignaient deux rangées de trous réguliers qui ressemblaient aux alvéoles d'une ruche.

— Soufflez pour voir, me dit-il.

— Eh. Je n'y arriverai jamais.

— Mais si. Je suis sûr que vous en jouiez quand vous étiez enfant. Puisque votre mère l'a gardé aussi précieusement. Allez, essayez. C'est comme quand on respire. C'est simple, vous voyez.

J'ai lentement porté l'harmonica à ma bouche. J'eus l'impression qu'il avait gardé la tiédeur de ses lèvres. J'ai essayé de souffler doucement, et comme il a produit un son plus fort que je ne l'avais imaginé, surprise, je l'ai éloigné précipitamment.

— Vous voyez comme le son sort facilement.

Il souriait.

— Ici, c'est do. Ensuite, ré, puis mi. En soufflant, en aspirant et en soufflant à la suite, on a aussitôt do ré mi fa sol la si do.

Ensuite, il a joué plusieurs morceaux. Il y en avait que je connaissais, d'autres que je ne connaissais pas, mais tous m'ont apporté la tranquillité.

Quoi qu'il en soit, cela faisait longtemps que je n'avais pas vu ni entendu d'aussi près un instrument de musique. Depuis un certain temps j'avais même oublié ce que c'était. Il est vrai que dans mon enfance j'avais appris l'harmonium. Le professeur était une femme d'âge mûr, grosse et coléreuse. Les dictées d'accords n'étaient pas mon fort et je n'en menais pas large, le visage à moitié dissimulé derrière le couvercle de l'harmonium. Do mi sol ou ré fa la, j'entendais tout pareil. Quand nous jouions ensemble, sans enfoncer les touches pour ne pas gêner, je me contentais de sauver la face en bougeant les doigts de manière appropriée. Sur mon sac à partitions fait à la main par ma mère, il y avait le motif appliqué d'un ourson avec une pomme sur la tête.

Où étaient partis l'harmonium et le sac ? L'instrument avait coûté cher, et comme j'avais arrêté les leçons au bout d'à peine un an, je me rappelais que ma mère avait rouspété. Pendant un certain temps, recouvert d'une housse, il avait servi de socle à ses sculptures, et bientôt il avait disparu. Ainsi, toutes sortes de choses n'avaient pas besoin des disparitions pour s'effacer tranquillement…

Penché, l'épaule gauche légèrement tombante, les yeux baissés, R soufflait dans l'harmonica. Ses cheveux qui retombaient sur son front touchaient presque ses cils. Il était très doué. Il ne se trompa pas une seule fois. Il connaissait toutes sortes de morceaux, au tempo rapide ou lent, joyeux ou émouvants.

Il me laissait jouer de temps à autre. Je ne voulais pas, honteuse de ne pas être douée, mais il me disait qu'il voulait se reposer un peu en écoutant. Je ne pouvais faire autrement que de souffler en hésitant les berceuses ou les comptines que me chantait autrefois ma nounou. J'étais vraiment maladroite. Où était le fa ? où était le si ? je n'arrivais pas à trouver les intervalles, et comme je n'étais pas habituée à doser mon souffle il produisait des sons grinçants ou tremblants comme s'ils menaçaient de disparaître. Mais chaque fois qu'un morceau se terminait, R avait la gentillesse de m'applaudir.

Nous nous trouvions dans un endroit tout indiqué pour jouer de l'harmonica. Aucun bruit ne nous parvenait de l'extérieur, le téléphone ne sonnait pas, personne ne venait nous rendre visite et le grand-père dormait déjà dans la pièce traditionnelle du rez-de-chaussée ; les sons se répercutaient également jusque dans les recoins de la chambre, et nous pouvions rester enfermés ici aussi longtemps que nous le désirions. Comme il n'y avait pas beaucoup d'air, en jouant trop il devenait difficile de respirer, alors, debout près de l'aérateur, ouvrant grand la bouche, nous inspirions profondément.

Quand nous avons fini de jouer tous les morceaux que nous connaissions, nous avons reposé l'harmonica sur le lit avant de prendre le dernier objet qui restait. Il a ouvert le sachet en plastique, a recueilli sur sa main les petits grains blancs qu'il contenait. Le vinyle jaunâtre avait l'air vieux, mais le contenu ne paraissait pas avoir vieilli autant.

— Ce ne serait pas un médicament par hasard? lui ai-je demandé.

— Non, ce sont des "ramune". Votre maman a même gardé cela précieusement.

Ils étaient ronds, un peu excavés au centre, couverts de poudre blanche. Il en a pris un avec tendresse entre ses doigts avant de le glisser soudain entre mes lèvres. Surprise, j'ai porté mes deux mains à ma bouche. Il souriait, manifestement ravi.

C'était tellement sucré que c'en était brûlant. J'ai remué la langue pour mieux saisir le goût, mais tout a aussitôt fondu.

— C'était bon ? m'a demandé R.

Cela avait été si soudain que j'en suis restée sans voix, me contentant de hocher la tête, lèvres fermées, pour que le goût sucré ne disparaisse pas.

— Ce sont des petites pastilles à la limonade. Quand nous étions enfants, il s'en vendait plein dans les magasins. Dans toute l'île, il y en avait une quantité incalculable. Mais maintenant il ne reste que ceux-là.

Il en a pris un à son tour. Qui a sans doute fondu aussitôt car il est resté immobile, sans quitter les autres des yeux. Je me demande combien de temps nous sommes restés ainsi tous les deux.

— Nous allons les partager avec le grand-père, dit-il enfin avant de les remettre dans leur pochette en plastique.

Cette nuit-là, R m'avait raconté l'histoire de trois objets. Le ticket du ferry, l'harmonica et les pastilles à la limonade, alignés en bon ordre à notre chevet.

Quand nous étions allongés, j'avais l'impression que le lit devenait encore plus petit que lorsque nous étions assis dessus. Il empaquetait notre corps, ne nous laissant aucun espace de liberté. Mais les bras de R étaient larges, ils me permettaient de me retourner, de relever mes cheveux, et même d'éternuer discrètement.

La nuit devait être déjà assez avancée, mais je ne voyais pas le réveil sur l'étagère, caché par son épaule. La clef de l'entrée que le grand-père avait remplacée, toute neuve, brillait joliment. L'aérateur continuait de tourner sans répit.

— Sur l'île du nord il y avait un pâturage, commença-t-il. Dans les prairies au pied des montagnes on élevait des vaches, des chevaux et des moutons. En payant, on pouvait monter à cheval. Une jeune fille du pâturage le tirait par sa longe et lui faisait faire le tour de la place, c'était tout de suite fini. Je lui criais toujours d'aller plus doucement. Alors, un jour, elle m'a fait faire un tour de plus. Au milieu du pâturage il y avait une fromagerie. Chaque fois que j'y entrais, j'avais mal au cœur. Quand je voyais le fromage brassé dans un énorme récipient qui ressemblait à une cuve à fuel, je ne pouvais m'empêcher de m'y voir tomber. On pouvait s'amuser toute la journée au pâturage mais à cinq heures du soir il fallait retourner sur le quai. Parce que le ferry ne faisait que quatre allers et retours par jour, vous savez. Sur l'île du nord, le quai du ferry était aussi animé qu'un marché. Crèmes glacées, pop-corn, pommes au caramel, candies et limonade. Il y avait tout ce que les enfants aimaient. Lorsque le ferry revenait sur l'île, la mer était colorée par les rayons du couchant. Le soleil qui plongeait à l'horizon paraissait si proche qu'on aurait pu l'attraper. Comparée à l'île du nord, la nôtre vue de la mer semblait calme et solitaire, ses contours flous. Je glissais toujours le ticket du ferry dans la poche arrière de mon pantalon. Plié avec soin pour ne pas le perdre. Et parce que j'avais fait un tour à cheval, il était toujours froissé.

Son récit se poursuivait sans interruption. C'était palpitant comme s'il me lisait un conte de fées, comme si j'écoutais une musique agréable. Je jetais de temps à autre un coup d'œil au chevet du lit, où les trois objets continuaient à sommeiller. Ils étaient sages au point que cela me paraissait incroyable qu'ils recèlent toutes ces histoires qui sortaient de sa bouche. Je reposais aussitôt ma joue contre sa poitrine.

Il avait joué de l'harmonica lors d'une audition d'élèves. La baguette du chef d'orchestre s'était brisée, tout le monde avait éclaté de rire et le concert avait été interrompu. Sa grand-mère lui donnait une par une des pastilles à la limonade qu'elle sortait de la poche de son tablier. Un jour il en avait trop mangé et cela l'avait rendu malade. Et sa mère s'était fâchée contre sa grand-mère. Celle-ci était morte d'une maladie au cours de laquelle les muscles deviennent de plus en plus faibles…

Ecouter les histoires d'objets qui avaient disparu surmenait certains nerfs. Mais ce n'était pas du tout désagréable. J'avais du mal à me représenter distinctement tout ce qu'il racontait, mais cela ne me dérangeait pas. Comme lors des moments secrets passés avec ma mère au sous-sol lorsque j'étais enfant, je me contentais de tendre innocemment l'oreille. J'avais la même sensation que si j'avais attendu en tendant ma jupe pour recevoir sans en manquer un seul des chocolats que les dieux auraient fait tomber du ciel.

23

J'avais décidé de me rendre le dimanche suivant avec le grand-père jusqu'au chalet. Parce que je pensais que peut-être, comme le disait R, il y restait des sculptures recelant des objets secrets.

On disait chalet, mais en réalité il s'agissait d'une cabane assez rustique que ma mère utilisait autrefois comme atelier uniquement pendant l'été. Depuis sa mort, non seulement personne n'y était entré, mais puisqu'il y avait eu ce tremblement de terre, il devait certainement être en ruine.

Moi et le grand-père sommes partis tôt le matin avec chacun un sac à dos contenant gourde et pique-nique. Comme une famille allant se procurer des légumes à la campagne, nous avons pris le train, et lorsque nous sommes enfin arrivés au chalet après avoir marché pendant une bonne heure sur le sentier de montagne longeant la rivière, il était déjà près de midi.

— C'est dans un état assez déplorable.

Le grand-père qui avait posé son sac sur la neige s'essuyait le visage avec la serviette coincée dans sa ceinture.

— Pire que ce qu'on avait imaginé, hein ?

Assise sur une pierre du lit de la rivière, j'ai bu de l'eau à ma gourde.

Cela n'avait pratiquement plus la forme d'une construction. On ne savait même pas où se trouvait la porte, et l'on avait l'impression qu'il aurait suffi d'y toucher sans précaution pour qu'elle s'effondre dans un grand bruit. Le toit était incurvé sous le poids de la neige accumulée, la cheminée à moitié cassée, et ici ou là sur la mousse recouvrant les planches poussaient des champignons de couleurs vives.

Nous avons d'abord mangé notre pique-nique, ne nous mettant à la tâche qu'après avoir pris un peu de repos. A traîner dehors après le coucher du soleil nous risquions d'éveiller l'attention de la police secrète, aussi devions-nous travailler vite.

D'abord, nous avons enlevé le bois de ce qui avait dû être la porte et nous sommes entrés. Le sol était encombré de toutes sortes de choses dangereuses, clous, couteaux, burins et ciseau de sculpteur, et comme le plafond était obstrué par un pilier tombé, nous nous sommes avancés avec précaution en nous éclairant avec la lampe électrique.

— Dites, c'est quoi, ça ?

J'avais presque crié. Sous le plan de travail, un petit tas dégageait une atmosphère différente des gravats alentour, un peu humide et visqueuse, un tas qui tout en paraissant mou présentait ici ou là des aspérités, était informe et dégageait une odeur nauséabonde. Le grand-père en a approché le faisceau de la lampe électrique.

— C'est un cadavre, me répondit-il avec sang-froid.

— Un cadavre ?

— Oui. Sans doute celui d'un chat. Un chat errant qui a dû s'égarer et venir mourir ici.

En l'observant mieux, on remarquait que la chair de la tête et du ventre avait fondu dans sa totalité, laissant pointer les os, tandis que les pattes et les oreilles étaient bien celles d'un chat. Nous avons joint les mains devant ce chat inconnu avant de nous mettre au travail en évitant le plus possible de regarder dans sa direction.

Les sculptures étaient disséminées un peu partout dans la pièce. Ce n'était pas difficile de distinguer des autres celles qui avaient été fabriquées pour dissimuler des "objets". Celles qui en renfermaient, pour que par la suite on puisse retirer facilement leur contenu, étaient composées d'un assemblage de morceaux de bois ou de pierres ; elles avaient donc une forme abstraite et de certaines déjà brisées les "objets" étaient sortis.

Nous avons rempli nos sacs à dos des sculptures, et lorsqu'ils furent pleins, nous avons sorti les sacs de voyage que nous avions préparés. Nous n'avions pas le temps de les casser l'une après l'autre pour en vérifier le contenu. A la sensation éprouvée lorsque nous les prenions nous savions si elles masquaient ou non des disparitions.

Le travail fut terminé en un peu plus de deux heures. Les deux sacs à dos et les deux sacs de voyage étaient remplis. Nous avions bien pensé inhumer le chat quelque part, mais finalement nous l'avons laissé parce que tôt ou tard il se retrouverait enseveli sous la neige avec cette cabane qui se délabrait. En redescendant le long de la rivière, je me suis arrêtée une fois, et après avoir posé les sacs à mes pieds je me suis retournée vers le chalet où je ne reviendrais sans doute jamais.

— Le sac, voulez-vous que je le porte ? proposa le grand-père.

— Non. Ça va. Je vous remercie, lui répondis-je.

Et nous sommes repartis vers la gare en bas.

La gare, à l'approche de l'heure du rapide, était bondée. Des familles revenant de pique-niquer, des voyageurs, des paysans emportant des légumes en ville s'entassaient dans la salle d'attente, encombrés de leurs imposants bagages. Tout le monde, l'air anxieux, paraissait sur le qui-vive. Toute la gare bruissait d'agitation.

— C'est le train qui est en retard ? ai-je demandé en passant le sac de voyage de ma main droite à celle de gauche.

— Non, mademoiselle. C'est le contrôle.

Les hommes de la police secrète venaient de bloquer les guichets et ordonnaient aux gens de se ranger en deux colonnes. Autour du rond-point de la place de la gare étaient garés des camions vert foncé. Les employés, comme on le leur avait demandé, s'étaient mis à l'écart, assis sur les bancs de la salle des pas perdus, pour ne pas les gêner. Le train était à quai, mais rien ne laissait supposer qu'il allait partir.

"Qu'allons-nous faire ?"

J'avais levé les yeux en silence vers le grand-père.

— Il ne faut pas se montrer troublés, murmura-t-il rapidement, mettons-nous le plus possible vers l'extrémité de la file.

Nous laissant bousculer par la vague humaine, nous avons reculé progressivement, pour nous assurer à peu près la dixième place avant la fin. Juste devant nous se trouvait un paysan qui portait une hotte de bambou tressé débordant de légumes, de boîtes de conserve, de viande séchée et de fromages. Voir tout cela me mettait l'eau à la bouche, cet amoncellement de nourritures était extraordinaire. Derrière se trouvaient une mère et sa fille qui paraissaient riches, portant des valises.

La file progressait petit à petit vers l'avant. Les hommes de la police secrète, la main posée sur leur arme, allant et venant dans la salle des pas perdus, nous avaient à l'œil. Je ne voyais pas très bien à cause du dos des gens, mais au niveau du guichet, la police secrète semblait contrôler les identités et les bagages.

— Ces temps-ci, il y a vraiment beaucoup de contrôles, hein.

— Pourtant, dans une telle gare de campagne, il ne doit pas y avoir grand-chose à récolter.

— Non, on dit que c'est plus sûr au fin fond des montagnes que de se cacher en ville. C'est pourquoi dernièrement la police a renforcé les contrôles des traqueurs de souvenirs à la campagne. Il n'y a pas si longtemps, il paraît qu'ils ont arrêté quelqu'un qui se cachait dans une grotte en montagne.

— Mais c'est gênant pour nous. On voudrait bien qu'ils se dépêchent, hein.

Les gens chuchotaient entre eux, mais quand ils croisaient le regard des policiers, ils se taisaient soudain et baissaient les yeux.

— Ce qu'ils veulent vérifier le plus en détail, ce sont les papiers d'identité, pas les bagages, murmura le grand-père. Il s'était penché et faisait semblant de resserrer la ceinture de son pantalon.

— Nos papiers sont en règle. Ne vous inquiétez pas.

Il est certain qu'ils prenaient tout leur temps pour vérifier les papiers d'identité. Ils les retournaient, les vérifiaient en transparence à la lumière, comparaient plusieurs fois la photo à l'original, vérifiant si ce n'était pas un faux, si le numéro n'était pas inscrit sur la "liste noire". En comparaison, le contrôle des bagages, qu'ils ouvraient pour y jeter un simple coup d'œil, était succinct.

Cependant, les bagages que nous transportions ne contenaient ni sous-vêtements, ni vêtements de rechange, ni sweater, ni biscuits, ni trousse de toilette. Mais toutes sortes d'objets qui avaient disparu des mémoires depuis bien longtemps et que nous-mêmes étions incapables de nommer ni d'en expliquer la fonction. J'ai tiré sur les bretelles de mon sac à dos, serré encore plus fort la poignée du sac de voyage. Ils étaient certainement effrayés d'avoir été brutalement tirés de leur sommeil après être restés longtemps abandonnés dans une cabane en ruine, enfermés dans des sculptures. J'avais l'impression que leur trouble se transmettait à mon dos et mes mains.

— Laissez-moi faire. Mademoiselle, ne dites rien.

Je me demandais comment il avait l'intention d'expliquer la présence des sculptures dans nos sacs. Les policiers ne penseraient peut-être pas qu'il s'agissait de sculptures. Pour eux ce seraient simplement des objets suspects. Et s'ils découvraient une sculpture cassée… Bien sûr, nous avions mis au fond pour qu'elles ne se remarquent pas les sculptures cassées qui laissaient voir un objet à l'intérieur, mais s'ils plongeaient la main dedans ou renversaient les sacs, ce serait fini. Nous ne pourrions pas y échapper. J'ai voulu avaler ma salive, mais j'avais la bouche sèche et ma langue était collée à mon palais.

Notre tour approchait rapidement. Le train siffla une fois. Tout le monde commençait à s'énerver. L'heure de départ du train était passée depuis longtemps, la nuit approchait. Bloqués soudain dans un tel endroit, les gens étaient sans doute ennuyés de voir leur programme bouleversé. Je les enviais. Parce que leurs engagements les plus importants pouvaient bien en subir les conséquences, ils n'en perdraient pas la vie pour autant.

— Allez, au suivant.

Le visage toujours sans expression, les policiers ne parlaient pas plus que nécessaire. Les gens qui venaient d'être contrôlés n'avaient pas le temps de refermer leurs sacs qu'ils étaient poussés sans ménagement vers les quais. Plus que trois, plus que deux. Nous nous tenions le plus près possible l'un de l'autre, le grand-père et moi.

— Dites-moi, qu'est-ce que vous fabriquez ? s'exclama soudain, lorsque son tour arriva, le paysan qui se trouvait devant nous avec sa hotte.

Le mouvement de la file qui avançait doucement s'arrêta net. Tout le monde retenait son souffle, pensant qu'il était absurde de s'adresser ainsi à eux.

— Moi, vous savez, je suis celui qui apporte la nourriture à la cantine de vos quartiers. On me demande de livrer impérativement chaque semaine le dimanche soir avant cinq heures. Tenez, regardez. J'ai un laissez-passer fourni par la police. Il va falloir faire bouger ce train rapidement. En ce moment vos collègues sont en train de se plaindre qu'il n'y a rien de prêt pour le dîner. Et c'est après moi qu'on en aura. Vous savez bien à quel point la police est à cheval sur les horaires. Vous allez téléphoner au responsable de la cantine. Vous lui direz que ce n'est pas de ma faute si je suis en retard. Que c'est à cause de ce contrôle qui n'en finit pas.

Le paysan avait parlé d'une seule traite en leur mettant sous le nez le laissez-passer qui pendait autour de son cou. A ce moment-là, la jeune fille qui se trouvait derrière nous chancela, plaquant son mouchoir sur sa bouche avant de s'effondrer.

— Aah, c'est terrible. Une crise d'anémie. Cette jeune fille a le cœur fragile. Quelqu'un veut-il m'aider ? cria sa mère.

Le grand-père aussitôt, me donnant son sac à porter, prit la jeune fille dans ses bras pour la relever. Les autres personnes qui attendaient leur tour s'avancèrent pour voir ce qui se passait. La file se désorganisa complètement. Et pendant ce temps-là, le paysan continuait ses invectives.

— Bon, alors, vous tous, sortez vos papiers. Vous allez avancer en faisant en sorte de les montrer pour qu'on les voie bien. Dès que vous serez passés, vous allez courir pour monter dans le train, ordonna en levant la main l'homme qui semblait leur chef, après avoir écarté d'un geste le paysan en colère.

J'avais mal aux bras parce que les sacs étaient lourds, mais j'ai sorti le plus vite possible mes papiers d'identité de la poche intérieure de mon manteau. Le grand-père avait demandé à la mère de la jeune fille anémique de les prendre dans sa poche de pantalon. C'est ainsi que le groupe qui restait put franchir le guichet. Pour la forme, ils ne jetèrent qu'un vague coup d'œil aux papiers, il n'y eut pas de contrôle des bagages. Dans la bousculade, conformément aux ordres, en réalité pour disparaître de là au plus vite avant qu'ils ne changent d'avis, nous avons couru vers le quai. La jeune fille anémique soutenue par le grand-père s'excusait sans arrêt. Le train démarra au moment où tout le monde s'affalait sur les sièges.

Cette nuit-là, il était plus de dix heures lorsque nous pûmes enfin nous mettre à table. A la gare de la correspondance, nous avions quitté la mère et sa fille pour prendre l'express et, arrivés à la gare centrale, le terminus, nous avions pris l'autobus pour rentrer à la maison, et pendant tout ce temps nous n'avions pratiquement pas échangé une parole. Tous les moyens de transport étaient bondés, l'atmosphère ne permettait pas de parler tranquillement, et nos nerfs avaient été bien trop surmenés pour que nous nous réjouissions d'avoir eu la chance d'échapper au contrôle. Même le grand-père qui, dans les pires conditions, toujours solide ne manquait jamais de m'encourager, avait l'air si fatigué que c'est à peine s'il avait pu s'asseoir.

Même après notre retour à la maison, nous sommes restés un moment dans le vague, assis sur le sofa du living. Les bagages étaient abandonnés sur le sol comme nous les y avions laissés. Nous n'avions pas la force de sortir ce qui se trouvait à l'intérieur des sculptures.

Comme dîner, je me suis contentée d'aligner des crackers, du concombre au vinaigre et une pomme. La pomme, nous l'avions reçue en remerciement de la mère et sa fille.

— Je suis désolée, il n'y a rien de chaud, ai-je dit.

— Ne le soyez pas. Avec ça c'est parfait.

Le grand-père avait tendu le bras pour piquer un morceau de concombre avec sa fourchette. Tout en faisant passer les crackers avec un verre d'eau, je gardais les yeux baissés, regardant l'assiette sans la voir. Le grand-père a échoué plusieurs fois de suite. La fourchette vaguait en l'air sans trouver de point d'appui, et au moment où je pensais qu'elle allait enfin atteindre son but, elle piquait le bord de l'assiette ou la nappe. Il se ressaisissait de la fourchette, la reprenait en main, mais c'était inutile. Il penchait la tête, dubitatif, fronçait les sourcils, regardait le concombre comme s'il voulait s'emparer d'un insecte menaçant.

— Que se passe-t-il ?… ai-je demandé, mais il ne parut pas m'entendre.

— Que se passe-t-il ? ai-je répété, mais il se contentait de continuer le même manège.

Ses lèvres qui pendaient, béantes, étaient bleues.

— Dites, arrêtez. J'ai compris. Vous voulez manger du concombre, c'est ça ? Tenez, je vais le prendre pour vous.

Ne pouvant en supporter davantage, j'ai pris la fourchette de ses mains, je l'ai piquée dans un morceau de concombre que j'ai porté à sa bouche.

— Aah, bah, c'est gentil… laissa-t-il tomber d'une voix sans force comme s'il avait enfin repris conscience.

— Vous ne vous sentez pas bien ? Vos yeux se voilent ? Vos bras sont engourdis ?

Je me suis approchée de lui, lui ai caressé l'épaule. C'était toujours de cette manière qu'il me réconfortait.

— Non. Pas du tout. Je suis seulement un peu fatigué.

Il a croqué bruyamment dans le concombre.

24

Dix jours s'écoulèrent, et au fur et à mesure que la fatigue de l'aller et retour à la villa et la peur du contrôle s'estompaient, le grand-père retrouva enfin la santé. Pendant que j'étais partie au travail, il faisait pratiquement toutes les tâches ménagères, et allait même aider les gens des maisons voisines au déblayage de la neige. Sa force physique, son appétit et ses nerfs, tout était redevenu normal.

Nous avions décidé de ne rien dire à R du contrôle. Cela l'aurait seulement précipité dans l'angoisse, et ce n'est pas parce qu'il l'aurait su qu'il aurait pu y faire quelque chose. Que des disparitions se produisent, que la police secrète se rapproche, à part se dissimuler dans la chambre secrète, il ne pouvait rien faire d'autre.

R voulait connaître au plus vite le contenu des sculptures rapportées du chalet. Comme s'il attendait de revoir des amis proches dont il n'aurait plus entendu parler depuis plusieurs dizaines d'années, il nous pressait de questions, nous demandait de faire vite. Mais pour moi et le grand-père, casser l'une après l'autre ces nombreuses sculptures, d'ailleurs nous ne savions pas très bien comment procéder pour les briser, ce travail pour révéler au grand jour les "objets" qu'elles contenaient n'était pas quelque chose de si réjouissant.

Parce que nous savions très bien que les découvertes pouvaient toujours être précieuses, nos cœurs devant les objets resteraient de marbre, et qu'il était douloureux de voir R tenter en vain de nous émouvoir. Pour nous, il était plus important de savoir où nous pourrions nous procurer de quoi dîner pour trois personnes et quand les traqueurs de souvenirs allaient venir à nouveau.

Mais comme nous ne pouvions pas laisser traîner nos sacs plus longtemps, nous avions décidé de nous mettre au travail le dimanche suivant. Ayant tout d'abord transporté toutes les sculptures au sous-sol, nous les avons posées sur la table de travail pour taper dessus avec un marteau. Le plus difficile était de contrôler sa force. Un léger coup suffisait parfois pour qu'elles se fendent en deux proprement, mais la plupart du temps cela ne se passait pas aussi bien. En y mettant trop de force, nous avions peur d'en écraser en même temps le contenu. Par ailleurs, nous devions faire attention au bruit. Peu de monde empruntait le chemin le long de la rivière, mais la police secrète pouvait passer à tout moment et trouver suspects les bruits qui s'échappaient du sous-sol.

Nous brandissions le marteau chacun son tour en réfléchissant à la force, à l'angle d'attaque et au rythme. L'autre alors épiait l'extérieur à travers un interstice de la porte menant au lavoir, et s'il avait l'impression que quelqu'un arrivait, il faisait signe d'arrêter.

Finalement, un "objet" avait été caché dans chaque sculpture. Tellement minuscule que nous aurions pu ne pas le remarquer, enveloppé dans un papier sulfurisé, au contour imbriqué, noirâtre, pointu, pelucheux, fin, éclatant, moelleux… Ils étaient tous différents.

Ne sachant trop comment les traiter, nous étions tous les deux complètement désorientés. N'allaient-ils pas se casser si nous les serrions trop fort ? ne ferions-nous pas mieux de les soulever doucement à l'aide de pincettes ? pouvions-nous y laisser nos empreintes digitales ? nous ne le savions pas. Nous ne pouvions que les observer pendant un moment sans bouger.

— On ne dirait pas qu'il s'est écoulé quinze ans, ils sont tous si frais, a dit le grand-père.

— C'est vrai. En plus, ils ont déjà disparu, ai-je renchéri.

Il y avait plus d'"objets" que de tiroirs au meuble. Sans doute y avait-il eu pour ma mère d'autres endroits secrets pour les cacher. En continuant à les observer avec persévérance, j'ai fini par pouvoir différencier des autres ceux qui avaient été cachés dans le meuble à tiroirs. Je me remémorais vaguement les récits que ma mère m'en avait fait. Mais cela n'allait pas plus loin. Le marais de ma mémoire était modeste.

Lorsque nous sommes allés à la chambre secrète avec un plateau sur lequel nous avions déposé les "objets", R nous a accueillis le sourire aux lèvres au pied de l'échelle.

— Nous avons pensé que dans un sac ils risquaient de se briser en s'entrechoquant, alors nous avons décidé de les déposer ainsi sur un plateau, ai-je dit.

— Ce n'est pas la peine de prendre autant de soin, ils tiendront le coup, a-t-il répondu en jetant un coup d'œil à ce que nous lui apportions avec précaution.

La chambre secrète était trop exiguë pour que nous puissions les aligner. Ils ne logeaient pas sur l'étagère accrochée au mur et ils débordèrent sur le sol. Faisant attention à ne pas les piétiner, nous nous sommes assis tous les trois sur le lit.

— C'est comme dans un rêve. Jamais je n'aurais pensé pouvoir en rassembler autant d'un seul coup, vous savez.

— Aah, comme je suis content. Moi aussi j'en avais un pareil. Lors d'une disparition, mon père m'a forcé à le brûler.

— Ah, ça c'est quelque chose d'assez coûteux. Il vaut mieux le garder précieusement. Même si, au cas où vous auriez besoin d'argent, personne ne voudra sans doute vous l'acheter.

— Tenez, touchez donc un peu ceci. Il n'y a pas à avoir peur, vous savez. C'est agréable.

— Votre maman a vraiment tout caché très soigneusement. Il faut lui en être reconnaissante.

Il parlait sans arrêt. Les prenant un par un, il en expliquait ses souvenirs, leur mode d'emploi ou leur fonction. Ni le grand-père ni moi n'avions le temps de placer une réflexion.

— Tant mieux, je suis si contente que cela vous réjouisse à ce point, ai-je dit lorsque, ses explications terminées, il a pris une grande inspiration.

— Mais pas du tout. Ce n'est pas moi mais vous qui avez besoin de tous les objets présents ici.

— Aah, a laissé échapper le grand-père, pensif.

— Ils vont certainement apporter des changements à votre cœur. La moindre sensation est bonne pour se souvenir. Ces objets ravivent la mémoire.

Le grand-père et moi, nous nous sommes regardés avant de baisser les yeux. Nous comprenions parfaitement ce que R nous disait, mais maintenant que nous nous trouvions au pied du mur, aucun mot convenable ne nous venait à l'esprit.

— Euh… commença le grand-père avec difficulté, si on arrive à se souvenir de quelque chose, que faut-il faire ?

— Rien de particulier, il n'y a pas de règle. Dans sa mémoire, tout le monde est libre, a répondu R.

— Mais quand on se souvient c'est ici ou là, un peu partout sur le corps, en tout cas, ça se passe dans des endroits invisibles, hein.

Le grand-père avait porté sa main au sommet de sa tête et à sa poitrine.

— On peut se souvenir d'une chose merveilleuse, si on la laisse ainsi à l'abri des regards elle finira par disparaître. Soi-même on est incapable de saisir la vraie nature du souvenir. Il ne reste aucune preuve. Mais est-ce vraiment souhaitable, comme vous le dites, de forcer les choses disparues à réapparaître ?

— Oui, a répondu R dans un soupir. Les souvenirs sont terrifiants parce qu'ils sont invisibles pour les yeux. Ils essuient les attaques répétées des disparitions, et même quand c'est trop tard, la personne concernée ne se rend pas compte de leur importance. Regardez ceci.

Il avait pris le paquet de feuilles manuscrites rassemblées sur le bureau.

— Elles existent ici sans aucun doute. Un caractère existe dans chaque case. Et c'est vous qui les avez écrits. Votre cœur invisible a fabriqué ce récit visible pour les yeux. Les romans ont peut-être été brûlés mais votre cœur n'a pas disparu. Puisque vous êtes là assise à côté de moi. De la même manière que tous les deux vous m'avez secouru, je veux vous secourir à mon tour.

J'ai regardé les feuilles qu'il tenait fermement entre ses mains. Le grand-père avait porté ses doigts à ses tempes comme s'il essayait de reprendre le fil du raisonnement.

— Si toutes les choses qui se trouvent sur l'île disparaissent, que va-t-il se passer ? ai-je murmuré.

Lui et le grand-père sont restés un moment silencieux. J'eus l'impression d'avoir posé une question inopportune. Ils avaient l'air gêné de ce que j'avais murmuré par inadvertance alors qu'ils gardaient le silence, ces mots qui risquaient dès lors qu'ils avaient été prononcés de se réaliser, ce que tout le monde craignait.

— Toute l'île aura beau disparaître, cette chambre secrète restera, vous savez, dit-il après un long silence.

Sans arrière-pensée, sans forcer, le ton de sa voix débordait de tendresse. On aurait dit qu'il lisait une inscription gravée sur la pierre d'une stèle.

— Tous les souvenirs ne sont-ils pas conservés dans cette pièce ? L'émeraude, la carte, la photo, l'harmonica, le roman, tout. Ici c'est le marais du fond du cœur. C'est le dernier endroit où échouent les souvenirs.

Plusieurs semaines s'écoulèrent sans qu'il ne se passe rien. Je fis pas mal de progrès en dactylographie, le bureau commença même à me donner plusieurs documents à taper. Les épices se vendaient bien, le commerce s'était étendu aux gelées, aux confitures et même aux produits surgelés, et j'avais beaucoup de travail. Certains jours je rentrais tard à cause des heures supplémentaires, mais grâce au grand-père, je n'avais pas besoin de m'inquiéter de la maison. Les courses, la cuisine, le ménage et même s'occuper de R : il travaillait beaucoup.

Un jour, le tuyau d'évacuation des eaux usées s'étant bouché, il est devenu impossible d'utiliser l'eau. D'habitude il suffisait de téléphoner au réparateur pour lui demander de passer, mais pour nous, même un tuyau pouvait être fatal. Le grand-père couvert de neige et de saletés nous a permis en une journée et demie de retrouver l'usage de l'eau.

Il y eut aussi l'incident de la maladie de Don. Je trouvais bizarre de le voir se frotter une oreille contre la paroi de sa niche lorsque je remarquai qu'il s'en écoulait un liquide jaune et poisseux. Quand je l'ai essuyé doucement avec du coton hydrophile, remuant le bout de l'oreille il a fermé à moitié les yeux avec une expression signifiant : "Je suis désolé de vous causer du tracas." Mais une demi-heure plus tard, son oreille coulait à nouveau.

Ne sachant s'il fallait le montrer ou non à un vétérinaire, j'ai réfléchi un petit moment. Don n'était pas un chien ordinaire, c'était celui des voisins qui avaient été emmenés par les traqueurs de souvenirs. Je savais très bien que la police secrète gardait un œil sur les professions de santé. Parce qu'il y avait une forte possibilité pour qu'en cas de maladie grave, même quelqu'un caché dans une pièce secrète se précipite aussitôt chez le médecin. S'ils apprenaient que Don avait eu affaire aux traqueurs de souvenirs, cela ne risquait-il pas de nous causer des ennuis ? Au point où ils en étaient, ils avaient peut-être déjà décrypté les gènes des chiens ? Même si je leur disais que je l'avais seulement pris en charge par pitié parce qu'il avait été abandonné, ce serait ennuyeux qu'ils colportent de fausses accusations contre nous.

Mais s'ils avaient été attachés à ce point aux chiens, lors de l'arrestation, les traqueurs de souvenirs auraient emmené Don avec les autres dans leur camion. Depuis cette nuit-là, lorsqu'ils étaient venus fouiller la maison pour emporter les objets précieux, ils l'avaient totalement ignoré. Alors ce n'était peut-être pas la peine d'être aussi nerveuse ? Arrivée à cette conclusion, j'ai décidé de l'emmener au cabinet vétérinaire qui soignait les chiens et chats du quartier.

Le vétérinaire était un vieil homme aux cheveux blancs qui parlait aussi doucement qu'un pasteur. Il nettoya proprement l'oreille de Don, étala de l'onguent et donna des comprimés pour une semaine.

— C'est une petite inflammation, ce n'est pas grave du tout, dit-il en chatouillant la gorge de Don.

Sur sa table d'examen, Don n'avait pas l'air de vouloir s'en aller, il se trémoussait de plaisir, un regard câlin levé vers le vétérinaire, comme s'il voulait lui dire : "C'est déjà fini ? Vous ne voulez pas me soigner encore un peu ?" Je m'étais inquiétée en pure perte et nous fûmes soulagés.

Il y eut également un peu d'agitation lorsque le grand-père a coupé les cheveux de R. Comme cela n'avait pas été fait depuis son installation dans la chambre secrète, il n'était pas beau à voir. Ce fut une belle pagaille, dans la mesure où la coupe eut lieu dans son réduit encombré des "objets" qui débordaient de partout.

Nous avons tout d'abord étalé des feuilles de papier journal sur le petit morceau de sol disponible, où nous avons fait asseoir R avant de fixer autour de son cou avec des pinces à linge une serviette recouverte d'une feuille de plastique. Le grand-père en se contorsionnant avec peine dans cet espace exigu a commencé à lui couper les cheveux avec habileté. Je regardais, assise sur le lit.

— Je ne savais pas que vous étiez également doué pour couper les cheveux.

— Non. Je ne suis pas si doué que cela. Je coupe un peu à tort et à travers, vous savez.

Il parlait mais ne s'arrêtait pas de manier les ciseaux. De temps à autre, R levait les yeux pour essayer de voir ce qu'il en était, et chaque fois le vieil homme lui maintenait la tête en disant :

— Restez tranquille s'il vous plaît.

C'était très bien fait. Bien sûr, le grand-père n'avait pas le niveau d'un professionnel, mais les petites irrégularités de coupe rajeunissaient R. D'ailleurs il en eut l'air satisfait.

C'est ensuite, pour ranger, que ce fut difficile. Malgré tout le soin que nous avions pris à étaler le papier journal, des cheveux s'étaient éparpillés un peu partout jusque dans les recoins de la chambre. Nous avons ramassé soigneusement ceux qui s'étaient égarés entre les différents "objets".

Ainsi, après une période de calme relatif, un samedi soir, je promenais Don lorsque j'ai rencontré par hasard le grand-père sur la colline, non loin des ruines de la bibliothèque.

— Tiens, vous avez fait les courses ? Vous avez trouvé quelque chose de bon ?

Assis sur un tas de briques à moitié brûlées, il avait levé la main en me voyant.

— Non. C'est toujours pareil. La récolte aujourd'hui se compose d'un chou chinois fané, de trois carottes, de farine de maïs, de yaourt périmé depuis deux jours et d'un tout petit peu de viande de porc.

Après avoir attaché Don à un arbre proche, j'étais venue m'asseoir à côté de lui.

— C'est tout à fait suffisant. Cela nous fera la semaine. Mais l'énergie que vous êtes obligé d'utiliser pour faire les courses augmente de jour en jour, n'est-ce pas. C'est déjà terrible quand on est seul. Alors quand on travaille, c'est encore pire, on ne peut pas prendre une ou deux heures pour faire le tour des marchés et des commerces.

— Vraiment, quand la nourriture vient à manquer, c'est angoissant.

Le grand-père donnait des petits coups de pied sur les briques. Des éclats voltigeaient, qui allaient s'éparpiller sur la neige.

La bibliothèque n'était plus qu'un gros tas de briques noires. Rien ne venait rappeler que l'on y avait conservé des livres. On avait l'impression qu'il suffirait de déplacer légèrement une brique pour que de la fumée sorte encore par l'interstice. La cour d'entrée constituée d'une pelouse bien entretenue était dissimulée sous la couche de neige. Tout en bas s'étendait la mer.

— Il fait si froid, que faisiez-vous ? ai-je questionné.

— Je regardais le ferry, répondit le grand-père.

Le ferry, dans le même état qu'après le tremblement de terre, était toujours fiché en plein milieu de la mer. Là seulement, les vagues formaient un tourbillon d'écume. La partie de la poupe à découvert qui paraissait avoir diminué donnait l'impression que le bateau avait été entraîné un peu plus vers le large, mais ce n'était peut-être qu'une impression, justement.

— Vous voudriez revenir à votre vie d'avant ? ai-je fini par lui demander non sans indiscrétion, tout en sachant que le ferry ne redeviendrait jamais comme avant et en connaissant parfaitement la réponse qu'il me ferait.

— Non. Bien sûr que non.

Il a secoué précipitamment la tête. C'était bien ce que je pensais.

— Il n'y a rien de plus merveilleux pour moi que de pouvoir vivre avec vous. Si vous n'aviez pas été là je serais à la rue. Jamais l'idée de revenir à ma vie d'avant ne m'a traversé l'esprit. Le ferry était déjà presque une épave. Même sans le tremblement de terre il n'aurait pas tardé à couler. Les choses qui ont disparu, on a beau les utiliser à d'autres fins que celles pour lesquelles elles ont été conçues, elles ne sont pas destinées à une longue existence.

— Mais le tremblement de terre a été si soudain que je m'inquiétais de savoir si le choc n'avait pas été trop fort.

— En réalité, j'allais perdre la vie et vous m'avez sauvé. Je n'ai reçu aucun choc. Simplement, je ne peux être que reconnaissant. Ce n'est pas par nostalgie, mais pour mieux goûter cette reconnaissance que je regardais le ferry.

La conversation s'étant interrompue, nous avons contemplé la mer en silence. La couleur du ciel commençait progressivement à changer à partir de la mer et le ferry était sur le point d'être englouti dans le couchant. Sur la plage comme sur l'embarcadère il n'y avait pas une silhouette humaine, seules les voitures circulaient sur la route du littoral. Don grattait le tronc de l'arbre avec ses pattes de devant, léchait sa chaîne, et tourné vers nous agitait la queue pour qu'on s'occupe de lui. Son oreille en train de guérir le démangeait peut-être, car de temps à autre son extrémité palpitait nerveusement.

Je me suis retournée pour regarder derrière moi, et j'ai vu le bâtiment de l'observatoire ornithologique à moitié dissimulé sous l'épaisse couche de neige. La police secrète n'aurait pas besoin de le détruire au bulldozer, il était déjà presque en ruine. Sur la promenade, le panneau indiquant l'entrée du jardin des plantes était encore dressé, mais l'inclinaison de la flèche désignait l'espace, là où il n'y avait rien. Sur cette colline ne restaient plus que des choses attendant sagement l'anéantissement.

Comme le grand-père avait perdu tous ses vêtements dans le tsunami, il portait un pantalon de velours côtelé, un gilet de laine mélangée et un pardessus avec une encolure de fausse fourrure ayant appartenu à mon père et que j'avais gardés précieusement. La couleur du pantalon était passée et la fausse fourrure un peu élimée, mais la taille était impeccable et l'ensemble lui allait parfaitement. Ses deux mains fortes et solides de travailleur posées sur ses genoux, il penchait légèrement la tête comme s'il voulait ne rien laisser échapper de ce que je dirais.

Depuis l'enfance, j'avais toujours beaucoup aimé les mains du grand-père. Quand nous sortions tous ensemble, je lui donnais toujours la main. Caisses à jouets, maquettes de voiture, terrarium pour élever des scarabées rhinocéros, balles, lampes de chevet, housses pour les selles de bicyclettes, poisson fumé, gâteau aux pommes, elles pouvaient tout faire. Alors que ses articulations étaient fortes, ses paumes étaient douces et agréables. Il me suffisait de les toucher pour me rassurer et sentir que je n'étais pas seule abandonnée, ni gênante, ni rejetée.

— Vous croyez que les "objets" que nous avons sortis des sculptures, comme le ferry, nous ne pourrons pas les garder longtemps ?

— Ça, je ne sais pas, mademoiselle…

Il s'est un peu reculé sur son assise.

— Je crois que R pense que dans la chambre cachée on pourra continuer à les conserver tous.

— Oui. Sans doute qu'il croit au pouvoir de cette pièce secrète que nous avons fabriquée. Mais moi, j'aurais plutôt des doutes. Bien sûr, je n'ai pas l'intention de lui en parler. Parce que même si je le faisais, cela ne servirait pas à grand-chose.

— C'est vrai. Les mots qui pourraient lui donner des explications correctes sur les disparitions, il n'y en a plus nulle part sur l'île. Et comme nous ne pouvons rien comprendre aux "objets"…

— Même si nous pouvons résister à la police secrète, nous ne pouvons pas contrer le destin qui nous éloigne de lui.

— De temps en temps je réfléchis. Je me dis que ce serait bien si la police secrète disparaissait. Dans ce cas, plus personne ne serait obligé de se cacher.

— Oui, ce serait merveilleux. Mais avant, si c'était la chambre secrète qui disparaissait… Que se passerait-il à votre avis ?

Le grand-père s'est frotté les mains à hauteur de poitrine. On pouvait penser qu'il se les réchauffait, ou qu'il priait pour quelque chose. Si la chambre secrète disparaissait, qu'y avait-il sous le tapis ? comment pouvait-on soulever la trappe ? comment monsieur R était-il arrivé ? viendrait un temps où je ne le saurais plus ; puisque je n'avais jamais imaginé cela, je fus déconcertée. Don se mit à aboyer avec insistance, sans doute parce qu'alors que je l'avais emmené en promenade, il était las d'être resté attaché aussi longtemps à un arbre.

— Il n'est pas nécessaire de s'en inquiéter, ai-je dit d'une voix claire pour masquer mon embarras. Jusqu'à présent nous avons accepté toutes les disparitions. Même celles de choses très importantes enfouies dans notre souvenir, irremplaçables, nous n'avons pas été trop embarrassés et nous n'avons pas trop souffert non plus. Nous pouvons accueillir n'importe quelle cavité, vous savez.

Le grand-père a reposé ses deux mains sur ses genoux et m'a regardée en souriant :

— Oui, vous avez raison.

Son visage était si amical que j'eus l'impression qu'il allait fondre dans les couleurs du soir.

Je suis descendue du tas de briques, et après avoir resserré mon écharpe j'ai détaché la chaîne de Don.

— Allez, le soleil va se coucher. Il ne faut pas prendre froid, rentrons.

Libéré, Don tout joyeux vint se prendre les pattes dans les pieds du grand-père.

— Mademoiselle, je vous en prie, rentrez devant. Moi je vais d'abord me reposer un moment ici avant d'aller chez un autre boucher. L'autre jour, j'en ai découvert un par-delà la colline, qui était bien achalandé. Je vais acheter du jambon supérieur, me dit-il.

— Ne faites pas l'impossible. N'est-ce pas suffisant pour aujourd'hui ?

— Non. Je ne me force pas. Je fais juste un petit détour.

— Bon, alors je vais vous offrir quelque chose qui va vous donner de l'énergie.

Me souvenant soudain des pastilles à la limonade, j'ai sorti le sac en plastique que j'avais gardé au fond de la poche de ma jupe.

— C'est quoi, cela ?

Il penchait la tête et ses yeux papillonnaient.

— Des pastilles à la limonade. Elles se trouvaient à l'intérieur de la sculpture que les Inui m'avaient confiée, vous savez.

J'ai sorti sur ma paume tout ce qui se trouvait dans la pochette. Puisque R et moi en avions mangé deux chacun, il en restait trois.

— C'est dangereux de sortir avec ces objets sur vous. Si vous tombiez encore sur un contrôle…

Tout en parlant, il ne semblait pas vouloir quitter des yeux les pastilles à la limonade.

— Il n'y a pas de danger, vous savez. Parce qu'elles fondent dès qu'on les met dans sa bouche. Allez, essayez pour voir.

Il en a pris une craintivement, qu'il a portée à ses lèvres. Entre ses doigts solides, elle paraissait encore plus petite. Il avait la bouche en cul de poule et ses yeux papillonnaient de plus belle.

— Comme c'est doux.

Il a frotté sa poitrine comme pour s'assurer de la douceur.

— C'est bon, n'est-ce pas ? Je vous donne le reste.

— Vraiment ? Une chose aussi rare. Je vous en suis reconnaissant. Je vous en suis reconnaissant.

Chaque fois que la pastille fondait dans sa bouche, il pinçait les lèvres et se frottait la poitrine. Quand tout eut disparu, il joignit les mains et me dit en s'inclinant :

— Je vous remercie.

— Bon alors, je rentre la première et je vous attends.

J'ai secoué la main. Don a poussé deux petits aboiements avant de tirer sur sa laisse pour redescendre rapidement la colline.

— Oui. Alors…

Le grand-père, toujours assis sur le tas de briques, souriait.

Je l'ai quitté ce jour-là pour la dernière fois.

25

C'est vers sept heures et demie qu'un coup de téléphone m'a prévenue que le grand-père s'était effondré devant la boucherie. Il m'avait bien dit qu'il ferait un détour, mais il était tellement en retard que je m'inquiétais, et j'allais sortir pour le guetter lorsque le téléphone avait sonné. Une infirmière ou quelqu'un de l'administration, je ne sais pas, en tout cas une femme à l'autre bout du fil m'avait parlé d'une voix précipitée, et comme en plus il y avait beaucoup de parasites, je n'avais pas pu comprendre la totalité de ce qu'elle me disait. Simplement, il fallait que je me rende tout de suite à l'hôpital.

Après avoir expliqué à R la situation à travers l'entonnoir du haut-parleur, je pris seulement mon porte-monnaie avant de me ruer dehors. J'avais pensé pouvoir héler un taxi en chemin, mais malheureusement, je n'en trouvai pas un seul et finalement courus d'une traite jusqu'à l'hôpital.

Le grand-père n'était pas allongé sur un lit, mais sur une sorte de table de cuisine en acier inoxydable. Qui n'avait rien de plus que quatre pieds longs et fins montés sur roulettes. La pièce était carrelée, il y faisait froid. Le corps était recouvert d'une couverture. Jaunie, aux bords effrangés, qui paraissait rêche.

— Il s'est effondré sur le trottoir et il a été transporté en ambulance, mais lorsqu'il est arrivé ici, il avait déjà perdu connaissance et son cœur s'était arrêté, nous avons fait tout notre possible pour le faire repartir avec du matériel de secours, mais il est décédé à dix-neuf heures cinquante-deux... Quant à la cause de sa mort, on a trouvé une hémorragie intracrânienne, mais pour savoir quelle en est la cause, il faudrait procéder à des examens complémentaires...

A mes côtés, le médecin ne cessait de parler, mais j'étais incapable de comprendre la plupart des mots qu'il me disait. Seule la voix monotone de cet inconnu tourbillonnait sans fin au fond de mes oreilles.

— Il ne se serait pas cogné fortement la tête récemment ?

J'ai levé les yeux vers lui, et je voulus parler, mais j'étais tellement émue que je n'avais plus de voix.

— L'hémorragie ne s'est pas produite à l'intérieur du cerveau mais à l'extérieur, près de la boîte crânienne, alors dans ce cas, il est fréquent qu'un choc en soit la cause. Mais il est possible également qu'il ait eu une crise cardiaque et qu'en tombant il se soit cogné la tête, alors dans ce cas...

Le médecin avait recommencé à parler sur le même ton.

J'ai soulevé la couverture. La première chose que je vis, ce furent ses mains. Elles étaient jointes sur sa poitrine. Des mains qui ne pourraient plus jamais fabriquer quelque chose. Je me suis rappelé que lors du tremblement de terre, il était resté coincé sous le vaisselier et que du sang noir avait coulé de son oreille. Je me suis rappelé qu'il n'arrivait pas bien à piquer ses pickles ni à prendre ce qui se trouvait à l'intérieur des sculptures.

Peut-être avait-il déjà commencé à saigner doucement.

— Mais le grand-père a pu réparer la canalisation des eaux usées. Et les cheveux de R, il les a coupés joliment, ai-je murmuré.

Mais ma voix, aspirée par les murs carrelés, ne sembla pas arriver jusqu'aux oreilles du médecin.

A ses pieds était abandonné son panier à provisions. Il en sortait le paquet de la boucherie et des fanes de carottes.

Les funérailles furent discrètes. Y assistèrent de lointains parents : le petit-fils d'un cousin éloigné, sa nièce et son mari, des collègues de son travail d'antan et quelques voisins. Bien sûr, R ne put que prier seul, retiré dans sa chambre secrète.

Je n'arrivais pas à accepter la mort du grandpère. Jusqu'alors, j'avais perdu plusieurs personnes qui m'avaient été précieuses, mais la séparation avait été différente de celle d'avec le grand-père. Lorsque ma mère, mon père et ma grand-mère étaient morts, j'avais été vraiment triste. Ils m'avaient manqué, j'aurais aimé les revoir si cela avait été possible, j'ai regretté d'avoir été capricieuse ou méchante avec eux de leur vivant. Mais ce chagrin s'était estompé naturellement avec le temps. La mort s'était éloignée peu à peu, laissant la place à mes souvenirs les plus précieux. La loi de l'endroit où je vivais n'était pas adoucie par la mort. Les souvenirs ne changeaient pas la loi. Je pouvais perdre les personnes qui m'étaient les plus chères, la disparition des choses qui m'entouraient n'en était pas pour autant remise en cause.

Mais cette fois-ci j'eus l'impression que quelque chose avait changé. En plus de la tristesse, j'étais habitée d'une angoisse menaçante beaucoup plus mystérieuse. Pas une inquiétude réelle à l'idée de savoir si je pourrais me débrouiller sans problème pour protéger R sans l'aide du grand-père. J'avais l'impression qu'avec sa mort le sol sur lequel je me tenais s'était soudain transformé en ouate sur laquelle je ne pouvais plus prendre appui.

J'étais seule abandonnée sur cette ouate. Plus personne ne daignerait me consoler, me prendre par la main, partager la cavité de mon cœur. Bien sûr, R me réconforterait sans doute, mais il resterait toujours enfermé à l'abri dans son petit cube. De cette ouate vaporeuse où j'avais du mal à garder l'équilibre, il m'était difficile d'aborder la chambre secrète. Et je ne pouvais pas rester longtemps à ses côtés. Il me fallait toujours retourner à l'endroit d'où je venais. Et seule en plus.

Les matières du monde qui nous enveloppaient R et moi étaient bien trop différentes. Comme si j'avais voulu coller à un origami un caillou qui aurait roulé dans le jardin.

— Mademoiselle, cela va aller. Maintenant essayez avec cette colle-ci, me disait le grand-père en me tendant un produit d'un genre nouveau, mais il n'était plus là.

Afin de me donner du courage, je fis des efforts pour me replonger dans la vie de tous les jours Je me levais tôt le matin et je préparais les plats les plus sophistiqués possible pour R. Au bureau, j'avais toujours la tête pleine afin de savoir comment faire le travail le plus efficace sans me tromper. Au marché, la file d'attente pouvait être longue devant les magasins, je ne renonçais pas, je me frayais un passage à travers la foule, j'agissais avec tact et j'arrivais tant bien que mal à remplir mon panier. Je repassais correctement le linge, recyclais les chemisiers que je ne pouvais plus porter en taie d'oreiller, détricotais les pull-overs usés pour retricoter une veste, frottais la cuisine et la salle de bains qui devenaient rutilantes, et chaque jour je promenais Don et déblayais la neige du toit.

Cependant la nuit quand je me glissais dans mon lit ne venait pas le sommeil, mais une lourde fatigue accompagnée d'angoisse. Lorsque je fermais les yeux, j'étais encore plus énervée et mes larmes coulaient. Je n'arrivais pas à m'endormir, alors ne pouvant faire autrement je m'asseyais à mon bureau, sortais des feuilles de papier. Je ne savais pas à quoi elles servaient, mais je n'avais aucune idée de la manière dont j'aurais pu passer la nuit autrement.

Je posais sur les feuilles les "objets" dissimulés derrière le haut-parleur et je les observais pendant un moment.

— Allez, vous pouvez emporter tous ceux qui vous plaisent, me disait R chaque fois que je descendais dans la chambre secrète, et il m'en prêtait alors deux ou trois.

Il avait beau parler de ceux qui me plaisaient, ce genre de sentiment ne venait pas en mon cœur affaibli, mais pour ne pas le décevoir je désignais alors au hasard ceux qui se trouvaient sous mes yeux.

Quand j'en avais assez de les observer, je les touchais, les sentais, enlevais un couvercle, tournais une clef, le faisais rouler, l'exposais à la lumière de l'ampoule, soufflais dessus. Selon leur forme, on pouvait les utiliser comme on voulait. Même si je ne savais pas si cette utilisation était correcte ou non.

De temps à autre, il y avait un instant où cet "objet" semblait exprimer quelque chose de différent. Une légère courbe dans le contour ou une nuance dans l'ombre portée s'accrochait à la périphérie de mon regard. Je sursautais en me disant que c'étaient peut-être les prémisses de l'émotion que R espérait. Mais cela durait à peine un instant avant de disparaître irrémédiablement. Et mes forces ne suffisaient pas à la faire réapparaître. De plus, les "objets" qui avaient une expression étaient très rares, la plupart se contentaient de baisser les yeux avec modestie.

Passer mes nuits ainsi n'apaisait pas l'angoisse que je ressentais depuis la mort du grand-père, mais c'était mieux que de trembler dans mon lit en pleurant. Il m'arrivait de tomber deux soirs de suite sur un instant d'expression, sur trois dans une soirée, mais quatre jours pouvaient se suivre sans aucun changement. J'en vins progressivement à attendre ces instants avec impatience. Parce que je croyais qu'ils constituaient un signe lumineux qui me conduirait jusqu'à R. Et la lumière éclairait les cavités de mon cœur.

Une nuit, je me lançai à tracer des mots sur la feuille de papier. Je voulais laisser par écrit la scène secrète de la cavité éclairée. C'était la première fois depuis la disparition des romans. Je tenais le crayon avec maladresse, les caractères sortaient des cases ou, trop petits, étaient tout déformés. De plus, je n'étais pas sûre de savoir si ce que j'écrivais était des mots, mais en tout cas, je bougeais les doigts.

"J'ai trempé mes pieds dans l'eau."

Il m'avait fallu toute une soirée pour écrire cette seule phrase. J'essayai de la lire à haute voix plusieurs fois, mais je n'avais aucune idée de la provenance des mots ni de la manière dont ils s'enchaînaient. En lui rendant l'"objet" je tendis craintivement la feuille à R. Il n'y avait qu'une seule ligne, mais il resta longtemps le regard baissé sur la feuille.

— On dirait un gribouillage. Ce n'est pas digne d'être lu par vous. Excusez-moi. Vous pouvez chiffonner la feuille et la jeter au panier.

Puisqu'il gardait toujours le silence, je croyais que je l'avais déçu.

— Mais pas du tout. N'est-ce pas un progrès merveilleux ? Jusqu'à maintenant vous ne pouviez qu'user le papier à coups de gomme.

Il a posé avec précaution le papier sur la table.

— Des progrès, c'est un peu exagéré. C'est juste une fantaisie. Dès demain, peut-être que je ne pourrai plus rien écrire.

— Non. Le récit a commencé à bouger.

— Vous croyez ? Je n'espère pas grand-chose. Enfin, l'eau c'est quoi ? Tremper ses pieds qu'est-ce que ça signifie ? Je ne comprends rien. Ça n'a aucun sens.

— Le sens n'est pas très important. Ce qui l'est, c'est le récit caché au fond des mots. Maintenant, vous êtes en train d'essayer de le faire remonter. Votre cœur est en train de tenter de faire réapparaître des choses qui ont disparu.

Il m'encourageait. Peut-être qu'il disait tout ce qui lui passait par la tête pour ne pas me blesser davantage alors que j'étais déjà atteinte par la mort du grand-père, mais je n'en avais cure. S'il pouvait être gentil avec moi, la raison m'importait peu.

"Aucune poussière ne flottait sur l'eau."

"Je surplombais l'étendue d'herbe."

"Quand le vent soufflait, des motifs se dessinaient sur l'herbe."

"Des motifs qui ressemblaient à ceux du fromage grignoté par les souris."

Toujours sans voir l'enchaînement du récit, je continuais à aligner les mots, une ligne chaque soir. L'équilibre entre les cases et la grosseur des caractères s'améliorait peu à peu, mais ma main tremblait toujours avec autant de maladresse pour recueillir les mots.

— Continuez ainsi. C'est parfait, disait-il en empilant les feuilles l'une sur l'autre.

Vint la première disparition après la mort du grand-père. Dans mon lit, je me suis concentrée pour essayer de trouver la vraie nature de ce qui avait disparu. Dehors tout était calme, je n'entendais pas s'agiter les gens. Par conséquent ce qui avait disparu devait être quelque chose de spécial qui n'avait aucun rapport avec nous, à moins que ce ne fût une petite chose insignifiante. Je voulus me lever. J'avais l'impression qu'une sensation étrangement dense collait à mon corps. La lumière qui filtrait par les interstices des rideaux était grise, le temps paraissait maussade. Peut-être y aurait-il d'autres grosses chutes de neige ? J'allais sortir tôt pour prendre le tramway de sept heures. Parce que les jours de disparition il y avait des embouteillages.

J'ai soulevé la couverture. Et là, j'ai découvert quelque chose de bizarre. Qui adhérait à ma hanche. J'ai essayé de tirer, pousser, pincer, mais je n'ai pas pu l'enlever. On aurait dit que c'était soudé.

— C'est quoi, ça ?

J'ai senti monter la colère et me suis agrippée à l'oreiller. J'avais l'impression que j'allais tomber du lit si je ne me retenais pas à quelque chose. Il suffisait que je déplace légèrement une partie de mon corps pour que ce qui était soudé à ma hanche me gêne et me fasse perdre l'équilibre.

Je suis restée immobile un moment le visage contre l'oreiller jusqu'à ce que je me calme. La sensation de cette chose que je venais de toucher restait, froide, sur ma paume. Etais-je malade ? En une nuit, une énorme tumeur était peut-être apparue ? Mais comment me rendre à l'hôpital avec ça ? J'ai de nouveau jeté un rapide coup d'œil à ma hanche. Elle était toujours allongée dans la même position.

Puisque je ne pouvais pas rester indéfiniment dans mon lit, je décidai dans un premier temps de me lever et m'habiller. J'ai pris appui sur ma jambe droite pour me redresser lentement. En chemin, la chose est tombée dans un bruit sourd et je fus propulsée hors du lit. Je me cognai contre la corbeille à papier dont le contenu se dispersa, mais sans y prêter attention, j'ai rampé jusqu'à la commode pour en sortir un gilet et un pantalon.

J'ai réussi à mettre mon gilet facilement. Mais le problème c'était le pantalon. Je ne sais pourquoi, il avait deux entrées. Après avoir introduit ma jambe droite, je me suis retrouvée ne sachant plus quoi faire ensuite. La chose qui ne paraissait toujours pas vouloir se séparer de ma hanche m'épiait en silence. Elle ne semblait pas sur le point de passer à l'attaque mais elle avait l'air agressif. Cependant, plus je l'observais plus je me rendais compte qu'elle avait une forme convenable pour tenir dans l'autre ouverture du pantalon. La longueur comme la grosseur étaient parfaites.

J'ai tenté de la prendre entre mes mains pour l'introduire dans le trou du pantalon. Elle était lourde et ne se laissait pas faire, si bien que cela me prit du temps, mais finalement, comme je l'avais pensé, elle disparut entièrement à l'intérieur du pantalon. Comme si on avait pris ses mesures à l'avance.

C'est alors que j'ai enfin pris conscience de ce qui s'était passé. Ma jambe gauche avait disparu.

Ce fut difficile de descendre l'escalier en faisant attention à ne pas tomber. Accrochée à la rampe, il me fallait faire descendre la chose : ma jambe gauche disparue, marche après marche avec beaucoup de précautions. Dehors, comme il y avait de la neige, c'était encore plus périlleux. Après un instant d'hésitation, j'ai finalement chaussé aussi mon pied gauche.

Dans la rue, les voisins commençaient à s'attrouper. Tous réfléchissaient pour savoir comment utiliser leur corps. Ils paraissaient effrayés à l'idée que s'ils se forçaient un tant soit peu, ils risquaient d'être confrontés à une situation douloureuse. Certains marchaient le long des palissades, d'autres de la même famille se tenaient par l'épaule ou, comme le chapelier, se servaient d'un parapluie en guise de canne.

— Vraiment, je me demande ce que cela peut bien être… murmura quelqu'un.

Tout le monde acquiesça, mais les mots suivants ne vinrent pas. Une disparition de cet ordre, c'était la première fois pour nous tous, si bien que déconcertés nous n'avions aucune idée de la manière dont la situation allait évoluer.

— Enfin, jusqu'à présent, toutes sortes de choses inattendues ont disparu, mais cela n'a jamais été aussi surprenant que cette fois-ci, n'est-ce pas, a dit la dame qui habitait en face en diagonale.

— Que va-t-il se passer désormais ?

— Rien du tout. C'est une cavité de plus dans l'île, c'est tout. C'est pareil pour toutes les disparitions, pas vrai ? répondit le vieux voisin côté ouest qui travaillait à la mairie.

— Mais là, quand même, il y a quelque chose qui ne va pas. J'ai l'impression que mon corps part en vrac et qu'il ne peut plus se rassembler correctement, dit le chapelier en creusant un trou dans la neige du bout de son parapluie.

— On va s'y habituer rapidement. Au début, on a un peu de mal, mais c'est toujours ainsi. Il faut un certain temps pour s'habituer à la sensation d'une nouvelle cavité, surtout qu'il y a une différence de longueur. Il ne faut pas avoir peur.

— Pour moi, c'est plutôt intéressant parce que me voilà débarrassée de mon rhumatisme chronique au genou, dit en riant la vieille dame qui habitait deux maisons plus loin.

Entraînée, je souris à mon tour, mais faiblement.

Pendant la conversation, chacun de temps à autre jetait un coup d'œil à sa jambe gauche. Peut-être qu'avec le choc du froid de la neige, elle allait redevenir comme avant ? Peut-être que cette disparition avait eu lieu par erreur ?… Les regards s'accrochaient au moindre espoir. Mais il n'y avait aucun changement dans les jambes gauches.

— Euh…

J'avais pris mon courage à deux mains pour quelque chose qui me tracassait depuis un moment.

— Comment va-t-on faire pour s'en débarrasser ?

Le monsieur de la mairie laissa échapper un grognement sourd, la femme aux rhumatismes renifla, la dame d'en face fit tourner le manche de son parapluie. Le silence se poursuivit un moment. On aurait dit que chacun cherchait une réponse appropriée ou attendait seulement que quelqu'un dise quelque chose.

A ce moment-là, on vit arriver trois hommes de la police secrète à l'autre bout de la rue. Tendus, pour ne pas les gêner, nous nous sommes rassemblés sur le bas-côté. Si nous traînions en ce lieu avec nos jambes gauches, nous ne savions pas de quoi ils étaient capables.

Ils étaient en uniforme. J'ai aussitôt regardé leur jambe gauche : elles étaient toutes les trois dans la même position que la veille, ce qui m'a soulagée un peu. Si même eux ne savaient pas comment s'en débarrasser, ils n'auraient sans doute aucun reproche à nous faire. En effet, leur démarche était résolue. Ils gardaient l'équilibre, comme si ce matin-là brusquement une disparition sans précédent ne leur avait pas imposé un objet embarrassant. On aurait dit qu'ils s'étaient entraînés à l'avance en prévision de ce genre de situation.

Ils sont passés, et après avoir vérifié qu'on ne les voyait plus l'ex-chapelier a pris la parole :

— Même les policiers marchent de cette façon, alors ce n'est pas la peine de se précipiter pour s'en débarrasser, vous ne croyez pas ?

— C'est vrai. On ne peut quand même pas se forcer à la couper à la scie…

— Faire brûler, enterrer, jeter à l'eau, abandonner. Si pour certaines disparitions il n'existe aucun moyen, ce n'est pas grave, n'est-ce pas ?

— Bientôt, on trouvera peut-être une bonne méthode ?

— Peut-être qu'elle tombera naturellement ? Elle va pourrir progressivement et comme une feuille morte tombera d'un coup.

— C'est vrai. C'est vrai.

— Il n'y a aucun souci à se faire.

Chacun est rentré chez soi satisfait d'avoir exprimé ce qu'il voulait dire. Comme on pouvait s'y attendre, on ne pouvait pas marcher aussi bien que les policiers. La grand-mère est tombée au pied du portail, le chapelier, le bout de son parapluie s'étant pris dans un bloc de neige, ne pouvait plus ni avancer ni reculer.

Sorti de sa niche, Don allait et venait devant l'entrée en agitant la queue avec inquiétude. En me voyant, il se précipita vers moi en s'éclaboussant de neige, son museau produisant un son plaintif. En regardant mieux, je vis que sa patte arrière gauche avait disparu.

— Ah oui ? Toi aussi tu as perdu la même chose hein. Tu n'as rien à craindre, ça va aller.

Je l'ai serré dans mes bras. Sa patte de derrière se balançait sans force.

Cette nuit-là, R dans le lit a frotté la chose qui adhérait à ma hanche. Il a déplacé sa main sans se reposer pendant longtemps comme si en faisant cela ma jambe gauche allait revenir.

— Quand j'étais enfant et que j'avais de la fièvre, ma mère me frictionnait souvent le corps de cette façon, ai-je murmuré.

— Vous voyez bien. Votre jambe n'a pas disparu. Puisque vous pouvez vous rappeler un souvenir aussi précieux.

R a souri avant de frotter avec encore plus d'énergie.

— Vous croyez… acquiesçai-je vaguement, avant de diriger mon regard vers le plafond.

En réalité, la sensation de sa main était complètement différente de celle des mains de ma mère. Ou plutôt, sa chaleur ne se transmettait pas du tout à ma jambe. Simplement, deux choses se frottaient l'une contre l'autre dans une discordance grinçante. Mais je craignais de le blesser en le lui avouant.

— Allez, regardez bien. Ici il y a cinq ongles alignés. Par ordre de grandeur, très sagement, sous la houlette du gros orteil. Ne sont-ils pas translucides et lisses, frais comme la peau d'un fruit ? Et ici c'est le talon. Ici la cheville. A la jambe droite il y a les mêmes choses, vous savez. Tenez, c'est parfaitement symétrique. Le genou dessine une jolie courbe. Au point qu'on a instinctivement envie de l'entourer de ses mains. Quand on pose la main dessus, on sent les os imbriqués d'une façon complexe. On a l'impression qu'il va remuer. Le mollet est souple et tiède. La peau de la cuisse est d'un blanc à couper le souffle. Je peux tout ressentir de votre jambe gauche. La moindre blessure, la moindre ecchymose, la moindre dépression. Alors comment est-ce possible de dire qu'elle a disparu ?

Il s'était agenouillé le long du lit et sa main ne prenait pas de repos.

Les yeux fermés, j'avais une conscience encore plus forte de la nouvelle cavité qui avait fait son apparition en mon corps. Elle était pleine d'une eau totalement transparente qui n'avait gardé aucun souvenir. Sa main brassait cette eau avec énergie, mais il ne remontait que des petites bulles. Qui éclataient aussitôt sans bruit.

— Je suis heureuse, vous savez. Puisqu'il y a ainsi quelqu'un à côté de moi pour s'occuper avec beaucoup d'attention de quelque chose qui est censé avoir disparu. Toutes les jambes gauches de l'île, méprisées de tous, doivent se sentir tristes et déprimées.

— Je n'ai aucune idée de ce qu'il est advenu du monde extérieur, vous savez. Quand les choses disparaissent ainsi l'une après l'autre…

— Peut-être qu'il ne s'agit pas d'un changement aussi important que vous le pensez. En courbant un peu le dos à chaque nouvelle cavité, sans se rebeller, on fait avec ce qui reste du monde. Exactement comme depuis toujours, n'est-ce pas. Mais cette fois-ci, on dirait qu'il y a un peu d'agitation. Parce qu'aucun de nous n'a fait l'expérience d'attendre sans se débarrasser de ce qui a disparu. Moi, grâce à vous, j'y suis habituée alors ça va.

— Parce que vous n'épargnez pas votre peine pour vous en débarrasser.

— Non. Mais cette fois-ci on ne peut rien faire. Ni la brûler, ni la réduire en petits morceaux, ni la jeter à la mer, ni la dissoudre dans un produit chimique. Et personne ne sait comment s'en débarrasser. Pour l'instant, chacun fait en sorte que sa propre jambe gauche n'entre pas dans son champ de vision. Mais je pense que bientôt ça va se calmer. De quelle manière, je ne sais pas mais un jour viendra où tout rentrera dans l'ordre.

— Que voulez-vous dire par tout rentrera dans l'ordre ?

— La cavité de ma jambe gauche trouvera dans mon cœur l'endroit où elle sera parfaitement à sa place.

— Pourquoi tout faire pour vous en débarrasser ainsi ? Alors que moi j'ai besoin de votre jambe gauche tout autant que de vous…

Yeux baissés, il soupira. J'ai tendu la main vers ses cils, mais ma jambe gauche ayant failli tomber du lit, je n'ai pas pu faire autrement que de rester immobile. Il l'a prise pour l'attirer vers lui et déposer un baiser sur mon mollet. Un baiser tranquille, comme un murmure, qui m'enveloppa.

J'ai pensé que ce serait vraiment bien si je pouvais accueillir la sensation de ses lèvres sur ma peau, ma chair et mes vaisseaux qui n'auraient pas disparu. Sur ma jambe gauche ne restait qu'une sensation un peu collante comme de la pâte à modeler.

— Restez encore un peu comme ça, lui dis-je.

Même si j'éprouvais une sensation de vide, je voulais regarder sa silhouette serrant dans ses bras la cavité.

— Aah. Je peux rester ainsi autant que vous voulez.

26

Progressivement tout le monde s'est habitué à vivre avec sa jambe gauche disparue. Bien sûr, pas exactement comme avant, mais les corps apprenaient un nouvel équilibre, et un rythme quotidien propre à chacun s'était établi. On ne voyait plus ceux qui ne pouvaient pas se lever sans s'accrocher à quelque chose, ceux qui trop précautionneux n'arrivaient pas à se déplacer en douceur, ni ceux qui tombaient à tout moment. Chacun parvenait à diriger son corps sans trop d'inconvénients.

Même Don ces derniers temps courait à toute vitesse, grimpait sur le toit de sa niche pour prendre le soleil ou s'amusait à sauter sur les branches des arbustes du jardin pour en faire tomber la neige. De temps à autre il y allait trop fort, en recevait un gros paquet sur la tête et se précipitait vers moi pour réclamer du secours. Je lui essuyais le museau, le caressais sous le menton, et sans se laisser abattre il repartait viser une branche encore plus grosse.

On eut beau attendre longtemps, les jambes gauches, sans avoir l'air de pourrir ni de tomber, restaient à leur place dans le système de l'articulation de la hanche. Mais plus personne n'y faisait attention. Puisque maintenant on ne pouvait plus se souvenir de ce qui s'y trouvait auparavant, il n'était pas nécessaire de s'inquiéter de comment on allait pouvoir s'en débarrasser.

Le nombre de gens emmenés au commissariat par les traqueurs de souvenirs augmenta soudain. Ceux qui jusqu'à présent, utilisant toutes sortes de moyens, avaient réussi à se fondre dans notre monde, ne pouvaient plus tricher à cause de la disparition de leur jambe gauche. Mais c'était surprenant de voir qu'il y en avait autant qui jusqu'alors avaient mené une vie cachée sans se mettre à l'abri ni se faire arrêter par la police secrète. Il leur était impossible d'imiter cet étrange nouvel équilibre du corps. Ils avaient beau avoir l'impression de l'imiter avec habileté, la répartition des forces, la ligne des muscles ou le mouvement des articulations présentaient de légères différences. Les policiers le décelaient au premier coup d'œil.

Les traqueurs de souvenirs étaient devenus plus stricts, et avec la mort du grand-père le contact avec la femme de R via la boîte météorologique avait été rompu depuis longtemps. Le téléphone risquait d'être sur écoute, et lui rendre visite directement était encore plus dangereux. Les lettres et les paquets de sa femme constituaient pour R le seul fil qui le reliait au monde extérieur, mais pour le protéger le meilleur moyen était d'isoler complètement la chambre secrète. C'est ainsi que nous avions décidé d'utiliser la sonnerie du téléphone. Un certain jour à une certaine heure, on le laissait sonner trois fois avant de couper, c'était le signal qu'il allait bien. Sonner trois fois en retour signifiait qu'on l'avait bien reçu.

Lorsque pour transmettre ce message je me rendis à l'école après tout ce temps, la boîte à données météorologiques avait disparu. Etait-elle tombée à cause du tremblement de terre ? S'était-elle écroulée sous le poids de la neige ? Elle était en vrac. Entre les planches empilées les unes sur les autres, on apercevait le thermomètre cassé. Je me suis demandé quoi faire pendant un moment, mais finalement je décidai de glisser la lettre entre les planches. Déjà à l'origine cette boîte avait été oubliée de tous, alors maintenant qu'elle était démolie, elle devait de moins en moins attirer l'attention des gens, et pour nous c'était peut-être encore mieux. Mais je me demandais avec inquiétude si sa femme n'avait pas renoncé à venir chercher les lettres.

A l'heure dite, je composai le numéro, laissai sonner trois fois avant de couper la communication et d'attendre devant l'appareil. Après un temps de silence, la sonnerie retentit. Et elle fut coupée au bout de trois fois, laissant des résonances qui allèrent se fondre dans les ténèbres. J'eus l'impression que le combiné tremblait.

Le travail d'alignement de mots décousus continuait doucement. L'énergie de l'époque où j'écrivais un roman était toujours absente, je ne distinguais aucun symptôme de rétablissement, mais comparé à ce qui s'était passé juste après que les flammes de la bibliothèque avaient continué à brûler toute la nuit en éclairant l'obscurité, j'avais l'impression de commencer à reconnaître un peu la silhouette de quelques mots. Le bout des doigts de la dactylo enfermée dans le clocher, le motif du plancher de la pièce de l'horloge, l'ombre du gros tas de machines à écrire, les pas dans l'escalier me revenaient vaguement.

Mais comme on pouvait s'y attendre, il était difficile de remplir les feuilles blanches et même si j'y passais toute la soirée, le nombre de mots que je pouvais saisir était limité. De temps à autre, épuisée, il me prenait l'envie de jeter toutes les feuilles par la fenêtre, mais chaque fois je posais sur ma paume un "objet" emprunté dans la chambre secrète, et après avoir inspiré profondément, je me calmais.

Le ferry s'abîmait petit à petit en mer. Au cours de mes promenades avec Don, je passais régulièrement par les ruines de la bibliothèque où, grimpant sur le tas de briques, je m'asseyais pour me reposer en regardant la mer. Il n'y avait aucune silhouette, on entendait seulement au loin le bruit de la circulation des voitures sur le boulevard du littoral, c'était toujours calme. La rumeur disait que sur le terrain du jardin des plantes on allait construire un bâtiment de la police secrète, mais le tas de briques brûlées était toujours là, rien ne disait que les travaux allaient commencer.

— Tu te souviens du grand-père qui était assis là ?

Je m'adressais à Don.

— Je ne croyais pas que ce serait la dernière fois.

Sans s'en soucier le moins du monde, Don courait ici ou là.

— Avait-il l'air bizarre ? Il était comme d'habitude, hein. Fidèle à lui-même, confiant, l'air gentil. Alors que le visage du grand-père qui me revient à l'esprit a toujours l'air infiniment triste. On dirait qu'il n'ose pas me demander de l'aide et baisse timidement les yeux. La moitié de son visage plongée dans l'ombre, il a l'air de vouloir pleurer, mais on dirait aussi qu'il sourit doucement. Chaque fois que cette expression flotte sur son visage, cela m'est tellement pénible que je n'arrive pas à me redresser. Je tends le bras en criant "Il n'y a pas à s'inquiéter, maintenant ça va" mais cela ne mène à rien. C'est normal, hein. Puisqu'il est mort.

Tout en continuant à parler toute seule je sortis un cracker de ma poche, j'en brisai un morceau du bout des doigts et le lançai à Don. Il se retourna et sauta pour l'attraper avec adresse. Je battis des mains pour le féliciter et il fit le beau, tout fier, le nez dressé vers le ciel, pour réclamer : "encore, encore".

— Si je m'étais aperçue plus tôt de son hématome dans la tête, il aurait été sauvé, hein.

Je tentai de formuler à haute voix les regrets que je n'arrivais pas à effacer même en les frottant. Je pouvais toujours continuer, cela ne les apaiserait pas, bien au contraire, je savais qu'ils deviendraient encore plus pénibles, mais malgré tout, ici je m'attristais encore et encore. Pendant ce temps-là, Don croquait ses petits morceaux de cracker dans un bruit de mâchoires.

Le ferry s'enfonçait un peu plus chaque jour. Il n'allait pas tarder à disparaître totalement sous la mer. Déjà, quand la houle était forte, il arrivait que la poupe que l'on voyait encore un peu fût cachée par les vagues.

Quand je pensais au moment où le ferry aurait complètement coulé, j'éprouvais une douleur lancinante dans la poitrine. Lorsque, ayant gravi la colline, je m'apercevrais que plus rien ne flottait sur la mer, pourrais-je me souvenir de ce qu'il y avait eu en cet endroit ? Serais-je capable de me rappeler qu'avec le grand-père dans la cabine de première classe nous avions mangé du gâteau et dressé le plan de la chambre secrète, et qu'appuyés au garde-fou sur le pont nous avions admiré le soleil couchant ? Cela paraissait très difficile à mon cœur affaibli.

Quand vint la disparition du bras droit, les gens ne furent pas aussi troublés que la fois précédente. Ils n'eurent pas à souffrir dans leur lit ni à se demander comment ils allaient pouvoir s'habiller, à se creuser la tête pour savoir comment s'en débarrasser. Tout le monde s'attendait à l'apparition tôt ou tard de cette situation.

Dans la mesure où il n'était pas nécessaire de se débarrasser de ces "objets" en les brûlant sur la place publique ou en les jetant dans la rivière, la disparition des corps était tranquille et légère. Il n'y avait ni brouhaha ni confusion. Il suffisait de se préparer le matin comme d'habitude à vivre avec une nouvelle cavité.

Bien sûr des changements étaient apparus dans ma vie quotidienne. Je ne pouvais plus me vernir les ongles. Il fallait aussi que je réfléchisse à une nouvelle façon de taper à la machine avec ma seule main gauche. Eplucher les légumes me prenait plus de temps. La bague que j'avais à la main droite est passée à celle de gauche... Mais rien de tout cela ne posait de problème particulier. Il suffisait de se laisser porter par la vague des disparitions pour être emmené naturellement vers l'endroit où l'on devait se trouver.

Le plateau du repas à la main, j'étais désormais incapable de descendre seule l'échelle de la chambre secrète. Après lui avoir passé le plateau à l'entrée tout en faisant attention à ne pas renverser la nourriture, je devais descendre lentement, barreau après barreau, les hanches soutenues par R. Dans le sens contraire, je gravissais l'échelle, soulevais la trappe, et extraire mon corps par cette étroite ouverture était un travail pénible. D'en bas, il levait toujours les yeux vers moi avec inquiétude.

— Un jour viendra où je ne pourrai peut-être plus entrer ni sortir de cette chambre, lui dis-je.

— Mais pas du tout. Je vous prendrai dans mes bras, ne vous en faites pas. Comme une princesse, hein.

Il avait levé ses mains au niveau de son visage. Pour des bras qui n'avaient pas vu le soleil depuis longtemps et qui n'effectuaient que des tâches simples, telles que classer les recettes de cuisine, écosser les pois ou frotter les couverts, ils étaient robustes. Ils avaient suffisamment de vigueur et de force. Ils étaient très différents de mon bras droit qui ressemblait à un morceau de bois long et fin qu'on aurait plâtré.

— Si vous voulez bien faire ça pour moi, ce sera bien.

— Mais comment pourrez-vous prendre dans vos bras un corps disparu ?

Il a posé ses mains sur ses genoux et ses yeux toujours fixés sur mon profil ont papillonné deux ou trois fois comme s'il ne comprenait pas vraiment ma question.

— Moi, je pourrai toujours toucher n'importe quelle partie de votre corps.

— Non. Il est impossible de toucher les choses disparues.

— Pourquoi pas ? Tenez. Ici, et ici…

Il a attrapé les deux plâtres qui pendaient, de ma hanche et de mon épaule. Le bas de ma jupe a frissonné, mes cheveux sont retombés sur mes joues.

— Eeh. C'est vrai que vous vous occupez soigneusement de mon corps. Et qu'il s'agisse de la boîte à musique, du ticket de ferry, de l'harmonica ou des pastilles à la limonade, vous êtes capable de faire revivre le rôle qu'ils remplissaient quand ils existaient. Mais ce n'est pas pour autant que la chose existante ressuscite. Les souvenirs d'autrefois sont éclairés juste un instant, comme l'extrémité des petits bâtonnets de feu d'artifice qui jettent une dernière lueur avant de s'éteindre. Il n'y a plus de lumière, on oublie aussitôt et l'on se demande ce qui était éclairé un moment plus tôt. Tout est illusion, vous savez. La jambe gauche et le bras droit que vous tenez, et tout ce qui se trouve ici.

Après avoir jeté un regard circulaire à tous les "objets" de la pièce, j'ai glissé derrière mon oreille les cheveux qui étaient retombés sur ma joue. Il a écarté ses mains de moi et j'ai titillé mes pantoufles du bout des pieds. La marque de ses doigts sur mon mollet et mon poignet a disparu presque aussitôt, les laissant retrouver leur aspect de bloc de plâtre.

— Mon corps va disparaître ainsi petit à petit ? ai-je questionné en déplaçant mon regard du bout de mes pieds vers mes genoux, mes hanches et ma poitrine.

— Mais non. Il ne faut pas être aussi négative.

— Que l'on y pense ou pas, les disparitions viendront. On ne peut pas y échapper. Je me demande quelle sera la prochaine. Les oreilles ? la gorge ? les sourcils ? la jambe et le bras restants ? ou alors la colonne vertébrale ? Si tout disparaît dans l'ordre, que restera-t-il à la fin ? Non, peut-être qu'il ne restera plus rien. J'en suis sûre. Je vais disparaître en entier.

— Une chose pareille est-elle possible ? Car enfin ne sommes-nous pas malgré tout en présence l'un de l'autre ?

Il m'a prise par les épaules pour m'attirer vers lui.

— Ce que vous voyez, en réalité ce n'est pas ma jambe gauche ni mon bras droit. Vous pouvez les caresser autant que vous voulez, les serrer dans vos bras, ce ne sont que des dépouilles. Mon véritable moi est en train de disparaître. En silence et avec certitude, il est en train d'être aspiré dans une fissure entre deux couches d'air.

— Je ne vous laisserai pas partir ainsi.

— Et moi, je ne désire aller nulle part. Je veux me trouver dans le même endroit que vous. Mais c'est impossible. Puisque maintenant votre cœur et le mien sont aussi éloignés l'un de l'autre. Votre cœur ressent la tiédeur, la tranquillité et la fraîcheur, il est plein de bruits et de senteurs, mais le mien est simplement en train de geler à toute vitesse. Bientôt, il va se briser en mille morceaux, se transformer en grains de glace qui finiront par fondre dans un endroit inaccessible.

— Vous n'avez pas besoin d'aller quelque part. Il vous suffit de rester ici. Avec l'émeraude, le parfum, la photo et le calendrier, vous allez vous cacher dans cette petite pièce qui flotte au milieu de nulle part.

— Moi ?… ici ?… me cacher ?

— C'est ça, a-t-il acquiescé.

— Vous croyez que c'est possible ?

Je secouais la tête, plongée dans la confusion par ces choses inattendues que je venais d'entendre. Et mon bras droit glissant du lit alla cogner contre son genou.

— Bien sûr que oui. Les objets contenus à l'intérieur des sculptures et moi sommes protégés par la chambre cachée. Même la police secrète ne nous a pas trouvés, n'est-ce pas ?

— Je sais que le dernier moment approche. Jusqu'à présent, les disparitions arrivaient soudainement, sans aucun signe avant-coureur, mais dans le cas de mon propre corps, j'ai un léger pressentiment. Une sensation de ma peau qui se resserre et s'engourdit. Dans trois jours, dix jours ou deux semaines, quelque chose va à nouveau disparaître. J'ai peur. Pas de disparaître et de ne plus être là, mais j'ai une peur infinie de devoir me séparer de vous.

— Ne vous inquiétez pas. N'ayez pas peur. Je vais vous garder précieusement dans la chambre secrète, dit-il avant de m'allonger sur le lit.

27

De temps à autre il m'arrive de trouver cela curieux. Pourquoi est-ce que je ne lui en veux pas plus que cela ? En réalité, j'aurais dû l'insulter avec des mots orduriers, le frapper même si je savais que c'était inutile, lui faire mal. Parce qu'il m'a pris ma voix et m'a enfermée en ce lieu après m'avoir trompée.

Et pourtant je ne le déteste pas. Loin de là, lorsque de temps en temps il me montre un peu de sollicitude, il m'arrive même de sentir sa gentillesse. Il tourne ma fourchette afin que je puisse la saisir facilement, essuie discrètement une goutte de mousse pour qu'elle ne rentre pas dans mes yeux, et lorsque je change de vêtements, démêle mes cheveux qui se sont pris dans la fermeture à glissière… Bref, ces moments-là. En comparaison des énormes fautes qu'il commet, ce sont vraiment des petits faits de rien du tout. Et pourtant, quand je vois ses doigts bouger uniquement pour moi, je lui suis reconnaissante. Je crois que c'est idiot, mais puisque c'est ce que je pense vraiment, je n'y peux rien.

C'est peut-être la preuve que j'adhère de plus en plus à cette pièce. Les sentiments que j'avais dans le monde extérieur ont dégénéré et se sont métamorphosés en quelque chose d'adapté à cet endroit.

Ces derniers temps, j'y vois de plus en plus mal. Le tas de machines à écrire, le lit, le battant de la cloche, les choses abandonnées dans le tiroir du bureau, tout est enveloppé d'un voile sombre, les contours sont flous. Même chose lorsque je regarde dehors à travers les interstices du cadran de l'horloge. Alors que c'est un joyeux après-midi et que le soleil brille, éblouissant, la pelouse de la cour intérieure de l'église me paraît grise et terne, et les gens rassemblés là sont tous indissociables de l'ombre.

A cause de cela, que ce soit pour me laver le visage ou changer de vêtements, je dois me déplacer avec précaution. Je trébuche tout de suite sur le matériel de réparation de l'horloge, me cogne la hanche au dossier de la chaise. C'est surtout quand il est près de moi que je suis tendue. Je peux commettre ce genre de maladresse, il ne se met pas en colère. Mais il ne m'aide pas, il se contente de garder le silence, son sourire caractéristique sur les lèvres. Un sourire froid, comme s'il me caressait les côtes avec une brosse de glace.

Alors qu'ainsi mes yeux s'affaiblissent à toute vitesse, je suis toujours capable de le voir avec netteté. Je peux saisir la totalité du mouvement de ses doigts. A part lui, tout est plongé dans les ténèbres.

Un jour, il s'est passé un tout petit quelque chose. Dans l'après-midi, peu après qu'il était descendu à l'étage en dessous pour donner son cours à la classe des débutantes. J'ai entendu un bruit de chaussures monter l'escalier. Il s'est arrêté sur le palier, m'a semblé hésiter, avant de continuer sa montée.

"Qui est cette personne ? A-t-elle l'intention d'arriver jusqu'ici ?"

Je ne savais que faire. Amie ou ennemie ? Quel lien avait-elle avec lui ? Etait-elle au courant ou pas à mon sujet ? Pourquoi ne s'était-elle pas arrêtée au niveau de la classe de dactylographie pour continuer à monter ? En peu de temps, toutes sortes de doutes avaient jailli en moi qui me plongeaient dans la confusion. A la réflexion, jusqu'alors pas une seule fois d'autres personnes que lui étaient venues jusqu'ici. Moi-même, j'avais fréquenté le cours pendant plusieurs années et je n'avais jamais eu l'idée de monter jusqu'au sommet du clocher.

A partir de l'impression que me laissait le bruit des chaussures, il s'agissait d'une femme sans aucun doute. Le son ressemblait à celui du bois picoré par un bec, et je devinais qu'elle devait porter des escarpins sous le talon desquels était fixé un petit morceau de plastique noir antidérapant.

Elle semblait elle aussi troublée. J'avais l'impression qu'elle ressentait même une certaine frayeur à l'idée de ce qui pouvait se trouver au bout de cet escalier qui n'en finissait pas. Au fur et à mesure qu'elle s'approchait de la pièce renfermant l'horloge, l'intervalle entre chaque bruit de pas devenait de plus en plus long. Peut-être même n'éprouvait-elle ni trouble ni frayeur, seulement de la fatigue. Parce que l'escalier menant au clocher était étroit et abrupt, et très long. En tout cas, elle est arrivée jusque devant la porte.

Toc, toc, toc. Elle a frappé trois fois. Genoux serrés entre mes bras, j'étais assise sur le sol. Je sus pour la première fois que cette vieille porte en bois donnait un son sec et pur. Lui ne toquait jamais, car il ouvrait avec son trousseau de clefs dans un grand bruit de ferraille.

J'ai cru que c'était ma plus grande chance pour m'enfuir. Une élève du cours de dactylographie avait peut-être eu des soupçons en entendant du bruit, ou alors par simple curiosité, elle était venue jusqu'ici. Même si j'avais perdu la voix, je pouvais courir tout de suite jusqu'à la porte et taper dessus pour lui faire savoir mon existence. Dans ce cas, en allant chercher du secours à l'église, en appelant la police ou en cassant la serrure, elle allait certainement passer à l'action. Et je pourrais sortir dans le monde extérieur.

Mais toujours blottie, j'étais incapable de bouger. Mon cœur battait à tout rompre, mes lèvres tremblaient et de la sueur perlait à mon front.

"Allez, vite. Si tu ne te dépêches pas, elle va s'en aller", me suis-je exhortée intérieurement. Mais une autre partie de moi disait pour me retenir : "Non. Tu dois rester immobile. Comment lui expliquerais-tu ta situation ? Il t'a enseigné la dactylographie, t'a volé ta voix et t'a enfermée dans cet endroit avec le tas de machines à écrire, et maintenant, tu vois comme il te traite ? Parce que tu penses qu'elle croira une histoire aussi compliquée ? En plus, comment tu vas lui raconter ? Tu ne possèdes plus aucun mot. Et pas seulement les mots. Tes oreilles, tes yeux et ta chair, toutes sortes de parties de ton corps se sont modifiées pour s'adapter à cette pièce, afin de lui convenir. Même si elle venait à ton secours, tu crois que tu pourrais retrouver ce que tu as perdu ? Tu crois que dans ce tas de machines à écrire, tu pourrais retrouver le mécanisme dissimulant ta propre voix ? Tu crois que sans sa protection tu serais capable de garder l'équilibre de ton corps ?"

L'autre partie de moi posait l'une après l'autre des questions de plus en plus terribles. Je me suis bouché les oreilles et j'ai posé mon visage sur mes genoux en retenant ma respiration. J'ai prié pour qu'elle veuille bien renoncer et redescendre.

Je n'avais pas du tout le courage de sortir dans le monde extérieur.

Je me demande combien de temps je suis restée immobile. Elle a tripoté la serrure et tourné la poignée pendant un moment puis elle a soupiré et bientôt s'est éloignée de la porte. Le bruit de ses chaussures s'est éloigné de plus en plus, le son descendant en spirale. Il a disparu complètement, mais je suis restée encore un moment sans pouvoir bouger. Je craignais de la voir revenir au moindre bruit.

Ce n'est qu'en début de soirée que j'ai eu envie de regarder à travers les interstices du cadran de l'horloge. Bien sûr, je n'ai pas trouvé celle qui avait frappé à ma porte. Dans les jardins se croisaient les élèves qui sortaient du cours de l'après-midi et celles qui arrivaient pour celui du soir. Mais toutes n'étaient que des masses de sons. Mes yeux fragilisés ne pouvaient distinguer ni leur visage, ni leurs vêtements, ni la forme de leurs chaussures. Seules les silhouettes de celles qui bavardaient en riant assises sur le rebord des massifs s'imprimaient sur ma rétine avec une douloureuse fraîcheur.

Cette nuit-là, il a fait son apparition en apportant un vêtement toujours aussi étrange. Qui n'était cependant pas aussi soigné que ceux des fois précédentes. Il était toujours d'une forme inhabituelle qui n'avait pas cours dans le monde extérieur, mais la matière en était ordinaire, il n'y avait aucun ornement superflu et les coutures étaient bâclées. J'en ai été déçue. Pas parce que j'aurais voulu porter quelque chose de plus audacieux, mais parce que j'ai pensé que cette rudesse montrait la faiblesse de sa passion envers moi.

— Personne ne t'a rendu visite aujourd'hui ? m'a-t-il demandé brusquement.

Surprise, j'ai lâché le vêtement que je venais tout juste de prendre. Pourquoi le savait-il ? S'il était au courant, pourquoi ne l'en avait-il pas empêchée ? Alors que ce secret important pouvait être révélé… N'y comprenant plus rien, j'ai gardé la tête baissée.

— Quelqu'un a frappé à cette porte, n'est-ce pas ?

Il continuait à me presser de questions. J'ai esquissé un petit hochement de tête.

— Pourquoi ne lui as-tu pas demandé secours ? a-t-il ajouté en ramassant le vêtement tombé. Tu avais toutes sortes de moyens pour lui faire connaître ton existence.Tu pouvais taper sur la porte, faire du bruit avec la chaise, lancer une machine à écrire contre le mur. Tu en avais plein.

Ne sachant quoi lui répondre, j'étais pétrifiée.

— Pourquoi n'as-tu pas essayé de t'enfuir ? Elle t'aurait peut-être sortie d'ici. Alors tu aurais pu retrouver la liberté, continuait-il. Il m'a effleuré le menton avant de poursuivre : Mais tu ne l'as pas fait. Tu es restée ici. Pourquoi ?

Ses questions pleuvaient. Il aurait dû savoir que ceux qui ont perdu la voix ne peuvent y répondre. Alors où voulait-il en venir ? Moi, j'avais simplement le corps durci.

— Elle, tu sais, c'est une nouvelle élève qui vient d'entrer au cours des débutants.

Il avait enfin cessé ses questions.

— Elle n'a pas vraiment saisi la technique pour taper à la machine. Elle ne peut pas encore taper des phrases. Elle en est au niveau où elle frappe l'une après l'autre les lettres de mots simples, et en plus elle se trompe souvent. Et cette fille, aujourd'hui, soudain, m'a demandé comment c'était tout en haut du clocher. Elle m'a dit que lorsqu'elle était enfant, elle venait s'amuser avec le grand-père qui entretenait l'horloge et qu'elle avait envie d'y retourner voir après toutes ces années. Je ne m'y suis pas opposé. Je lui ai dit que le réparateur de l'horloge n'était plus là, que ce n'était plus qu'un simple dépôt, et que si elle voulait, elle pouvait monter jusqu'en haut.

"Pourquoi ne l'en avez-vous pas empêchée ? Qu'aviez-vous l'intention de faire si elle m'avait découverte ?"

Je le regardais fixement.

— J'en étais sûr. Que tu ne pourrais plus sortir dans le monde extérieur. Quelqu'un peut toujours frapper à la porte ou faire n'importe quoi d'autre, cela n'a aucune importance. Tu as déjà à moitié imprégné cette pièce.

Les résonances du mot "imprégné" n'en finissaient pas de flotter entre nous. Il m'avait donné le vêtement, je me suis changée. Cela fut d'autant plus facile que le design en était simplifié. Il me suffisait de ployer légèrement les hanches pour qu'il enrobe tout naturellement mon corps.

— Elle n'a pas appelé derrière la porte ?

J'ai secoué la tête.

— C'est dommage. J'aurais voulu que toi aussi tu entendes sa voix. Elle a beaucoup de charme. Elle n'est pas simplement jolie. Elle a une particularité beaucoup plus impressionnante. C'est une voix qui mélange la profondeur qui résonne au fond des fosses nasales, le velouté humide de la langue, la fragilité transmise par les muqueuses des lèvres, la douceur qui fait fondre les tympans. Elle est d'une sorte que je n'ai jamais entendue jusqu'à présent.

Il a tourné son regard vers le tas de machines à écrire. L'air qui passait à travers le cadran de l'horloge faisait bouger l'ampoule qui pendait au plafond.

— Ses progrès en dactylo sont ordinaires. Non, peut-être même moins importants que la normale.

Elle se trompe toujours pour le w et le o, le b et le v. Et quand elle tape, elle se voûte, ses doigts sont courts et boudinés comme ceux d'un enfant, et elle n'a pas encore réussi à comprendre comment on change le ruban. Mais chaque fois qu'elle ouvre la bouche, tout brille autour d'elle, comme illuminé. Sa voix est comme une créature spéciale.

Il s'est tu, m'a soulevée dans ses bras et m'a portée jusqu'au lit.

"Qu'as-tu l'intention de faire avec elle ? Pourquoi me racontes-tu ça ? Que veux-tu faire de sa voix ?"

Je me débattais entre ses bras. Mais à cause de son étrange vêtement, je n'arrivais qu'à remuer légèrement le corps. Avec sa seule main gauche il a serré mes deux poignets ensemble, m'immobilisant très facilement.

— Il faut qu'elle fasse beaucoup plus d'exercices à la machine à écrire. Je vais faire en sorte qu'elle frappe beaucoup de lettres le plus rapidement et le plus correctement possible. C'est ainsi que sa voix va se retrouver enfermée à l'intérieur de la machine. Jusqu'à ce qu'elle la perde entièrement et que les touches ne puissent plus bouger d'un millimètre.

C'est ce qu'il a dit.

Depuis lors, il n'a plus jamais reparu. J'ai passé de plus en plus de jours complètement seule. Plus de vêtements, bien sûr, mais même les repas il ne m'en préparait plus suffisamment. Une fois par jour, ou deux fois en trois jours, un mélange de légumes cuits et une tranche de pain, qu'il déposait à ma porte avant de repartir. Sans regarder dans ma direction d'une manière satisfaisante, sans tenter d'ouvrir la porte plus largement que pour laisser le passage à mon assiette, il redescendait en laissant seulement derrière lui le choc de vaisselle.

Mes yeux et mes oreilles deviennent de plus en plus fragiles. Mon corps séparé de mon cœur est abandonné sur le sol du clocher plongé dans la pénombre. A l'époque où il me chérissait, il avait de la fraîcheur, des rondeurs et de la grâce, mais maintenant, il s'est transformé en bloc de pâte à modeler. Est-ce que ce sont vraiment mes pieds, mes mains, ma poitrine ? Je n'en suis même plus sûre. S'il ne les caresse pas, ils ne pourront pas revenir à la vie.

Il est le seul à daigner me tenir compagnie dans cette pièce que j'imprègne. S'il me tourne le dos, que va-t-il se passer ? Rien que d'y penser, j'ai peur et je suis prise de tremblements.

Une nuit, j'ai rempli d'eau le lavabo pour y tremper mes pieds. Afin de vérifier s'ils existaient vraiment. Aucune poussière ne flottait sur l'eau. Elle était complètement transparente et paraissait froide. J'y ai glissé craintivement les pieds à partir du bout.

Mais je n'ai rien senti. Seule une partie de mes mollets s'est légèrement crispée. J'avais l'impression que mes jambes erraient en flottant quelque part dans les airs. Je n'arrivais déjà plus à me souvenir de la sensation que l'on éprouve quand on existe.

Toujours grimpée sur le lavabo, j'ai jeté un coup d'œil à travers la lucarne. La pleine lune était visible, mais sa lumière pâle n'était d'aucune utilité à mes yeux. Les rues de la ville m'apparaissaient comme une vaste étendue d'herbe se poursuivant jusqu'au ciel. L'herbe qui ondulait au vent dessinait des motifs. Des motifs qui ressemblaient à ceux d'un fromage grignoté par les souris. Par précaution, j'ai trempé mes mains, mon visage et ma poitrine dans l'eau, mais ce fut la même chose. Mon existence était rapidement aspirée vers un endroit inaccessible.

Cela fait combien de jours aujourd'hui qu'il ne m'a plus rendu visite ? J'ai l'impression qu'il y a longtemps que j'ai mangé pour la dernière fois. A peu près cinq centimètres de pain et une petite cuiller de marmelade. Pour mon corps affaibli, le pain français était un peu trop dur. Si je suis affaiblie, ce n'est pas parce qu'il ne me donne pas à manger, mais parce que j'imprègne cette pièce de plus en plus profondément. J'ai renoncé à mordre dans le pain, j'ai seulement léché la marmelade. Le pain que j'ai placé sous mon oreiller a moisi.

Allongée sur le lit, je me concentre sur mes oreilles. J'attends le bruit de ses chaussures gravissant l'escalier du clocher. Je sursaute au moindre grincement.

"C'est certainement lui."

Mais je suis toujours trahie. C'est un simple tour joué par le vent ou le piétinement d'une souris.

Pourquoi ne vient-il pas me voir ? Alors que non seulement ma voix, mais aussi mon corps, mes sentiments et mes sensations, j'ai tout fait exister uniquement pour lui. De toutes mes forces, scrupuleusement, au point d'imprégner cette pièce.

En ce moment, il doit lui enseigner la dactylographie. Patiemment, gentiment, il doit toucher ses doigts. Pour enfermer sa voix au plus tôt dans la machine à écrire.

Je ferme les yeux. Même moi je comprends que la fin est proche. Comme lorsque j'ai perdu la voix, je prie pour que cet instant arrive sans douleur ni tristesse. Peut-être qu'il n'y a pas à s'inquiéter. C'est sans doute comme les touches de la machine à écrire qui retombent en cliquetant après avoir frappé une lettre.

J'entends un bruit de chaussures. C'est lui. Il est suivi d'un autre bruit un peu en retrait. Ce sont des escarpins à talons antidérapants en plastique. Les deux bruits se mêlent, se superposent en s'approchant petit à petit de la porte. Elle doit sans doute porter une machine à écrire. Une machine débordant de voix, dont les touches sont bloquées.

Sans laisser de traces, je suis aspirée par le silence. Peut-être vais-je retrouver ma voix perdue depuis si longtemps ? Les pas se sont arrêtés. Il tourne la clef dans la serrure.

Le dernier moment est arrivé.

28

Après avoir posé mon crayon, submergée par la fatigue, je me suis affalée sur le bureau. En plus de la difficulté à trouver et enchaîner les mots, la fatigue physique était importante. Parce qu'il ne me restait que très peu de morceaux de corps.

Les mots écrits de la main gauche étaient malhabiles, ici ou là les traits tremblaient, s'interrompant presque. Comme si tous les mots pleuraient. J'ai rassemblé les feuillets, je les ai fixés avec une pince. Je n'étais pas très sûre de savoir si c'était vraiment ce qu'il attendait comme histoire, mais en tout cas, j'étais arrivée au bout de l'enchaînement des mots. J'avais réussi à terminer la seule chose que je pouvais lui laisser. Même si, dans cette histoire également, le "je" de la narratrice finissait par disparaître à son tour.

Alors qu'il n'y avait pas si longtemps que le roman avait disparu, j'avais emprunté beaucoup de détours pour enchaîner les mots jusque-là. Il y avait eu le tremblement de terre, le ferry avait coulé, les sculptures des Inui s'étaient brisées et des "objets" en étaient sortis, nous étions allés au chalet chercher d'autres sculptures, nous étions tombés sur un contrôle, puis le grand-père était mort. Les événements paraissaient le fruit du hasard, et pourtant ils allaient tous dans une direction déterminée. Et alors que tous les habitants de l'île savaient sans doute ce qui les attendait au bout, personne n'osait en parler. Les gens n'avaient pas peur, ils n'essayaient pas non plus d'échapper à leur destin. Ils connaissaient très bien la nature des disparitions et le meilleur moyen d'y faire face.

Seul R avait essayé toutes sortes de résistances imaginables pour me garder ici. Tout en sachant qu'il s'agissait là d'efforts inutiles, je n'étais pas intervenue pour l'en empêcher. Il frottait mon corps devenu cavité, me parlait de ses nombreux souvenir d'"objets". Les petits cailloux qu'il lançait dans le marais de mon cœur se contentaient de voltiger indéfiniment sans jamais parvenir au fond.

— Vous avez bien tenu le coup. Je suis heureux d'avoir à nouveau entre mes mains l'un de vos manuscrits. Je revis l'époque où entre vous et moi existait toujours un roman, m'a-t-il dit en caressant doucement la liasse de feuilles.

— Mais on dirait que cela n'a pas suffi à enrayer l'affaiblissement de mon cœur. J'ai terminé l'histoire, mais je continue à me perdre moi.

Je me suis appuyée contre sa poitrine. La fatigue qui m'avait assaillie était si lourde que je ne pouvais plus soutenir mon corps.

— Allez, il faut prendre le temps de vous reposer tranquillement. Si vous dormez ici profondément, vous serez tout de suite en pleine forme.

— Je me demande si l'histoire va rester même après ma disparition.

— Bien sûr que oui. Les mots que vous avez écrits existeront un à un en tant que souvenir. Dans mon cœur qui ne disparaîtra pas. Alors vous pouvez être tranquille.

— Tant mieux. Si je peux laisser au moins une trace de mon existence sur cette île.

— Il vaut mieux dormir pour aujourd'hui.

— Vous avez raison…

J'ai fermé les yeux. Un profond sommeil m'a aussitôt visitée.

La première fois, lorsqu'ils avaient perdu leur jambe gauche, les gens ne sachant comment faire chancelaient. Et pourtant, maintenant que presque toutes les parties de leur corps avaient disparu, plus personne ne perdait l'équilibre. La cohérence des corps était d'autant plus forte qu'il y avait moins de morceaux, ils s'adaptaient bien à l'atmosphère de l'île pleine de cavités. Ils ondulaient légèrement en l'air comme des paquets d'herbes folles sous le vent.

Don ne pouvait plus jouer à faire tomber la neige en sautant sur les branches, mais il avait trouvé de nouvelles façons de s'amuser avec sa patte avant gauche, ses mâchoires, ses oreilles ou sa queue. A cause de ses anciennes habitudes, il se mettait parfois en boule pour faire la sieste et lorsqu'il voulait poser comme avant sa tête sur ses pattes arrière, se rendant compte qu'il n'y avait rien, il lui arrivait de faire une drôle de tête, mais il renonçait aussitôt et tirait sur sa couverture pour en faire un oreiller.

Sur l'île, le degré de calme augmentait rapidement. La différence entre la vitesse de pourrissement des vieilles choses et celle des nouvelles choses fabriquées ne faisait qu'augmenter. En ville, les restaurants, les cinéma ou les jardins publics étaient déserts, les routes fissurées par le tremblement de terre avaient été laissées à l'abandon sans être réparées, le nombre de trains avait diminué, et le ferry qui avait fini par sombrer était invisible.

Parmi les choses nouvellement fabriquées, il y avait quelques radis, des choux chinois et du cresson qui pointaient leur tête dans les champs, les plaids et les gilets tricotés par les femmes de la manufacture de tricot, et le combustible venu d'on ne savait où transportés par tank lorry. C'était à peu près tout. Après il y avait la neige qui tombait sans arrêt. Elle seule ne paraissait pas vouloir disparaître.

J'ai pensé soudain que c'était une chance que le grand-père fût mort avant le commencement de la disparition des corps. Grâce à quoi, je pouvais encore me souvenir de la sensation de ses mains que j'aimais tant.

Le grand-père avait perdu suffisamment de choses. Certainement que cela avait été plus rassurant pour lui de mourir avec au moins tout son corps à lui plutôt que de continuer à vivre en attendant les disparitions. Posé sur la table en acier inoxydable, le grand-père était devenu dur et froid, mais ses bras, ses épaules, sa poitrine et ses pieds avaient gardé la trace de sa force et de sa gentillesse lorsqu'il travaillait pour nous protéger, moi et R.

Mais cet ordre en réalité n'a sans doute pas grande importance. Parce que tout va peut-être finir par disparaître.

Les jours monotones se succédaient paisiblement sans changement notable. J'allais au bureau. Je tapais à la machine de la main gauche. Je promenais Don. Je préparais des repas simples. Je mettais les draps à soleiller. Et je passais la nuit avec R dans la chambre cachée. Rien d'autre à faire ne me venait à l'esprit.

L'échelle de la chambre secrète m'était de plus en plus difficile à descendre. Je criais en me laissant tomber entre ses bras grands ouverts. Il me recevait toujours avec beaucoup d'habileté.

Mais dans le lit, nous avions beau nous serrer très fort, nous ne pouvions rien au fait que l'écart entre nous allait s'élargissant. Aucune partie de son corps parfaitement symétrique, solide et vivant, et du mien, faible, menu et sans expression, ne s'accordait. Malgré tout, il ne renonçait pas à essayer de m'attirer le plus près possible de lui. Quand je le voyais de toutes ses forces tendre et fléchir les bras, tourner la tête et plier les genoux, j'étais souvent triste et mes larmes coulaient.

— Ne pleure pas, disait-il en essuyant avec sa paume les larmes sur mes joues.

Alors je me disais, soulagée : Aah, heureusement que j'ai encore des joues. Et en même temps, je me demandais avec angoisse où couleraient mes larmes si mes joues disparaissaient. Quel endroit ses paumes allaient-elles essuyer ? Et mes larmes redoublaient.

Ma main gauche qui rédigeait l'histoire, mes yeux débordant de larmes, mes joues sur lesquelles elles roulaient ont disparu à leur tour, et au final, il ne resta plus que ma voix. Les gens avaient perdu de leur existence tout ce qui avait un contour. Seules les voix flottaient désespérément.

Je n'avais plus besoin de me laisser tomber dans les bras de R pour descendre dans la chambre cachée. Je n'avais plus besoin de soulever la lourde trappe, ma voix pouvait se faufiler à travers un tout petit espace. En ce sens, la disparition totale de mon corps m'avait apporté une sorte de libération. Mais cette voix invisible et approximative, si l'on manquait de vigilance, pouvait être emportée au loin par le vent.

— Avec la voix, on est tranquille, ai-je dit.

— Avec la voix, je crois que l'on peut accueillir le tout dernier instant paisiblement et en douceur.

Sans laisser de souffrance, de douleur ni de malheur derrière soi.

— Il ne faut pas penser à ce genre de chose.

Il a voulu tendre les bras vers moi mais il est resté immobile. Ses mains, n'ayant pas d'endroit où aller, flottaient dans l'espace.

— Tu vas enfin pouvoir sortir d'ici, tu sais. Tu vas pouvoir être libre dans le monde extérieur. La police secrète ne procède plus à la traque aux souvenirs. Comment pourrait-elle attraper des gens qui n'ont plus que leur voix, n'est-ce pas ?

J'ai voulu sourire, mais aussitôt je me suis rendu compte que c'était inutile.

— Le monde extérieur enfoui sous la neige est dévasté, mais si j'ai la densité de ton cœur tout ira bien. Je pense que je pourrai faire fondre petit à petit la dureté du monde. Les autres personnes qui étaient à l'abri dans des cachettes vont certainement sortir.

— Sans toi je ne sers à rien.

Il essayait néanmoins de tout faire pour caresser ma voix.

— Non. Moi je ne sers plus à rien.

— Pourquoi dis-tu ça, pourquoi ?

Il a saisi l'air à l'endroit où il pensait que se trouvait ma voix. En réalité, il est tombé à côté mais j'ai quand même ressenti sa chaleur.

L'air a changé de direction, et comme à un signal ma voix a commencé à disparaître doucement à partir de l'extérieur.

— Même si je disparais, tu garderas précieusement cette chambre secrète, n'est-ce pas ? J'espère qu'à travers ton cœur ma mémoire va continuer à vivre éternellement ici.

Petit à petit ma respiration devenait difficile. J'ai regardé autour de moi dans la chambre cachée. Parmi les objets alignés sur le sol, il y avait aussi mon corps, coincé entre la boîte à musique et l'harmonica, mes jambes allongées en biais, mes mains jointes sur ma poitrine, mes yeux baissés. De la même façon qu'il remontait le ressort de la boîte à musique ou soufflait dans l'harmonica, il ferait sans doute revivre ma mémoire en le caressant.

— Tu vas vraiment t'en aller ?

Il serrait contre son cœur l'air qu'il avait enveloppé de ses mains.

— Adieu…

Ce qui restait de ma voix était fragile et rauque.

— Adieu…

Il n'en finissait pas de regarder le creux de ses paumes. Après avoir passé un temps infini à se persuader qu'il n'y restait plus rien, découragé, il a baissé les bras. Puis il a gravi lentement les échelons l'un après l'autre, a ouvert la porte, s'en est allé dans le monde extérieur. Un instant la lumière est entrée, pour s'interrompre aussitôt quand la porte s'est refermée en grinçant. En même temps est arrivée jusqu'à moi la faible sensation du tapis posé dessus.

Enfermée dans la chambre secrète, j'ai commencé à disparaître.

OUVRAGE RÉALISÉ
PAR L'ATELIER GRAPHIQUE ACTES SUD
ACHEVÉ D'IMPRIMER
SUR ROTO-PAGE
EN OCTOBRE 2009
PAR L'IMPRIMERIE FLOCH
A MAYENNE
POUR LE COMPTE DES ÉDITIONS
ACTES SUD
LE MÉJAN
PLACE NINA-BERBEROVA
13200 ARLES

DÉPÔT LÉGAL
1re ÉDITION : NOVEMBRE 2009
N° impr. : 74907

(Imprimé en France)